불교와 그리스도교, 깊이에서 만나다

쿄토학파와 그리스도교

**불교와 그리스도교,
깊이에서 만나다**

저자 | 이찬수

1판 1쇄 발행 2003년 12월 10일

발행인 | 방성열
기획 | 미래신학포럼
디자인 | 이정희
편집·전산 | 변은경
제작·마케팅 | 방여탁
본문·표지출력 | 엘렉스출력센타
인쇄 | 서진인쇄사
제본 | 민중제책사

발행처 | 다산글방
출판등록 | 제 313-2003-00328
주소 | 서울특별시 마포구 합정동 441-23 동암빌딩
전화 | 02 338 3630 / 팩스 | 02 338 3690

ISNB 89-85061-81-X 03200

값 11,000원

* 저자와 합의하여 인지를 생략합니다.

불교와 그리스도교, 깊이에서 만나다

쿄토학파와 그리스도교

이 찬 수

다산글방

들어가는 말

1. 현대를 살아가는 이른바 동양인이라면 피치 못하게 짊어지고 있는 과제가 있다. 그것은 동양과 서양의 정신을 모두, 그것도 적극적으로 소화해낼 수 있어야 한다는 것이다. 동양의 정신은 조상 대대로 이어져 오면서 의식하지도 못하는 사이에 저마다의 골수에 박혀 있는 것이기에 그렇고, 서양의 정신은 오늘날 전 세계를 주도하는 가장 광범위한 흐름이자 현재로서는 그 누구도 이로부터 자유로울 수 없는 강력한 문화적 실재이기 때문이다. 물론 서양 문명에 직·간접적으로 노출되어 있으면서 그로 인한 문화적 충돌까지 겪으며 살고 있는 곳이 비단 동양만은 아니지만, 힌두교와 유·불·선 등 서양의 사상과 나란히 할 수 있는 깊이 있는 정신 문화를 일궈온 동양은 동과 서의 두 물줄기를 적극적으로, 그리고 창조적으로 융합해내기에 적절한 토양이 아닐 수 없다.

이 가운데 한국은 이 두 물줄기가 대등하게 부딪치기도 뒤섞이기도 하다가 합류되고 있기도 한 전형적인 나라들 중 하나다. 한국에서 동·서양 문화는 때로는 갈등하고 때로는 조화하면서 서로 분리될 수 없을 만큼 뒤섞여 있다. 이러한 현상은 특히 종교 분야에서 두드러진다. 17세기에는 가톨릭을 통해, 18세기에는 개신교를 통해 쏟아져 들어온 엄청난 구미문화가 유·불·선을 위시한 전통적인 종교와 때로는 의식하지도 못하는 사이에 뒤섞이고, 때로는 의식적 차원에서 갈등하고 대립하기도 한다. 이 가운데 개신교 일각에서 일으키고 있는 한국의 전통 종교와의 불협화음이 두드러진다. 특히 불교와의 사이에서 일어나는 갈등은, 일부의 경우라고는 하지만, 종종 심각한 양상 일보직전까지 전개되기도 한다. 왜 그럴까? 단순하게 말한다면, 자신의 뿌리에 대한 진지한 성찰을 거의 해본 적이 없는 탓에 늘 피상적인 이해—사실은 오해, 곡해, 왜곡—에만 머물고, 나의 신념과 다르다고 간주되는 것을 용납하지 못하는 제국주의적 자세를 신앙이라는 것과 혼동하고 있기 때문이다. 무지의 소치라는 표현을 쓴다면 좀 과격할까?

물론 불교라고 해서 그리스도교에 대해 우호적인 감정을 가지는 것은 아니다. 대다수 불자들도 특히 개신교에 대해 대립적 자세까지 취하지는 않더라도 때로는 무관심으로 일관하고, 때로는 개신교의 양적 성장에 대해 공연한 열등감을 드러내면서 불교와의 차이를 논외로 치부해버리는 경우도 많다. 전체적으로 그리스도교 전통에 대해 잘 알지 못하는 것은 분명하다. 이 역시 적잖이 유감스러운 일이다. 불자들의 그리스도교에 대한 진지한 연구가 절실한 실정이다. 그럴 때 겉으로 드러나는 그 '차이'라는 것이 도리어 자신을 풍요롭게 해줄 뿐만 아니라, 자신이 추구하는 진리는 그러한 차이로 스스로를 드러낼 수 있을 만큼 깊고 넓은 세계임을 알게 될 것이기 때문이다. 진지하게 성찰하지 않고서 "종교들은 다 똑같다"는 교리적 신념만 되뇌이거나—물론 알지도 못한 채 대립하고 갈등하는 것에 비하면 백 배 훌륭한 자세이지만—막연한 우월감에 젖어서 그저 뒷전에 두고 마는 처사는 결국 자신의 퇴보를 가져올 뿐이다. 나의 것과 워낙 다른 듯 하지만, 그 '다름'의 뿌리로 들어가 보면, 바닥을 알 수 없을 깊이의 세계를 만나게 되고, 그 속에서 뜻밖에 부처님을 만나 희열을 맛보는 경험을 할 수 있을는지도 모르는 일인 것이다.

2. 개신교적 배경을 가지고 있으면서 불교의 화엄(華嚴)과 선(禪) 사상에서 지대한 영향을 받은 나는 이들 불교와 그리스도교 간의 관

계를 어떻게 규정할 수 있을까를 두고 시시때때로 고민했다. 한국 선과 가톨릭 신학으로 두 번의 석사학위를 마치면서 머리 속으로는 늘 이들 간의 연결고리에 초점을 두었다. 그러다가 불교를 신학의 중심 주제로 삼아 작업하는 일본의 신학자 야기 세이이치(八木誠一, 1932-)의 사상을 접하게 되었는데, 그에게서 나는 불교를 적절히 소화해낸 동양신학의 전형을 보는 듯 했다. 야기의 논문과 책을 감명 깊게 읽다가 이번에는 그의 신학 형성에 큰 영향을 준 일본 쿄토학파(京都學派)의 철학을 만나게 되었다. 특별히 이 학파의 집대성자라고도 할 수 있을 니시타니 케이지(西谷啓治, 1900-1990)의 글들을 꾸준히 읽어 나갔다. 그러던 중 20세기 가장 영향력있는 신학자로 평가되는 칼 라너(Karl Rahner, 1904-1984)의 신학이 니시타니의 선불교적 현대철학과 구조적 차원에서 유사하다는 사실을 발견하게 되었다. 그 뒤 이들 사상의 비교를 통해 동・서양 사유의 관계를 정리해보려는 마음을 가지고서 「神, 人間, 그리고 空—칼 라너와 니시타니 케이지 비교 연구」(1997)라는 제목의 박사학위 논문을 완성할 수 있었다. 그런 뒤 불교와 그리스도교의 비교에 관심을 기울이면서 관련 논문들을 발표하기도 했고, 학위 논문의 일부도 소논문 형태로 연구 논집에 싣기도 했다. 이 책은 그간 발표된 글들[1]을 쿄토학파의 핵심적 내용이 체계적으로 드러날 수 있도록 일부 보완하고 재배치한 뒤, 동양 정신을 대표하는 불교와 서양 정신을 대표하는 그리스도교의 주요 주제들을 비

---

[1] 이 책의 제1장은 "니시다 기타로의 장소적 논리 소고", 『종교의 이해』 제2집, 서강종교연구회, 1997, 121-135; 제2장은 "니시타니 케이지의 불교적 허무주의", 『한국불교학』 제26집, 한국불교학회, 2000, 513-531; 제3장은 "즉비의 논리, 회호적 관계, 선문답", 『불교연구』 제16집, 한국불교연구원, 1999, 171-197; 제4장은 "절대무의 체험: 장소적 논리와 참회도 철학", 『우원사상논총』 제10집, 강남대학교우원사상연구소, 2001, 98-122; 제5・6・7장은 박사학위 논문; 제8장은 "니시타니 케이지의 탈신화적 윤회론", 『종교교육학연구』 제11집, 한국종교교육학회, 2001에 실렸던 글의 일부 수정 인용문이다.

교한 나의 기존 글들2)을 합해 하나의 단행본으로 꾸며본 것이다.

3. 쿄토학파는 불교적 입각점 위에서 서양철학을 창조적으로 소화해낸, 대표적 동양철학 학파이다. 이 학파는 서양적 의미의 일본 최초의 철학자라고 할 수 있을 니시다 기타로(西田幾多郞, 1870-1945)에게서 비롯되었다. 주로 쿄토대학(京都大學) 교수로 활동하던 니시다와 그의 사유를 이어받은 제자들, 특히 타나베 하지메(田邊元, 1885-1962), 히사마츠 신이치(久松眞一, 1889-1980), 니시타니 케이지(西谷啓治, 1900-1990)와 같은 이들을 통해 하나의 독특한 학문적 흐름이 생겨나면서 쿄토학파라는 이름까지 붙게 되었다. 니시다의 동료인 스즈키 다이세츠(鈴木大拙, 1870-1966)는 전문적인 철학자는 아니었지만, 쿄토학파의 정신에 공감하면서 선(禪)의 정신을 서양에 알리는 데 족적이 큰 인물이다. 그리고 니시타니, 타나베 등에게서 배운 후발 학자인 아베 마사오(阿部正雄, 1915-), 우에다 시즈테루(上田閑照 1926-), 다케우치 요시노리(武內義範, 1913-) 같은 이들이 쿄토학파를 공고히 해주었다.

이 가운데 개조 니시다 기타로가 불교적 공(空)/절대무(絶對無)의 입장에서 "장소적 논리"를 확립하고 이를 역사에 적용함으로써 쿄토학파의 창시자가 되었다면, 다른 이들은 그의 제자답게 전체적으로 스승의 사유틀을 계승하면서도 저마다의 득특한 입장을 펼쳐왔다. 이들의 입장을 저마다 한 마디로 규정하기는 힘들지만, 니시타니 케이

---

2) 이 책의 제9장은 "종교들을 비교한다는 것", 『종교교육학연구』 제15집, 한국종교교육학회, 2002; 제10장은 "불자는 그리스도교를 어떻게 보아야 할까", 『불교와 문화』 제5호(1998 봄호), 대한불교진흥원, 210-224; 제11장은 "그리스도교의 불교 이해", 『불교평론』 2002년 봄호, 불교평론사, 78-97; 제12장은 제12장은 "그리스도의 몸과 보신불", 『종교연구』 31집(2003년 여름호) 한국종교학회, 187-204; 제13장은 "요한복음의 불교적 해석", 『종교연구』 제20집(2000년 여름호), 한국종교학회, 185-205에 실린 바 있다.

지는 니시다의 철학적 틀을 이용해 니체 식의 허무주의가 도달하지 못한 그 극단을 밝히는 데 주안점을 두었고, 임제종(臨濟宗)에 속한 선사(禪師)이자 학자인 히사마츠 신이치는 일체의 유신론적 형태를 거부하고 자신의 깨달음 체험에 근거해 철저한 무신론을 확립하고자 했다. 그에게는 무신론이야말로 세상 만사의 근원이라고 할 수 있을 그 최후의 의지처마저 거부함으로써 모든 것으로부터 자유로워지고자 하는 선사상의 현대적 표현이었다.[萬法歸——歸何處!][3] 그리고 스즈키 다이세츠 역시 「금강경」에서 따온 표현인 "즉비"(卽非)를 논리화하면서 철저한 "선(禪)의 철학"을 확립하고자 했다.

이들이 대체로 선의 입장에서 서양철학을 포섭하고자 했다면, 타나베 하지메는 정토진종의 시각을 중시하면서 공(空)과 역사 사이의 '매개'를 밝히고 역사에 대한 강조를 통해 인간의 사회적 실천을 중시하는 데 초점을 두었다. 공이 그대로 색[空卽是色]일 수 있는 근거, 절대진리의 세계와 구체적 현실 세계 사이의 상즉성(相卽性)은 인간의 자기부정적 개입을 통해서만 가능하다는 '매개'의 철학을 전개한 것이다.[4]

---

[3] 이 책에서 히사마츠 신이치의 사상을 구체적으로 소개하지 못한 점은 아쉽다. 우리말로 된 소개서로는 히사마츠 신이치 외, 『무신론과 유신론』, 정병조 외 옮김(서울: 대원정사, 1995) 및 최현민, "그리스도교와의 대화에서 久松眞一의 禪사상이 지닌 의의", 『종교의 이해』 제1집, 서강종교연구회, 1996, 181-201을 참조할 것.

[4] 대부분의 코토학파 사상가들은 니시다 기타로의 사유틀을 따른다. 본문에서 구체적으로 살펴보겠지만, 니시다 사상의 고유한 표현 중의 하나는 "절대무의 자기한정"이다. 이 "절대무의 자기한정"은 절대무가 구체적인 현상의 세계로 스스로를 한정해 나타낸다는 것이다. 그 절대무와 그 한정 사이에 매개는 없다. 공이 그대로 색이라는 것이다. 이와 반면에 타나베는 과연 정말 절대무가 스스로를 무매개적으로 한정할 수 있겠는가에 의문을 가진다. 역사, 도덕, 전쟁 모두 절대무의 자기한정이란 말인가? 타나베는 인간의 사회적 책임을 강조하면서 절대무가 스스로를 한정하려면 그것을 받아들이는 수용자의 자기부정을 매개로 해야만 한다는 입장을 견지한다. 이러한 입장 때문에 타나베는 하느님 은총의 육화를 말하는 그리스도교에 관심을 기울이기도 했지만, 기본적

그의 입장은 제자 타케우치 요시노리를 통해 계승되었다. 물론 이들 교토학파 학자들간에 강조점의 차이는 있지만 전체적으로 불교적 입각점, 특히 공(空)의 입장에서 서양 사상을 창조적으로 수용하면서 세상과 역사를 규명하고자 했다는 점에서는 대동소이하다고 할 수 있다. 쿄토학파는 한 마디로 "공의 철학"을 추구하고 확립하려는 학파이다.

4. 그럼에도 불구하고 이들이 고전적인 의미의 불교 교학을 하려는 것은 아니다. 쿄토학파는 선을 위시한 대승불교적 논리에 입각해 있으면서도, 서양 철학 안에 담긴 불교적 정신을 꿰뚫음으로써 동·서양을 아우르는 철학을 하고자 한다. 니시타니와 우에다 등 많은 이들이 에크하르트의 신비주의와 같은, 선과 통할 수 있는 부정신학적 흐름을 중시한다. 곳곳에서 성서가 인용되기도 한다. 물론 그리스도교 전통을 그 자체로 소개하거나 대승불교 철학과 병렬적인 비교를 하려는 의도에서는 아니다. 그보다는 서양 사상의 근간에 있는 그리스도교 전통의 '배후'를 드러내면서 그곳에서 동양 전통과의 유사성을 보고, 쿄토학파 철학의 보편성을 강조하기 위해서이다. 그러나 그 배후를 드러내면서도 결국 서양적 정신은 자신들이 추구하는 논리의 바닥까지 내려가 보지 못했음을 늘 우회적으로라도 비판하는 경향이 있다. 그런 까닭에 이들이 종횡무진 사용하는 서양의 언어 속에서도 빛나는 것은 언제나 동양적, 불교적, 선적(禪的) 정신이다. 그것도 좁

으로는 정토불교에 초점을 두었다. 말하자면 아미타불의 자기 부정적 은총도 인간의 자기 부정적 행위에 의해 받아들여짐으로써만 은총이 된다는 것이다. 인간 행위의 '매개성'을 강조하는 것이다. 그럼으로써 인간의 사회적 실천을 중시하는 입장을 보였다. 사실 타나베의 입장은 그리스도교의 구원론적 구조와 상당히 유사하며, 그리스도교-불교의 비교에 중요한 시사점을 던져준다. 앞으로 정리해 보고자 한다. 이미 길희성이 이러한 시각에서 일본 정토 불교의 핵심을 신란의 사상을 중심으로 체계적으로 정리한 바 있다(길희성, 『일본의 정토사상』, 민음사, 2001).

혀 말하면, 일본 안에 흐르고 있는 불교적 정신이다. 공의 철학을 통해 현실세계, 즉 색(色)의 세계를 긍정하는 논리를 현대화시켰다는 데에 이 학파의 사상사적 의미가 지대하지만, 그럼에도 불구하고 이들—특히 한창 전쟁의 와중에서 철학을 하던 니시다와 스즈키의 경우—은 종종 의도적이든 비의도적이든 일본의 정치 현실을 옹호하고, 한반도와 대륙침략 전쟁까지 합리화시키는 결과마저 낳기도 했다. 그런 점에서 일본 군국주의 시대를 반영하는 '일본 철학'이었다는 비난을 피할 길이 없는 것도 사실이다.[5]

그럼에도 불구하고 쿄토학파에서 펼치던 서양적 정신에 대한 비판적이고 창조적인 포섭의 자세 자체는 미국은 물론 유럽의 사상가들에게도 점점 더 설득력 있게 받아들여지고 있는 추세이다.[6] 여기서 사용하는 논리가 존재중심의 서양적 사고가 지닌 한계를 보완해줄 하나의 대안이 될 수 있으리라 기대하는 학자들이 늘고 있기 때문이다. 동양적 토양 위에서 서양을 소화해낸 대표적인 사례가 아닌가 한다.

이런 식으로 일본에서는 이미 백여 년 전부터 동·서양 정신의 만남이 실험되면서 소기의 성과를 거두어 왔다는 것은 백여 년이 지난 오늘의 한국 사회에 시사하는 바가 여전히 크다. 아직도 한국에는 어찌되었든 이들 사상을 창조적으로 융합한 사례가 내가 아는 한 거의 없기 때문이다.

이 책도 그러한 반성 속에서 쓰여졌다. 그렇다고 해서 동양적 사고

---

5) 토쿄대학(東京大學) 철학과 교수들이 이 문제를 많이 거론했다. 우리나라에서는 허우성이 『근대 일본의 두 얼굴: 니시다 철학』(문학과 지성사, 2000)에서 이 문제를 조명하고 있다.
6) Hans Urs von Balthasar, "Editorial: Buddhism - An Approach to Dialogue", *Communio* 15(1988), 403; Fritz Buri, *Der Buddha-Christus als der Herr des wahren Selbst: Die Religionsphilosophie der Kyoto-Schule und das Christentum*(Bern: Verlag Paul Haupt, 1982), 191; Frederick Frank ed., *The Buddha Eye: An Anthology of the Kyoto School*, New York: Crossroad, 1982 참조.

와 논리의 우월성을 입증해보려는 데 목적이 있는 것은 아니다. 그보다는 동양과 서양, 특히 불교와 그리스도교는 앞으로도 오랫동안 서로에게서 배워 자신의 전통을 더 풍요롭게 변모시킴으로써 종교 본연의 깊이를 더욱 구체화시켜야 한다는 소신을 밝혀보고자 했을 뿐이다. 이에 따라 불교적 입각점에서 서양적 정신을 포섭하려 했던 쿄토학파의 주요 사유(제1부와 제2부) 외에, 이 책 제3부에서는 불교와 그리스도교 사유의 구조적 유사성을 밝히고, 겉으로 드러나는 차별성 속에서도 그 종교적 깊이의 차원은 서로 만나고 있음을 비교 방법을 써서 정리해보고자 했다. 응당 어느 한 쪽에 무게 중심을 두지 않았다. 불교와 그리스도교, 그리스도교와 불교를 주객도식적 차원에서 접근하지 않고, 가능한 한 양쪽 모두를 주체로 삼으면서 수평적 다양성 속에 감추어져 있는 종교적 깊이의 상통성을 드러내보고자 했다. 서로가 서로를 통해 서로 깊어지고 넓어질 수 있게 되기를 바라는 마음으로…

그리고 양 종교전통은 물론 쿄토학파의 특정 부분에 대해 개인적으로도 비판적인 견해가 없는 것은 아니지만, 가능한 한 비판적 접근은 자제했다. 내 자신이 종교적으로 그리고 학문적으로 계속 정진해야 하는 처지에 있기 때문이기도 하거니와, 무엇보다 양쪽 전통의 세계 속으로 들어가다 보면 늘 새로운 가르침, 깨우침을 받는 경험이 더 크기 때문이다. 돌이켜 보면, 대학시절 가능한 한 상대의 세계를 있는 그대로 보고자 하는 종교현상학적 접근법에 워낙 영향을 많이 받았던 때문이기도 한 것 같다.

원고를 한 자리에 모아놓고 나니, 미진한 것 투성이다. 그래도 일단 정리를 해두어야만 할 것 같은 성급한 마음을 이기지 못해 출판에 붙인다. 이 책이 불교와 그리스도교, 동양과 서양을 잇는 작은 징검다리라도 될 수 있다면 좋겠다.

이찬수 합장

차례

들어가는 말 ——————————————— 5

제1부
서양을 동양으로 포섭하다: 쿄토학파

1. 니시다 기타로의 '장소적 논리' ——————————— 19
   1. 순수경험—유일실재 · 20
   2. 장소적 논리—판단의 문제와 절대무 · 23
   3. 절대모순적 자기동일 · 28
   4. 일본적 철학 · 33

2. 니시타니 케이지의 불교적 허무주의 ——————————— 36
   1. 쿄토학파와 니시타니 케이지 · 36
   2. 불교와 현대 서구 문명 · 37
   3. 0°와 360°—허무적 근저와 '공의 장' · 41
   4. 근원적 주체성의 철학 · 45
   5. 종교를 보는 자리 · 50

3. 스즈키 다이세츠의 '즉비의 논리' ——————————— 53
   1. 즉비 · 53
   2. 서양의 형식논리 · 55
   3. 즉비의 논리 · 57
   4. 회호적 관계 · 63
   5. 선문답 · 68
   6. 공의 장 · 72

4. 타나베 하지메의 '참회도로서의 철학' ——————————— 77
   1. 타나베 철학의 배경 · 78
   2. 종의 논리—매개의 철학 · 79
   3. 참회도로서의 철학 · 82
   4. 그리스도교와의 대화적 기초 · 88

제II부
허무의 극단까지 가다: 니시타니 케이지의 주요 사유들

5. 허무와 공 ——————————————————— 93
   1. 허무 · 93
   2. 의식의 장 · 96
   3. 허무주의 · 98
   4. 본래진면목 · 104

6. 허무의 자각 ——————————————————— 110
   1. 대의(大疑) · 110
   2. 대사(大死) · 116
   3. 안심(安心) · 123

7. 공의 장 ——————————————————— 129
   1. 허무와 절대무 · 129
   2. 허공과 공 · 134

8. 탈신화적 윤회론 ——————————————————— 141
   1. 세계-내-존재 · 141
   2. 윤회하는 중생 · 143
   3. 무한 즉 유한-업에 대한 실존론적 비신화화 · 144
   4. 종교적 실존과 시간-'이미'와 '아직'의 상즉성 · 149
   5. 윤회를 넘어선 보살의 길 · 153

제III부
불교와 그리스도교, 깊이에서 만나다

9. 종교들을 비교한다는 것 ——————————————————— 159
   1. 비교의 정의와 태도 · 159
   2. 비교 대상과 비교 주체 · 161
   3. 불교와 그리스도교의 구조적 유사성 · 164
   4. 이해의 제한성과 비교의 한계 · 169
   5. 깊이의 비교 · 173
   6. 비교의 예들 · 176

10. 불자는 그리스도교를 어떻게 보아야 할까 ——————— 179
 —니시타니의 그리스도교관
   1. 불교와 그리스도교의 상이성과 유사성 · 180
   2. 종교적 본래상 · 183
   3. 되어가는 그리스도인 · 188
   4. 불교와 그리스도교의 만남 · 193

11. 그리스도인은 불교를 어떻게 보아야 할까 ——————— 198
 —변선환의 불교관
   1. 그리스도교에서는 불교를 어떻게 보는가 · 198
   2. 변선환의 불교이해 과정 · 200
   3. 불교와 그리스도교는 '불가결의 보충' · 203
   4. 불교를 수용해낸 신학의 모습—타종교의 신학 · 207
   5. 불교를 긍정하는 신학적 근거—신중심적 다원주의 · 210
   6. 변선환 불교관에서 아쉬운 점 · 215

12. 그리스도의 몸과 보신불 ———————————— 217
   1. 하느님-예수, 법-붓다 · 218
   2. 예수-그리스도, 색신-법신 · 219
   3. 붓다의 몸 · 220
   4. 그리스도의 몸 · 224
   5. 영적인 몸 · 227
   6. 보신불 · 228
   7. 아미타불, 지장보살, 예수 · 230
   8. 신앙적 깊이의 상통성 · 232

13. 요한복음의 불교적 해석 ———————————— 236
   1. 불교와 그리스도교를 비교하는 이유 · 236
   2. 「대승기신론」과 「요한복음」 · 237
   3. 일심이문, 빛과 어둠 · 239
   4. 기신과 믿음 · 243
   5. 본각-시각, 아버지-아들 · 247
   6. 아미타불과 예수 · 254
   7. 미혹에 빠진 아들과 탕자 · 260

제1부

서양을 동양으로 포섭하다:
교토학파

1
니시다 기타로의 '장소적 논리'

불교 수행의 궁극 목표는 성불(成佛)에 있으며, 불교철학의 요체 역시 그 성불을 어떻게 논리화하느냐에 있다. 성불이란 선의 종지 "견성성불"(見性成佛)에서 표현되듯이 견성(見性)하는 것, 풀어 말해 "내 마음이 바로 부처의 마음임[性]을 꿰뚫어 보는 것[見]"이다. 자신의 마음이라는 대상을 자신의 마음이라는 주체가 꿰뚫어 봄으로써, 인간과 부처의 원천적 동일성을 확증하는 것이다.

이 '봄'이 중요하다. 제대로 보아야 한다. 제대로 본다는 것은 그 대상을 주체와 분열된 외계의 한 사물로 남겨놓지 않고, 주체에 '즉'(即)하여 보는 것이다. 주체와 대상 간의 거리를 없앰으로써, 그 대상을 내 '안에서' 보는 것이다. 그것이 그 대상을 대상으로 제대로 '보는' 것이다. 대상에 대한 편견과 왜곡을 타파하고 순수하게 보는 것을 말한다.

그러나 순수하게 제대로 본다는 것이 구체적으로 무엇을 말하는지 논의하는 것은 역설적이게도 복잡한 양상을 띤다. 오랜 무명의 습기로 인해 성불을 위한 수행을 시작하는 것 자체도 쉬운 일은 아니지만, 무엇을 어떻게 수행하는가, 그래서 어쩌자는 것인가와 관련된 논의들은 다른 차원에서 사람들을 더욱 골치 아프게 만든다. 오랫동안 불교철학자들은 이 문제를 두고 씨름해왔거니와, 내가 보건대는 쿄토학파 철학자들도 결국은 이 문제를 밝혀보려는 데 학문의 핵심을 두고 있다. 어떤 대상을 제대로 봄으로써 주·객 이원적인 문제를 해결하는 논리, 위의 표현대로 "견성의 논리"를 찾는 것이 불교철학의 일관된 관심사이자, 쿄토학파(京都學派)의 창시자이자 서양적 의미의 일본 최초의 철학자라고 할 수 있을 니시다 기타로(西田幾多郎, 1870-1945) 역시 이것을 철학화하려는 것으로 보인다.[1)]

1. 순수경험—유일실재

니시다는 선(禪)에 입각하되, 호교적인 차원에서가 아닌, 서양의 선적 정신을 꿰뚫으면서 동서양을 아우르는 철학을 하고자 한다. 서양적인 언어를 빌어서 견성(見性)의 그 '봄'을 철저히 철학화하려는 것이라고 바꾸어 말할 수 있겠다. '본다' 는 것은 무엇인가?

'본다' 는 것은 일단 '경험' 의 문제다. 경험한다는 것은 무엇인가? 니시다는 '순수경험' 의 차원에서 이 경험의 본질을 해명하고자 한다. 니시다의 철학은 이 '순수경험' 이론을 시작으로 '장소적 논리'에서 정점에 이르고, 역사적 세계에 대한 전적인 긍정으로까지 나아간다.[2)] 그는 자신의 철학의 출발점을 이렇게 말한다: "순수경험을 유일한 실

---

1) 니시다 철학과 불교철학의 유기적 관계에 대해서는 이찬수, "니시다 철학과 불교철학: 허우성, 『근대 일본의 두 얼굴: 니시다 철학』(문학과 지성사, 2000)에 대한 서평", 『불교평론』 2001년 봄(통권 6호), 382-393 참조.
2) 가령 다케우치 요시노리(武內義範)는 니시다 철학을 네 단계로 나눈다. 첫 단계는 윌리암 제임스의 철학과 심리학에서 영향받아 성립된 순수경험 이론을 직관적 판단의 문제로 연결지어 주·객의 구분을 해소하려던 단계이고, 둘째 단계는 앙리 베르그송의 사상을 신칸트학파의 사상과 종합함으로써 순수경험을 심리학적이기 보다는 더욱 논리적으로 설명하던 단계이며, 셋째 단계는 플라톤, 아리스토텔레스의 형이상학을 조명하면서 절대무[空]의 장소적 논리를 신비주의적 배경 속에서 확립한 단계이며, 마지막 단계는 절대무의 장소 개념을 이용해 '역사적 세계'를 설명해내는 단계다(다케우치 요시노리, "니시다 기타로", 『브리태니커세계대백과사전』, 제4권, 186-87). 이 단계들은 순수경험을 절대무의 장소적 논리로 해결하면서 일상사를 긍정하는 불교적 깨달음의 논리를 만들어내려는 데 그 핵심이 있다고 하겠다.

재로 삼아 모든 것을 설명해보고자 한다."[3]

여기서 순수경험이란 "조금도 사려와 분별을 섞지 않은 참된 경험 그대로의 상태", 주객미분의 경험이며, 주관적 선입견을 버리고 사실 그대로[性] 아는 것[見]을 말한다. 마치 음악을 들으면서 내가 저 음악을 듣는다고 생각하거나 소리란 악기의 울림이 공기의 진동을 통해 전해져 오는 것이라고 하는 따위의 반성적 사유 이전에 아름다운 음악에 심취되어 음악과 내가 하나되어 있는 것과 같다. 이 때 음악은 단순한 감각(청각)의 대상이 아니다. 나의 감각적 체험과 하나되어 있는 것이다. 이것은 "견성성불"(見性成佛)에서의 '견'(見)이나 「반야심경」(般若心經)에서 "오온이 모두 공함을 비추어 보았다"[照見五蘊皆空]고 할 때의 그 "보았다"[見]가 철학적 사변이나 논리의 결과가 아닌, 직관, 일체 사유 이전의 직접 체험인 것과도 같다. 니시다는 일체 반성적 사유 이전의 경험이 생겨날 때가 이른바 참된 실재가 현전하는 순간이라고 말한다.[4] 이러한 참된 실재의 현전으로서의 경험 그 자체에는 지·정·의(知·情·意)가 분리되어 있지 않고 주관과 객관의 대립도 없다. 주관이 곧 객관이고 객관이 곧 주관이다. 니시다에 의하면 주·객이 하나되어 있는 이 사태야말로 유일한 참된 실재이다.

이 참된 실재는 분명히 인간의 경험이다. 그리고 경험은 그 경험을 경험으로 받아들인 인간 안에서, 특히 인간의 의식 안에서 발생하는 일이다. 참된 실재가 현전하는 곳이 의식 '밖'이 아니고 의식 '안'이라는 말이다. 사태의 본질을 대상적으로 파악하지 않고 철저하게 주관 안에서 주관과 하나된 대상으로 파악하려는 것이 불교의 핵심이듯이, 니시다 역시 순수경험 이론을 통해 경험 대상을 경험 주체 '안에서' 그 주체와 하나된 대상으로 파악하고자 한다. 그렇게 하나

---

3) 西田幾多郞, 『善の硏究』(東京: 岩波書店, 1993), 4.
4) 『善の硏究』, 75.

된 경험이 순수경험이고, 바꾸어보면, 순수경험 역시 의식 '안에서', 의식 '으로서' 일어나는 것이다. 그런 점에서 그에게 순수경험은 의식 현상이다. 그는 말한다: "의식 현상이 유일한 실재이다."[5)]

그가 말하려는 의식 현상은 철저하게 실천적이고 능동적인 것이다. 밖에서 들어온 수동적인 것이 아니다. 의식 현상을 일으키는 주체는 의식 외부에 있지 않다. 의식이 순수경험이자 '유일한' 실재이려면, 의식이 주체와 대상으로 분열되지 않고, 의식 자체가 스스로를 의식하는 것이어야 한다는 말이다. 한 그루의 나무를 관찰할 때, 나와 분리된 나무를 대상적으로 분석하는 태도가 아닌, "관찰자 자신이 바로 그 나무가 되어서 그것이 내면적으로 발전해 가는 과정을 자신이 느끼는 것"과 같다.[6)] 나무 '에 대한' '개념적' 인식을 가지는 것이 아니라, 굳이 인식이라는 표현을 쓰자면, 나무 '를' 체험하는 '행위적' 인식을 가지는 것이다.[7)] 그래서 능동적인 의식이며, 풀어 말하면, '의식된 의식'이 아닌, '의식하는 의식'이다.[8)]

'의식된 의식'은 의식 주체와 분리되고 대상화된 의식이다. 내가 내 밖에 있는 나무를 의식한다고 할 때처럼, '나'라는 의식 주체에 의해 수동적으로 대상화된 의식이라는 말이다. 여기서 대상화된 의식은 의식 주체와 분리되어 있으며, 의식 주체라고 여겨지는 것마저도 그렇게 여기는 주체와 분리되어 여전히 대상성을 면치 못한다. 그러한 의식은 여전히 의식 자체와 떨어져 있고 주·객이 분리되어 있는 까닭에 사태에 대한 진정한 파악이 되지 못한다. 분열된 의식의 단편일 뿐이다.

---

5) 『善の硏究』, 66.
6) 『鈴木大拙禪選集』(東京: 春秋社, 1975), 9/22.
7) 井上洋治, 『사람은 왜 사는가』, 김희진 옮김, 분도출판사, 1995, 82-83.
8) 아베 마사오, "니시다 철학의 장소사상," 『禪과 종교철학』, 변선환 엮음, 대원정사, 1996, 26-31.

니시다에 의하면 '의식된 의식'이 아닌, '의식하는 의식'이야말로 참 실재이다. '의식된 의식'이 수동적 의식이라면, '의식하는 의식'은 능동적 의식이다. '의식하는 의식'은 대상화된 의식도 아니고, 단순한 주관적 관념도 아닌, 주체의 의식 '안에서' 바로 그 의식으로 현전한 참된 실재이다. 의식 안에서 실재가 현전한다는 것은 의식 현상 자체가 바로 참된 실재의 현전이 된다는 말이다. 이 곳에서는 의식 주체와 대상이 분리되지 않는다. 주·객이 일치하는 하나의 사건이 있을 뿐이다. 그는 말한다: "자기의 의식 상태를 바로 경험할 때 그것은 아직 주관도 없고 객관도 없는, 지식과 그 대상의 전적인 합일이다."[9] 이러한 합일로서의 사건이 주체의 입장에서 표현하자면 자각이다. 자각은 철저하게 능동적인 것이다.[10] 그 어떤 대상에 의해 이루어지는 수동적인 것이 아니다. "자기가 자신을 자기 속에서 보는 것"이고, 스스로 아는 것[自知]이다. 이것이 자각이며, 구원이고 해탈이다.

2. 장소적 논리―판단의 문제와 절대무

어떤 사물을 바로 그 사물로 보고, 어떤 경험을 참으로 그러한 경험이게 하는 것은 의식하는 의식, 순수경험, 즉 능동적 자각에서만

---

9) 한스 발덴펠스, 『불교의 空과 하나님』, 김승철 옮김, 대원정사, 1993, 95에서 인용.
10) 자각의 능동적 성격은 니시다 자신이 동사를 철저하게 능동태로 쓰는 데서 표현되고 있다. 가령 봄, 행위함, 움직임, 한정함, 비춤, 의식함 등등. 이것은 보여짐, 움직여짐, 한정됨, 비춰짐, 반성됨, 의식됨 등의 수동태와는 날카롭게 구분된다. 니시다의 제자 히사마츠 신이치(久松眞一)가 철저하게 '주체적 자각'을 얘기하면서 '보는 행위', '보는 마음' 등 '능견'(能見)을 강조할 때도 같은 맥락이다. 물론 이 때의 '능'은 주체적 존재로서의 마음을 말하기 위함이지 객체[所]와 분리된 주체적 작용[能]만을 말하기 위한 것은 아니다. 히사마츠 신이치·야기 세이이치 외, 『무신론과 유신론』, 정병조·김승철 옮김, 대원정사, 1994, 180.

가능하다. 그러기에 의식하는 의식 혹은 순수경험은 그 자체로 유일한 실재이다. 의식하는 의식 혹은 순수경험이 유일실재와 주객도식적으로 분리되지 않는다는 말이다. 의식하는 의식, 순수경험이 유일실재 바로 그것이기 위해서는 유일실재가 의식 '안'에서 의식 '으로서' 자신을 드러내거나 거꾸로 의식 혹은 경험이 실재 '안'에서 그렇게 해야 한다. 물론 실재와 의식이 서로 분리되는 것은 아니다. 의식이 바로 그 의식으로 성립하는 바로 그것이 순수경험이자 유일실재라는 말이다. 그것은 외부적인 힘에 의해 수동적으로 이루어지는 것이 아니라 철저하게 능동적인 것이다. 그래서 '의식하는' 의식이라 하는 것이다. 실재 혹은 의식이 서로의 모습으로 서로를 드러내는 '장소'가 되는 셈이다.[11]

니시다는 이 '장소'(Topos) 개념을 이용해 자신의 철학을 전개해 나간다. '장소'는 니시다 이래로 쿄토학파에서 핵심으로 사용하는 공간적 은유이다. 3장에서 보겠지만, 스즈키 다이세츠(鈴木大拙)가 「금강경」에서 힌트를 얻어 창안한 "즉비"(卽非)의 논리에서의 "즉"도 모순되는 양 극단의 통일을 이루어주는 점[点] 또는 곳[所]이라는 공간적 이미지를 지닌다. 니시다에 의하면, 장소는 어떠한 사물이나 사건을 그러한 사물이나 사건으로 현성하게 해주는 곳이다. "의식 바로 그 안에서 의식을 안으로부터 초월하면서 대상화되지 않은 의식을 성립시켜주는 동시에 의식된 대상의 존재도 성립시켜주는 근거이다."[12] 이 장소 안에서 주·객은 일치한다. 니시다는 이러한 입장이 단순한 주관주의에 빠지지 않게 하기 위해 철저하게 논리화한다. 아리스토텔

---

11) 얀 반 브락트, "『종교란 무엇인가』에 대한 서양인의 시각", 니시타니 케이지, 『종교란 무엇인가』, 정병조 옮김, 대원정사, 1993, 407-408; James W. Heisig, "The Religious Philosophy of the Kyoto School: An Overview," *Japanese Journal of Religious Studies*, 1990, 17/1, 67-69.
12) 竹內良知, 『西田幾多郎と現代』(東京: 第三文明社, 1978), 26.

레스가 사용한 '휘포케이메논'(hypokeimenon, 基底, 基體) 개념을 빌려 오면서 "장소적 논리"로 다듬어 나간다.[13]

휘포케이메논은 자연 존재의 근저에 있는 것[基體]이고, 특별히 아리스토텔레스에 의하면 "그 자체는 다른 어떤 것에 의해서도 술어가 될 수 없는 것이다."[14] 그러기에 일체 판단의 문법적 주어이다. 그런데 주어는 언제나 그보다 보편적인 술어에 의해 포섭될 때 비로소 주어로서 성립된다. 하나의 판단이 성립되는 것도 마찬가지다. 가령 형식논리학에서 "개는 포유류이다"라는 판단을 내릴 때, 특수한 주어인 개는 포유류라는 보편적 술어에 포섭됨으로써만 타당성을 얻는다. 하지만 과연 포유류라는 보편적 술어가 개라는 특수한 주어를 '온전히' 포섭할 수 있을까? 포유류란 개로서의 특수성과 구체성을 탈각시켜버린 추상개념에 지나지 않는 것은 아닐까? 포유류에는 개만 속한 것이 아니라, 고양이, 코끼리 심지어는 고래도 있는데… 니시다는 이런 식의 의문을 던지면서, 주어의 측면 보다는 술어의 측면에 관심을 기울인다. 아리스토텔레스의 휘포케이메논을 역으로 생각하여, 술어는 되지만 주어는 될 수 없는 것에 초점을 둔다. 그런 뒤 인간을 포섭하여 인간의 궁극적 주체가 되는 초월자에 그것을 적용한다. 니시다에 의하면, 초월자는 주어를 주어 되게 해주는 술어적인 것이다. 그는 이

---

13) 니시다가 장소 개념을 확립하기 위해 아리스토텔레스 및 플라톤에게서 배운 것은 사실이지만, 사실상 니시다가 아리스토텔레스나 플라톤을 연구하게 된 계기는 후설의 현상학에 자극을 받으면서였다. 후설 현상학의 구조를 자기 식으로 바꾸면서 장소 사상을 확립하게 된 것이다(竹內良知, 앞의 책, 77). 지금부터 나오는 니시다의 '장소론'은 아베의 니시다 이해에 의지하였다(아베 마사오, "니시다 철학의 장소사상,"『禪과 종교철학』, 32-62). 그밖에도 다케우치 요시토모(竹內良知)가 앞의 책, 26-31, 76-86에서 아베와 비슷한 시각으로 정리한 니시다의 장소론도 참고할 것.
14) 아리스토텔레스,『형이상학』, 1028b 36f.(아베 마사오, "니시다 철학의 장소사상,"『禪과 종교철학』, 30에서 재인용).

것을 "초월적 술어면"이라고 부른다. 초월적 술어면은 어떤 대상을 바로 그 대상으로 성립시켜주는 근거, 장소와 같다.

여기서 장소(topos)란 일단 특수와 보편의 관계로 말하자면, 특수한 것을 근거짓고 감싸고 있는 보편과 같다. 이것은 "개는 포유류다"라는 판단이 '개'라는 특수와 '포유류'라는 보편의 관계로 구성되어 있는 것과 같다. 포유류라는 보편은 개라는 특수를 감싸는 장소와 같다. 이 때 개라는 특수는 판단의 주어면이고, 포유류라는 보편은 판단의 술어면이다. 이 "개는 포유류다"라는 명제에서 그 "~이다"라는 판단이 진정으로 성립하려면 포유류라는 보편이 개라는 특수로 "스스로를 한정해야" 한다고 니시다는 본다. 이것이 니시다 사유 구조의 핵심이라고 할 수 있다. 개는 개를 개로서 성립시키고 있는 포유류가 스스로를 한정하고 스스로 개로서 특수화할 때만 비로소 개일 수 있다는 입장, 즉 "개는 포유류이다"라는 판단이 참으로 성립할 수 있다는 입장이다. 보편이 자신 안에서 스스로를 한정하여 특수가 되는 곳에서 특수와 보편 간에는 긴장과 알력이 없다. 특수가 보편이고 보편이 특수다. 그러면서 동시에 참으로 특수이면서 참으로 보편이 되는 곳이라고도 할 수 있다. 니시다의 판단 이론에서는 그 판단에서의 술어가 자기를 한정함으로써 주어와 술어가 원천적으로 하나되어 있고, 또 하나될 수 있음을 보여주고자 한다. 시간의 상에서 말하자면, 이곳은 영원이 순간 안에 스스로를 한정한 '영원한 순간', '영원한 현재'이다. 그 무언가를 "안다"고 하는 것도 이런 구조를 지닌다. 앎이란 특수가 보편 속에 감싸이고 둘러싸이는 것이다. 다시 말해 보편이 특수의 모습으로 스스로를 한정하는 것이다.

니시다에 의하면, 이 때 보편이 스스로를 한정하면서 일체 존재의 다양성과 차별성을 그대로 긍정할 수 있으려면, 보편이 자기동일성을 유지하면서 스스로 안으로부터 차별을 전개해나가야 한다. 이것은 자신을 부정하면서 자기를 외화하고 자기 자신으로 돌아온다고 하는 헤겔의 '이데'(Idee)와도 유사하다. 하지만 니시다에 의하면, 자기동일성을 유지하면서 차별성과 다양성으로 현전하는 보편은 유(有)가 아니라 무(無)이어야 하며, 그것도 유에 대립하는 '상대적 무'가 아니라 이들을 포괄하는 "절대무"이어야 한다. 그는 바로 이런 것을 말하고자 한다.[15]

이 절대무는 불교에서 전통적으로 말하는 공(空)의 니시다적 표현이다. 니시다의 표현에 따르면, 절대무는 모든 개체와 특수를 생생하게 자신 안에 포괄하는 "장소"이다. 역으로 장소(보편)는 절대'무'인 까닭에 장소 안에 있는 것(특수)으로 스스로를 한정하면서도 그것을 해치지 않는다. 일체 사물은 이 "절대무의 장소" 위에 있다. 절대무의 장소는 자기를 한정함으로써 개체를 포섭하는 궁극적이고 "초월적 술어면"이다. 그것은 보편적 절대무(술어)이기에 구체적 특수(주어)로 자신을 한정하고도, 아니 그렇게 자신을 한정함으로써 참으로 하나의 판단이 성립되는 것이다. "개는 포유류다"라고 하는 판단에서 포유류라는 보편(술어)이 개라는 특수(주어)로 자신을 한정한다는 말이다. 그때야 비로소 "~이다"라는 판단이 성립할 수 있는 것이다.

이처럼 만물을 만물되게 해주는 것은 만물을 만물로서 규정하고 있는 것이 스스로를 한정하여 내어줄 때에만 가능하다. 이 때 만물을 만물로서 규정하고 있는 것이 스스로를 내어줄 수 있으려면, 앞에서 말

---

15) 니시다에 의하면, 헤겔의 이데(Idee)는 결국 아리스토텔레스의 휘포케이메논까지는 포섭하지 못하는 그 어떤 것(something), 즉 유(有)에 머문다. 만일 이데가 무가 아닌 '절대정신'이라면, 거기에도 이데 자체를 포섭할 수 있는 '장소'가 있어야 하며, 그 장소는 물론 절대무여야 한다고 니시다는 본다. 헤겔이 말하는 이데의 철저한 자기부정/자기외화가 이루어지려면, 이데는 유가 아닌 무, 그것도 상대무가 아닌 절대무여야 한다는 것이다. 그런 점에서 니시다에 의하면 헤겔의 변증법은 아직도 주관주의적 색채가 완전히 불식되지 못했다(아베 마사오, "니시다철학의 장소사상", 43-53; 竹內良知, 앞의 책, 26-31).

한대로 무(無), 그것도 절대적인 무가 아니고서는 안 된다는 것이다. 만물은 바로 이 절대무 위에 있기에 저마다의 고유성을 유지할 수 있는 것이다. 그래서 절대무는 만물의 만물됨을 그 자체로 살려주는 '장소'라 하는 것이다. 니시다는 이렇게 '장소' 개념을 이용해 만물의 생생함을 그 자체로 살리고자 한다. 만물의 생생함을 살려주는 논리를 그는 "장소적 논리"라 부르는 것이다. 판단이라는 용어를 쓰자면, 한 판단을 참으로 그러한 판단으로 성립시켜줄 수 있는 논리인 것이다.

3. 절대모순적 자기동일

이처럼 절대무로서의 장소 위에서 개개 사물은 저마다의 고유성을 부여받고, 사물로서의 자기 정체성을 획득한다. 절대무 위에 있기에 각 개체는 자기동일적으로 폐쇄되어 있지 않고 다른 개체에 개방되어 있다. 자기가 부정됨으로써 스스로 긍정될 뿐 아니라 다른 개체도 긍정한다. 이것을 개별 개체의 차원에서 보면, 개체와 개체가 서로를 한정함으로써 서로를 세워주는 식이며, 이러한 상호 한정은 개체가 저마다 절대무라는 장소 위에 있기에 가능하다는 말이다.[16] 개체와 개체는 그저 대립되어 있기만 하지 않고 사실상 절대무라는 장소 위에서 저마다의 고유성을 유지한 채 통일되어 있다. 통일되어 있다는 것은 각 개체에 자기만의 아성(我性)은 없다는 뜻이며, 고유성을 유지한다는 것은 그 개체를 개체되게 해주는 장소 위에서 자기동일성을 획득한다는 말이다. 초기불교의 무아론(無我論)과 화엄의 성기설(性起說)을 연상시켜주는 부분이다.

니시다가 보건대, 각 개체가 저마다 고유하게 자기동일성을 지닌

---

16) 西田幾多郎, "絶對矛盾的 自己同一", 上田閑照 編, 『自覺について』(西田幾多郎哲學論集 III)(東京: 岩波書店, 1990), 7-8.

다는 점에서 그것은 자기동일성을 지니게 해주는 장소와 '모순'된다. 모순되되, 절대무라는 장소 위에서 그 장소의 자기 한정으로 인해 획득한 자기동일성이기에 단순한 대립적 모순이 아니다. 니시다는 이것을 "절대모순"이라고 부른다. 마치 산과 물의 부정을 거치고서 비로소 "산은 산, 물은 물"이라 말할 수 있듯이, 절대무의 장소 위에서 자기부정을 거침으로써 획득된 고유성이기에 이 고유성은 단순 대립이 아닌 일체의 대립성을 끊어버린 모순, 즉 "절대모순"이다. 절대모순은 일체의 대립과 차별[對]을 끊어버린다[絶].

그에 의하면, 신이 악마에 대립하여 있는 한, 그 신은 더 이상 신이 아니다. 이 때 신과 악마는 단순하고 상대적인 모순의 관계일 뿐, 절대모순이 아니다. 선과 악, 생과 사, 번뇌와 열반도 대립적이고 상대적으로 파악되는 한 이들은 단순한 모순의 관계에 있을 뿐 절대모순이 아니다. 일본 정토진교의 개조 신란(親鸞)이 "번뇌를 끊지 않고 열반을 얻는다"(「敎行信證」, 行卷, 正信偈 65)고 말하듯이, 열반은 번뇌에 단순히 대립되는 것이 아니다. 이들은 상대 모순이 아니라, 절대모순의 관계이다. 이런 식으로 절대모순은 가령 신이 스스로를 부정하되, 악마로까지 부정할 때 성립된다.[17] 바로 그럴 때 신은 참으로 신이 된다. 신 밖에 악마성을 일부라도 남겨두어서는 신이 되지 못한다. 신이 전적으로 악마가 되는 것이다. 물론 악마는 없어지고 신만 남는다는 뜻은 아니다. 신이 악마로까지 자신을 부정하는 것은 신 자신이 스스로에 대해 부정을 일으키는 것이다. 신이 스스로를 부정하기에 이 신은 자기모순적이다. 그러나 신은 이러한 자기 모순을 거침으로써만 긍정된다. 그때야말로 신이 참으로 신인 것이다.

이처럼 신은 "절대"와 같다. 이 "절대는 자기 안에 절대적 자기부

---

17) 西田幾多郎, "場所的論理と宗敎的世界觀", 『自覺について』, 334.

정을 포함하고 있다. 절대적 자기부정을 포함하고 있다는 것은 자기가 절대무가 된다는 것이다."[18] 만물은 이미 절대무 위에 있기에 자기동일성을 획득하게 되는 것이다. 바로 이런 차원에서 니시다는 만물의 자기동일을 "절대모순적 자기동일"이라는 부르는 것이다.

"절대모순적 자기동일"이란 자기가 자기모순적으로 자기 자신에 대함으로써 자기 동일적으로 되는 것을 뜻한다. 절대모순과 자기동일은 어떤 절차나 단계가 아니다. 절대모순이 그대로[卽] 자기동일이고 자기동일이 그대로[卽] 절대모순이다. 그렇다면 "절대모순적 자기동일"에서의 "적"(的)은, 아베(阿部正雄)가 옳게 지적하고 있듯이, 자기동일을 수식하는 형용사형 어미가 아니라 바로 "즉"(卽)의 의미이다.[19] 「반야심경」의 용어를 빌리자면 색(色)이 그대로[卽] 공(空)이라는 말이다. 이것은 색(色)이 스스로에 대해 자기모순을 일으켜 색으로서의 자기동일성을 획득하는 것이다. 달리 말하면 공(空)이 색으로서 자신을 한정하는 것이기도 하다. 그런 점에서 다양한 사물을 그 사물로 인식할 수 있는 것은 그 사물을 사물되게 해주는 장소, 즉 공(절대무)이 자기모순적으로 스스로를 한정하기 때문인 것이다. 그런 점에서 "절대모순적 자기동일"은 "장소적 논리"의 자연스런 귀결이다. 절대무로서의 장소가 자신을 한정하는 데서 오는 사태인 것이다. 우에다(上田閑照)는 니시다의 "절대모순적 자기동일"을 다음과 같이 종합적으로 해설한다.

> 형식적으로 말하면, 모순적 자기동일은 장소적 논리의 자동율(自動律)이라고도 할 수 있겠다. 모순적 자기동일의 자기동일은 어디까지나 장소의 자기동일이다. 모순하는 A와 B가 똑같다는 것은 아니다. A와 B가 모순

---

18) 西田幾多郞, "場所的論理と宗敎的世界觀", 327.
19) 아베 마사오, "니시다 철학에서 '역대응'의 문제", 『禪과 종교철학』, 97-98.

한다고 할 때, A와 B는 같은 장소에 있다―만일 같은 장소에 있지 않다면, 모순이라는 것은 생겨나지 않는다. 이러한 사태를 니시다는 장소에서 본다. A와 B라고 하는 모순은 장소의 자기모순이다. 그것을 통해 장소가 장소 자신을 동적(動的)으로 한정해 간다. 이 동적인 사태를 일괄해서 말할 때 모순적 자기동일이라 하는 것이다.[20]

A가 A되고, B가 B되는 것은 동일 장소의 자기 한정으로서만 가능하다는 말이다. 그리고 이 장소가 자기를 한정할 수 있으려면 그것은 참으로 절대적인 '무'가 아니고서는 안 된다는 말이다. 색(色)이 바로 그 색일 수 있는 것은 바로 공(空)의 자기 한정 때문이며, 따라서 색은 그대로 공이고 공은 그대로 색이라고 말할 수 있게 된다는 것이다. 이것을 색의 측면에서 보자면, 색이 자기부정을 일으킴으로써 자기를 긍정하는 것이고, 공의 측면에서 보자면 공이 색으로 자기를 한정하는 것이다. 그런데 색이 긍정되는 것은 부정됨으로써인 까닭에 색의 자기긍정은 자기부정을 전제한다. 색과 공을 대응관계로 표현하자면, 색은 공의 자기한정으로 인해 '부정됨으로써 긍정되는' 역대응적 관계이다. '긍정되는 색'은 사실상 절대무의 장소 위에서 '부정되는 색'으로 인해 가능해지는, 역대응의 관계 위에 있다. 앞에서 본대로 "절대는 자기 안에 자기부정을 포함하고" 있기에 이 절대의 자기부정으로 인해 개체의 자기가 철저하게 부정될 때 개체의 자기가 철저하게 살아나는 것이다. 자기로부터 오는 것이 아니라 자기부정으로부터 오는 것이기에 자기의 자기에 대한 관계가 역대응적이라 말하는 것이다. 위 인용문에서 "A와 B라고 하는 모순은 장소의 자기모순"이라 하는 것이나, 니시다가 "우리들의 자기는 오직 죽음에 의해서만 역대응적으로 신(神)에 접한다"[21] 하는 것은 모두 이것을 뜻한다.

---

20) 上田閑照, "解說", 西田幾多郎, 『自覺について』, 400.
21) 西田幾多郎, "場所的論理と宗敎的世界觀", 326.

아울러 "색즉시공 공즉시색"이 개념적 설명이 아닌 직접 경험을 말하려는 것이듯이, 니시다의 '절대모순적 자기동일' 역시 개념적 설명이 아닌, 직접 경험, 앞에서의 '순수경험'을 말하려는 것이다. 순수경험은 일체의 경험을 바로 그 경험되게 해주는 유일한 근저이며, 일체의 경험은 이 순수경험으로부터 시작된다. 아니 이 순수경험이 자신을 내어주기에 일체의 경험이 바로 그 경험이 될 수 있는 것이다. 그런 점에서 "절대모순적 자기동일"은 '장소적 논리'의 다른 표현일 뿐 아니라 그가 초기에 말하던 "순수경험"의 논리화이다. 순수경험에서 시작해 "절대모순적 자기동일"을 이루어주는 논리가 바로 "장소적 논리"인 것이다.

그렇다면 이 논리는 주·객 이분법을 극복하고서 어떤 사태를 바로 그러한 사태로 제대로 보도록 하려는 자각의 논리, 깨달음의 논리가 아닐 수 없다.[22] 깨달음의 논리라는 말에는 '깨달음'이라는 종교적 측면과 '논리'라는 철학적 측면이 한 데 녹아 있다. 이것은 니시다가 종교와 철학을 같은 근원에서 본다는 뜻이다. 종교와 철학 모두 근본적 사실의 자각, 즉 '순수경험'으로부터 출발한다. 다만 종교가 그러한 경험으로부터 출발해 '근본적 사실이 구체적인 사실로' 자기

---

22) 당연히 이 때 '논리'란 아베(阿部正雄)가 옳게 지적하듯이, "단순히 연역법이나 귀납법을 가리키는 것이 아니고 개념적인 검증을 말하는 것도 아니다. 그것은 총체적 존재론적 의미에서 실재의 확립과 확인을 지향하는 것이다." 니시다에게 논리란 반형이상학적 분석철학의 입장과는 달리, "분석할 수 없고 대상화할 수 없는 실재에 대한 자각이라는 뜻에서 오히려 존재론적이고 형이상학적이다." 연역적이고 귀납적인 논리를 단순히 대상적으로 설명하는 차원이 아닌, 아니 그 차원의 근저에서 실존적이고 실재적으로 연역적이고 귀납적인 논리가 되게 해주는 논리의 논리, "주체적 자각의 논리"라고 할 수 있다. 실재의 입장에서 보면, 이 논리는 아베의 표현대로 "실재의 자기 표현 형식"이다(아베 마사오, 『禪과 종교철학』, 29-30, 62). 이러한 '주체적 자각'은 선적(禪的) 실천의 차원에서 철저하게 철학화하고자 하는 히사마츠(久松眞一)에게서도 잘 드러난다(히사마츠 신이치 외, 앞의 책, 107-92; 아베 마사오, "깨달음의 종교", 히사마츠 신이치 외, 앞의 책, 195-223 참조).

를 한정하는 "심령상의 사실"이라면, 철학은 그러한 경험 위에서 '구체적인 사실이 근본적 사실로' 자기를 한정하여 반성하는, 심령상의 사실에 대한 "설명"이라고 니시다는 본다.[23] 방향상으로는 상반되지만, 철학이든 종교든 모두 순수경험에서 출발하면서 그러한 순수경험을 구체적인 경험과 하나로 볼 때 참으로 철학과 종교로 성립되는, 동근원적인 것이다. 이 때 구체적인 경험이 순수경험과 하나라는 말은 앞에서 본대로 구체적인 경험이 바로 그 구체적인 경험으로 생생하게 살아난다는 뜻이다. 이것이 진정한 경험이고, 종교적 경험이다. 이러한 경험이 이루어지는 장소가 절대무이다. 절대무의 장소에서야 구체적인 경험은 바로 그 구체적인 경험이 된다는 것이다.

4. 일본적 철학

이런 식으로 니시다는 만물이 이미 절대무라는 장소의 자기한정으로 인해 자기동일성을 획득하며, 그 근저에서는 저마다의 개성을 유지한 채 통일되어 있다고 본다. 그리고 더 나아가 절대무로서의 장소 개념을 이용해 일상의 소소한 일들은 물론 거대한 "역사적 세계"까지 긍정하고자 한다. 그가 미시적인 세계와 거시적인 세계를 설명하는 방식에는 차별이 없다. 그러다 보니 그의 역사 긍정은 결국 천황, 국체(國體), 더 나아가 일본의 제국주의적 침략 정책까지 논리적으로 정당화시키는 꼴이 되고 말았다. 개개 존재의 생명 사건을 추상화시켜 논리화할 때는 큰 문제거리가 되지 않는 듯 하다가도, 하나의 움직임이 다른 움직임을 억압하는 방식으로 나타나는 경우, 그 다른 움직임

---

23) 上田閑照, "西田哲學における宗教理解について", 『絶對無と神:西田・田邊哲學の傳統とキリスト教』, 南山宗教文化硏究所 編(東京: 春秋社, 1981), 64; 上田閑照, "解說", 西田幾多郞, 『自覺について』 409-10 참조.

의 차원에서는 니시다의 철학을 어떻게 소화할 수 있을지 해결하기 어려운 난점을 던져준다.

물론 이것은 니시다가 선에 입각한 철학을 하면서도 자신의 조국 '일본'이라고 하는 나라를 어떻게 보아야 할 것인지에 실존적 관심을 기울여왔기 때문이기도 하다. 한편에서 보면 철학이라는 것 역시 자신의 지평을 떠나서 이루어질 수 없음을 반영해주는 것이지만, 일본 제국주의로 인해 정신적으로 물질적으로 피해를 입은 한국, 중국인 등의 입장에서는 바로 이곳에서 그의 철학의 한계가 있다고도 말할 수 있다. 한국 민족 철학과 상통하는 일본 민적 철학을 이룰 수는 없는 것이었을까. 앞으로 살펴볼 타나베 하지메의 철학에서는 민족성 혹은 국적성에 덜 매이는 좀 더 보편적인 접근법이 돋보인다.

아무튼 일본인 니시다는 자신의 철학을 통해 '일본'의 문제에 관심을 기울였다. 특히 동양의 불교를 서양의 철학적 입장과 쉼 없이 병행시키면서도 서양에 문호를 개방한 이래, 서양 사상과 문화에 끝없이 도전을 받으며 갈등하던 '일본'이라고 하는 문제를 해결하기 위한 것, 즉 일본적 철학을 이루기 위한 작업을 벌인 셈이다. 발덴펠스(Hans Waldenfelse)는 이렇게 대변한다:

> 니시다의 관심사는 원래 서양인과의 대화가 아니었고, 오히려 일본 자신의 문제였다 … 일본은 1868년 메이지 유신 이해 서양의 문명과 문화, 여러 가지 이데올로기나 사상의 도전에 직면하지 않으면 안 되었다. 그래서 일본은 전통과 진보, 경험과 반성, 동양과 서양, 그리스도교와 불교 사이의 관계를 자신의 문제로서 받아들일 수밖에 없었던 것이다. 그리고 이렇게 수용된 여러가지 도정과 해석간의 경쟁과 궁극적인 통일이 이제 일본 자신의 문제로서 부각되었다.[24]

---

24) 발덴펠스, 앞의 책, 88; 이와 관련한 좀 더 구체적인 논의는 허우성, 『근대 일본의 두 얼굴: 니시다 철학』(문학과 지성사, 2000)을 참조할 것.

일본 안에 살면서 일본을 대상화할 수 있을까? 니시다는 이 문제를 해결하는 데 있어서 특별히 일본이라는 전통이 전해준 불교를 서양 사상과 적극적으로 대결시킴으로써 해결하려고 했던 것으로 보인다. 일본 안에 녹아있는 불교, 서양사상과 문화에 쉼없이 도전을 받고 있던 일본, '일본'과 '불교'와 '서양'이라는 삼자의 창조적 만남의 문제를 니시다는 '순수경험론' 및 '장소적 논리'라고 하는 선적(禪的) 종교철학 위에서 해결하고자 한 듯 하다. 다음 장에서 살펴볼 니시다의 제자 니시타니 케이지(西谷啓治, 1900-1990)도 일본을 "장래의 세계문화를 실험하는 일종의 실험실"이라 보고서, 일본이라는 토양 위에서 동·서양 사상을 창조적으로 융합하고자 노력한다 할만큼 자기가 처해있는 곳에 관심을 기울인다.[25] 이미 주어져 있는 원천적인 사실을 종교와 상통시키며 철학화하려고 한 것이다.

니시다에 의하면, 이렇게 철학화한 사실, 즉 설명된 사실이 그 원천적 사실의 자기한정인 곳에서 종교가 성립되는 것이다.[26] 이런 식의 니시다 철학은 니시타니 케이지, 히사마츠 신이치(久松眞一, 1889-1980), 타나베 하지메(田邊元, 1885-1962) 등으로 다양하게 이어지고 연결되면서 이들의 주 활동무대였던 쿄토대학의 이름을 딴 쿄토학파가 형성되었고, 이 학파는 일약 현대 동양을 대표하는 세계적 철학으로 자리잡게 되었다. 다음 장에서는 스승 니시다를 이어 쿄토학파를 확립했다고 할 수 있을 니시타니 케이지의 사상을 정리해보기로 한다. 그의 사유는 니시다의 사유틀과 가장 닮아 있는 것으로 평가된다.

---

25) 발덴펠스, 앞의 책, 134-35.
26) 우에다(上田閑照)가 말하는 대로 니시다의 철학은 원천적인 사실, 즉 심령상의 '사실'을 '설명'하는 데 초점이 맞추어져 있다. 심령상의 '사실'과 '설명'은 니시다 철학의 핵심적 개념쌍이다. 이 '설명'이 '사실'을 충실히 반영할 뿐 아니라 '사실' 바로 그것이기 위해서 철저하게 주객 이분법적 논리를 배제하는 것이다. 上田閑照, "西田哲學における宗敎理解について", 62-65.

2
니시타니 케이지의 불교적 허무주의

1. 쿄토학파와 니시타니 케이지

쿄토학파가 니시다에게서 비롯되었다면, 그것이 하나의 학파로 성립된 것은 아마도 니시타니 케이지로 인해서라고 해도 과언은 아닐 것이다. 니시타니는 스승 니시다의 철학을 독창적으로 계승하고 있는 가운데[1] 쿄토학파의 사유틀을 가장 잘 보여준다. 그의 철학을 통해 현대 일본 불교철학계의 주요 흐름도 살펴볼 수 있으리라 생각된다.

니시타니는 기본적으로 조국 일본에다가는 서양문명과 사상을 창조적으로는 토착시키고, "서양인들에게는 동양의 정신 또는 사고방식과 이해방식을 이해시키고자 하는 소망"을 갖고 작업을 한다.[2] 이를 위해 선적(禪的) 입각점에 서서 불교와 서양 철학을 대결시키는 가운데,[3] 에크하르트, 니체, 하이데거 등 무수한 서양 사상가들을 인용하

---

1) 西谷啓治, 『西田幾多郎 - その人と思想』(東京: 筑摩書房, 昭和 60), 3-5. 여기서 니시타니는 고교시절 니시다의 책 『사색과 체험』(思索と體驗)을 읽고 인생의 방향이 결정되어버렸다고 술회하고 있다. 이런 인연으로 그는 쿄토대학에 들어가 니시다 문하에서 철학을 공부하였고, 그 이후 니시다는 니시타니 인생 행로에 결정적인 영향을 주게 되었다. 니시다는 제자 니시타니를 두고서 "자기보다 더 자기에 가까운 사람"이라는 평가를 할 정도이다. 『西谷啓治著作集』, 第九卷(東京: 創文社, 1993. 이하 『西谷啓治著作集』), 16; 齋藤義一, "西谷哲學に見られる'體驗と思惟の相卽性'について", 『情意における空』, 100-103; 佐佐木徹, 『西谷啓治』, 21-22 참조.
2) 『西谷啓治著作集』第十一卷, 224-25 참조.
3) 『西谷啓治著作集』第十一卷, 222-23.

고, 그들에게서 받은 영향을 구체적으로 표현하기도 한다.[4] 이런 식으로 그 안에서는 동양과 서양이 만난다. 그 만남의 자리를 그는 1868년 메이지 유신 이래 늘 서양의 도전에 직면해있던 '일본의' 종교, 그 중에서도 선불교적 시각에서 조명하고 있는 것이다.[5]

그는 진작부터 선불교에 주의를 기울였다. 호교적인 차원에서는 아니지만, 그는 공(空)이나 업(業), 무(無)와 같은 선의 기본 용어들을 사용하면서[6] 서양 사상까지 포괄하려 한다. 일본의 토양 안에서 배운 선불교적 입각점에서 서양의 사상과 대결하고 동시에 수용하는 '불교적 종교철학'을 모색하고자 하는 것이다.

2. 불교와 현대 서구 문명

니시타니가 "불교, 특히 선불교의 입장을 자주 다룬 것은 본래의

---

4) 니시타니가 인용하는 서양 철학자들은 주로 유럽의 신비주의나 관념론, 허무주의에 속한 사람들이다. 니시타니는 영미 계열 철학자들은 거의 참조하지 않는다. 윈스턴 킹은 이를 두고 영미 계열 철학에는 동양적이고 불교 친화적 문화의 뿌리가 얕기 때문일 것이라며 그 이유를 분석한다(Winston L. King, "Foreword", Keiji Nishitani, *Religion and Nothingness*, tr. Jan Van Bragt, Berkeley: University of California Press, 1982, xv-xvi).
5) 西谷啓治, "私の哲學的 發足點", 田中美知太郎 編, 『講座哲學大系』, 1卷(東京: 人文書院, 1963), 229; 그의 작품들 중 『根源的主體性の哲學』, 『世界觀と國家觀』은 물론 토론집 『戰後日本精神史』 등에서도 그가 일본 위에 서서 일본을 대상화하고자 하는 철학을 진지하게 모색하고 있음을 알 수 있다. 물론 그러한 철학의 기본 입장은 언제나 불교적 입장에 가까운 것들이다. 좀 더 구체적인 문제는 Jan Van Bragt, "Nishitani on Japanese religiosity", Joseph Spae, *Japanese Religiosity*(Tokyo: Oriens Institute for Religious Research, 1971), 273-77 참조.
6) 그가 의식적으로 공(空)이나 업(業), 법(法), 무(無)와 같은 불교의 기본 용어들을 사용하고 있기는 하지만, 그것을 특정한 종파로서의 불교가 지닌 교의학적인 차원에서 사용하는 것은 아니다. 사실상 그는 사물의 생생함, 즉 '리얼리티'(實在)와 '인간의 본질과 현실'을 조명하기 위해 그러한 용어를 빌려다 쓴다고 밝히고 있다; 西谷啓治, 『宗教とは何か』宗教論集1, 東京: 創文社, 昭和 56(『西谷啓治著作集』第十卷과 동일) 12 =『종교란 무엇인가』정병조 옮김, 대원정사, 1993(이하 『종교란 무엇인가』).

상(相)이 그곳에서 가장 평이하고 뚜렷하게 드러나 있다고 생각했기 때문"[7]이라고 스스로 말한다. 그가 처음부터 '불교를 위한 학문'을 하고자 시도했던 것은 아니지만, 그의 학문이 도달한 자리는 결국 불교와 합치하는 곳이었다. 그는 이렇게 고백한다: "나는 점점 더 불교적 사유 범주를 가지고 사태를 생각하게 되었다 … 나는 점점 더 불교적 사유 방식에 접근하게 되었다."[8] 앞에서 그의 철학을 '불교적 종교철학'이라 적은 이유도 여기에 있다. 다만 그의 철학에는 서양적 의미의 과학성까지 들어 있다는 점에서 기존의 전통 불교학과는 차별적이라고 할 수 있다.[9]

니시타니는 이러한 불교적 입각점 위에서 에크하르트, 니체, 하이

---

7) 『종교란 무엇인가』, 363; 이 때 선이 본래의 상을 가장 잘 드러내준다는 말에는 그의 인생 체험이 반영되어 있다. "선의 입장"은 그가 정식으로 철학을 시작하기 전에 했던 '인생의 허무적 체험'을 가장 잘 설명해주면서도 그렇게 '설명된 자신의 체험'으로부터 다시 과거의 '허무 체험', 더 나아가 일상적 삶의 체험으로 돌아가는 방식을 동일성의 차원에서 가장 잘 볼 수 있게 해준다는 말이다. 가령 그는 이렇게 말한다: "철학 이전으로부터 철학에로, 다시 철학으로부터 철학 이후에로"의 길을 헤쳐나간 뒤 이제는 "철학 이후인 선행(禪行)의 입장으로부터 철학을 통해 철학 이전으로 돌아가는 길을 되걸어가기에 이르렀다"(『西谷啓治著作集』, 第十一卷, 8). 선의 입장이란 이렇게 되걸어가는 길이며, 니시타니는 철학을 이러한 길의 차원에서 전개해나간 것이다.
8) "私の哲學的 發足點", 221; 니시타니 철학은 후기로 갈수록 불교적 색채가 더욱 짙어진다. 특별히 그의 나이 30대 초반까지는 니시다 철학의 '순수경험'이나 '순수절대의지' 등과 같은 것을 궁극적인 입장으로 삼아 문제를 해결하고자 했으나, 30대 후반부터는 '기사구명'(己事究明)과 같은 선(禪)의 입장을 따르고자 하는 모습이 두드러지기 시작한다. 그 사이에 놓인 그의 저술이 『근원적 주체성의 철학』(根源的主體性の哲學, 1940)이다. 니시타니와 불교의 전반적인 관계는 ヤン ヴアン ブラフト, "預言者たる 西谷啓治", 上田閑照 編, 『情意における空』(西谷啓治先生追悼)(東京: 創文社, 1992), 183-90 참조.
9) 서양까지 아우르려는 니시타니의 엄밀한 학문 태도를 염두에 두고서 얀 반 브락트(Jan Van Bragt)가 니시타니의 전 저작을 일컬어 "선불교의 기초신학(a theologia fundamentalis of Zen Buddhism)을 이루기 위한 시도"라 부른 것은 타당하다(Jan Van Bragt, "Nishitani on Japanese religiosity", 279).

데거를 비롯한 여러 서양 사상가들을 인용하며 자신만의 독창적 철학을 전개해 나간다. 특별히 하이데거를 빈번히 거론한다.[10] 물론 하이데거 사상 자체를 다루려 했던 것은 결코 아니다. 누구를 다루고 인용하든 그가 서양 사상 중 특별히 관심을 기울이는 부분은 이른바 '과학주의'와 '허무주의'이다.[11] 그에 의하면 과학주의와 허무주의는

10) 니시타니는 1937년-39년 사이에 일본 교육청의 한 연구원 자격으로 독일 프라이부르크 대학에 파견되어 하이데거와 함께 3년여 동안 연구하면서 그에게 큰 영향을 받았다. 특별히 하이데거의 허무주의 해석에서 많이 배운 것으로 보인다. 이러한 인연으로 니시타니는 곳곳에서 하이데거의 철학사상을 논한다. 하이데거를 소개하는 차원이 아닌, 그와 대결하면서 그의 사상을 넘어서려는 차원에서이다. 그러면서도 그가 하이데거와 맺고 있던 개인적 친분 관계 때문인지, 서양 사상가들에 대해 비판했던 것과 비교해보면 상대적으로 하이데거에 대한 직접적인 비판은 그다지 많지 않다. 하이데거를 이용해 하이데거를 넘어서 현대적 의미의 불교철학을 하기 위해서이다. 그는 불교 위에 서서 그 불교철학을 서양에도 어울리는 것으로 설명하기 위해 하이데거를 자주 인용하고 있는 것이다. 그밖에도 니시타니는 그리스도교의 성서를 비롯해 서양 사상가 가운데 에크하르트, 아씨시의 성프란치스코, 쉘링, 도스토예프스키, 니체, 싸르트르 등에게서도 큰 영향을 받았다고 스스로 밝히고 있다. 일본에서는 메이지 시대 작가인 나쯔메 소세키(夏目漱石, 1867-1916)와 선사였던 하쿠인(白隱, 1685-1768), 다쿠앙(澤庵, 1573-1645) 등에게 마음을 빼앗겼다고 말하고 있다. 그러면서 그의 모든 글에 일본 최대의 지성적 선사로 평가되는 도겐(道元)의 글이 인용된다 해도 과언이 아닐 정도로 도겐에게서 언제나 많은 것을 배우고 있는 것으로 보인다. 도겐의 정법안장(正法眼藏)을 두 권에 걸쳐 해설하고 있는 데서 드러난다(『西谷啓治著作集』第二十二·二十三卷). 물론 그가 동·서양 철학을 자연스럽게 넘나들 수 있게 된 것은 결정적으로 쿄토학파의 창시자인 니시다 기타로(西田幾多郞)의 제자가 되어 그의 철학에 전적으로 영향을 받으면서부터라고 할 수 있다. 이상, 西谷啓治, "私の哲學的發足點", 229; 辻村公一, "西谷先生とハイデッガ: 現代=ヒリズムの問題をめぐって", 『情意における空』, 135-66; 아베 마사오, 『禪과 종교철학』, 136-41, 168; 佐 木徹, 『西谷啓治 - その思索への道標』(京都: 法藏館, 1986), 20-26, 103-22, Graham Parkes ed., *Heidegger and Asian Thought*(Honolulu: University of Hawaii Press, 1987), 9-10 참조.
11) 이 가운데 니시타니가 허무주의에 깊은 관심을 기울이게 된 것은 중학교(15세) 때 아버지가 폐결핵으로 타계하고, 2년 후(17세) 자신도 같은 병을 앓아 학교도 일시적으로 포기해야 했던 청소년기의 절망적인 체험에 기원을 두고

근대 서양철학의 정수를 보여준다. 그런데 근대 서양에서 확립하고 도달한 이 과학주의와 허무주의야말로 '종교'를 잃어가고 있는 현대 문명의 핵심을 보여준다고 그는 판단한다. '종교'를 잃고 있다는 것은 무엇인가?

그에 의하면, 과학주의는 애당초 자기 주체를 당당하게 여기면서, 일체를 철저하게 '대상화' 해서 분석한다. 그리고 그 결과를 무기적인 메카니즘과 생명없는 법칙에 환원시킨다. 그러나 인간은 그 과학적 법칙에 스스로를 맞추다가 도리어 그 법칙으로부터 소외되기에 이르렀고, 그것은 일체에서 무의미를 보는 허무주의로 이어지게 되었다고 그는 진단한다. 주체 중심의 과학주의가 주체 상실의 허무주의로 이어지게 되었다는 것이다.

이러한 흐름에 공통적으로 담겨있는 특징은 한 마디로 "종교적 무관심"이다. 니시타니는 종교를 잃어버리고 종교에 무관심한 현대적 상황을 비판적으로 깊이 진단한다.[12] 그러면서 지금까지의 서양철학

있다("私の哲學的發足點", 『西谷啓治著作集』第二十卷, 193, 195; 佐木徹, 『西谷啓治』, 15-20). 그렇지만 그가 도스토예프스키나 니체의 허무주의를 더욱 극단화하면서 불교적 공(空)의 체험, 즉 깨달음과 연결짓게 된 논리적 근거는 역시 스승 니시다에게서 배운 것으로 보인다.

12) 니시타니는 도처에서 현대문명을 진단한다. 그에 의하면, 현대문명의 특징은 종교적 무관심이다. 현대인이 종교에 관심이 없어진 이유는 자연과학의 진보, 휴머니즘, 합리적 계몽주의 등의 영향이 크다. 이러한 사조는 한결같이 종교를 이성에 대립시키면서 종교를 논외로 한다. 그 결과 현대문명은 낙관적 진보주의 내지는 비종교적 허무주의 경향을 띠게 되었다. 과학기술 만능주의와 무신론(無神論)/무불론(無佛論)이 성행하게 되었다. 종교가 제 구실을 못하게 된 현대문명은 전반적으로 위기에 처해있다. 서양의 영향을 물씬 받고 있는 오늘날 동양의 상황도 서양과 크게 다르지 않다. 서양의 경우에는 그리스도교가, 동양의 경우에는 불교가 이러한 위기에 어느 정도 책임이 있다고 그는 판단한다. 불교와 그리스도교 모두 이러한 난제를 해결해야 할 과제를 지고 있다는 것이다(西谷啓治, "佛教における'向上'の立場", 南山宗敎文化硏究所編, 『絶對無と神』, 東京: 春秋社, 1981, 155-60). 이러한 현대 문명 진단은 이른바

이 도달했다고 하는 자리, 즉 허무주의를 다시 그 극단까지 몰고 간다. 허무주의가 다시 한 번 더 뒤집어지는 곳에서 일체 존재의 철저한 긍정을 위한 토대가 솟아오르리라 보기 때문이다.

그곳에서 진정한 종교도 성립되는 것이라고 그는 본다. 서양에서는 이러한 근원적인 사태를 보지 못했다면서, 도리어 철저하게 허무적일 필요가 있음을 불교적 입각점에서 분명하게 밝혀준다. 그럼으로써 진정한 '종교의 자리', 즉 일체 사물의 의미를 부정하던 허무주의의 극단에서 새롭게 열리는 '대긍정'의 세계를 여실하게 드러내 보여주려는 것이다.

3. 0°와 360°—허무적 근저와 '공의 장'

니시타니 철학의 특징은 '허무적 근저'에 대한 집요한 탐구에 있다. 그는 일반적으로 당연시되는 일체의 개념이나 논리의 '배후'에 관심을 기울인다. 물론 칸트류의 초월론적 철학에 전적으로 동의하는 차원에서는 아니다. 그는 칸트의 철학이 여전히 인간 이성의 자주성을 부동의 근간으로 하고 있다는 데 의심을 품으면서, 그 부동의 근간을 다시 한번 뒤집으려 한다.[13] 일체의 개념적인 틀이나 논리를 넘

'세속성'의 특징으로 "종교경험의 상실"을 드는 벨테(B. Welte)의 입장과도 통하는 것으로 보인다. B.Welte, Das Licht des Nichts - Von der Möglichkeit neuer religiöser Erfahrung, Düsseldorf, 1980, 20-23 ; 오창선, "無의 빛 - B. Belte의 종교철학적 해석", 『가톨릭 신학과 사상』 제11호, 1994.6, 참조.

13) 西谷啓治, 『根源的主體性の哲學』(弘文堂, 1940), 40-41 ; 니시타니는 칸트가 여전히 주체 중심성에 사로잡혀 있다면서, 어떠한 사태 자체, 그러한 사태의 뿌리와 본질에 대한 탐구에 집중한다. 칸트류의 초월론적 철학에서 주체는 대상을 바로 그 대상으로서 드러내는 것이 아니라, 마치 '거울'에 비친 상처럼, 주체와 대상은 직접 관계를 가지지 못한다는 것이다. 그래서 히사마츠(久松眞一) 같은 이는 '거울과 거울에 비친 상' 및 '물과 물결'의 비유를 가지고 칸트와 불교의 차이를 묘사하기도 한다. 그에 의하면, 우리의 의식이 대상에 따르

어, 아니 어떤 개념과 논리를 그 개념과 논리가 되게 해주는 '근저'로 돌아가고자 한다. 그리하여 일체 존재를 생생하게 살려주는 그 '근저'를 드러내보고자 한다. 그것이야말로 일체 존재의 배후이며, 바로 그렇기에 모든 곳에 통하는 핵심에 들어앉아서 작업을 하겠다는 것이다.[14]

니시타니는 배후, 근저의 탐구를 통해 일체 사물이나 사태를 긍정하고자 한다. 마치 전통적인 선사들이 그랬던 것처럼, 그는 일상적인 '의식(意識)의 장(場)'에서 기존의 개념이나 논리를 당연시하며 그 질서에 따라 살아가는 이러한 사태를 문제삼는다. 일상적인 질서란 그 자체로 자명한 것이 아니라 보기 때문이다.

이러한 사실을 밝히기 위해 기본적으로 일체 사물의 상호조건성[緣起]이나 무실체성[無我] 같은 전통적 불교 이론을 전제할 수 있겠지만, 니시타니는 '허무'의 문제를 부각시키면서 사람들에게 당연하게 받아들여지는 일상적 삶의 질서를 뒤흔든다. 즉, 삶의 질서의 근저에서 극단적인 허무를 보면서, 어떠한 사태에만 고유한 본질, 근저는 '있지' 않고 '없음', 즉 '허무'라는 사실을 강조한다.[15] 삶의 근저에서

는 것이 아니라 대상이 우리의 의식에 따른다는 칸트의 입장은 한편에서 보면 "모든 것은 마음의 산물"[一切唯心造]이라는 불교적 입장과 유사하다. 그러나 다른 한편에서 보면, 칸트의 의식 내지는 마음이 외부의 대상을 전제한 '거울'과도 같다면, 불교의 마음은 "물과 물결의 비유"에서처럼 대상과 주체가 철저하게 하나이다. 일체의 물결은 물로부터 생겨난 것이면서 물 바로 그것이다. 마음과 그 마음이 비추는 외계의 대상들은 거울과 상의 관계가 아닌 물과 물결의 관계에 있다는 것이다. 칸트식의 주체 중심주의에서와는 달리, 주·객은 물의 능조적(能照的) 차원에서 전적으로 하나이다. 물론 이러한 예는 니시타니나 히사마츠 고유의 것이 아니라, 선불교 전통에서 오랫동안 사용되어오던 예들이다(히사마츠 신이치 외, 『무신론과 유신론』, 정병조 외 옮김, 대원정사, 1995, 190-91).
14) 『종교란 무엇인가』, 11.
15) 근저를 유(有)로 보지 않고 허무로 보는 것은 모든 주객도식적 표상과 집착을 극복하고서 지금 그대로의 모습을 보기 위한 관견이다.

무의미, 비존재, 즉 무근저를 보는 것이다.

그러나 그에 의하면, 근저(根底)가 무저(無底)라는, 즉 근저가 없다는 사실이야말로 근저를 근저되게 해준다. 근저에서 솟아오르는 까닭 모를 무의미, 무근저는 도리어 근저의 자기현현이기 때문이다. 원천적으로 근저란 '있지' 않고 '없는' 까닭에, 근저에서 무의미가 솟아오른다는 것은 무근저의 자기확인, 원천적인 사실의 자기현현이다. 원천적인 사실이 스스로를 드러내는 그곳에서 근저는 다시 긍정된다.

그리고 이렇게 근저가 재긍정됨으로써만 일체 사물이나 사태가 긍정된다. 허무라는 현실을 자각하는 곳에서 사물이나 사건, 사태가 여실하게 자신의 모습을 드러낸다는 말이다. 이렇게 긍정된 사물이나 사태는 일상적 '의식의 장'에서 보던 사물이나 사태와는 다르다. 그러나 다르면서도 본래의 자리를 터럭만큼도 떠나지 않았다. 이렇게 비로소 긍정된 본래의 자리를 니시타니는 일상적 의식의 장과 구분하여 "공의 장"(空の場)이라 부른다.

"공의 장"과 일상적 "의식의 장"은 마치 360°와 0°의 관계와 같다. 0°가 스스로를 부정하고 전환하여 본래 있어야 할 자리로 돌아온 것이 360°이다. 0°의 부정이란 지극히 당연시되던 0°적 현실의 근저에서 허무를 보는 것이다. 그런 점에서 그 허무를 봄, 즉 허무의 자각은 "존재하는 모든 사물의 심연"이 그 존재를 뚫고 솟아오르는 것이다. 그렇게 사물의 허무적 심연이 솟아오를 때 사물은 그 근저에서부터 재확인된다. 이렇게 재확인된 세계가 '공'의 세계, 이른바 360°의 세계이다. 그렇다면 공은 다시 허무의 심연에 대한 심연이다. 다시 말해, "존재하는 모든 사물에 대한 심연이 허무인 것처럼, 공은 그 허무의 심연에 대한 하나의 심연인 것이다."[16] 이런 식으로 니시

---

16) 『종교란 무엇인가』, 152.

타니는 0°를 부정함으로써 360°를 말하고, 그럼으로써 다시 0°를 포섭하고자 한다. 색(色)을 부정하면서 공(空)을 말하고, 그럼으로써 다시 색을 포섭하는「반야심경」의 논리와 통한다.

나를 나되게 하는 것, 나를 떠받치고 있는 것, 그것은 없다. 허무이다. 만일 지금의 나를 나되게 하는 것이 지금의 나 밖에 따로 '있다'면, 나는 나 아닌 다른 것 위에/안에 있는 셈이다. 내가 내 자신이려면, 나를 나되게 해준 것이 나 외에 별도로 있어서는 안 된다. 나의 근저가 있지 않고 없다는, 즉 허무이어야 한다는 말이다.

그런데 "나의 근저가 허무"라는 사실에 머물고 만 것이 그간 서구철학에서 발전시켜온 허무주의였다. 그러나, 니시타니에 의하면, 이때의 허무는 유(有)에 상대되는 무, 즉 상대무(相對無)에 지나지 않는다. 여기서 더 나아가야 한다고 그는 말한다. "나의 근저가 허무"라는 입장에서 더 나아가, "허무가 내 안에서 나로서 있다"는 적극적 입장으로 전환해야 한다. 허무만이 아니라, 그 상대적 허무마저 다시 극복하고 본래적 나의 모습을 회복해야 한다는 것이다. "색즉시공"(色卽是空)만 말하지 않고 "공즉시색"(空卽是色)도 동시에 말하는「반야심경」과 같은 맥락이라 할 수 있다. 그럴 때 상대무는 극복되고, 존재와 하나된 무, 일체의 대립적 표상이 극복된 무, 즉 "절대무"(絶對無)로의 전환이 일어난다. 절대무이기에 존재로서 자신을 한정하여 존재 바로 그것일 수 있는 것이다. 이것이 '허무의 장'에서 '공의 장'으로서의 전환이며, "일상적 자기라는 존재방식에 포함된 문제에 대한 실존적 적발", 즉 "종교"이다.[17] 나의 근저가 허무라는 사실에서 허무가 내 안에서 나로서 현전한다는 사실로의 전환이 나를 나되게 해주는 것이다.

---

17)『종교란 무엇인가』, 42.

4. 근원적 주체성의 철학

그는 언제나 이런 틀을 가지고 작업을 한다. 이러한 작업은 그가 최초로 낸 단행본 『근원적 주체성의 철학』(1940)에서부터 그 싹이 보인다. 『근원적 주체성의 철학』에서는 일체의 귀착지를 떨쳐버리려는 니체(F. Nietzsche)의 무신적 입장과 철저하게 신과의 합일 지점에 서있는 에크하르트(M. Eckhart)의 입장을 검토하면서 그 근저에서 상통성을 본다. 이들은 한쪽은 신을 부정하고(니체) 다른 한쪽은 신을 긍정하는 (에크하르트), "시대적으로나 사상적으로 상반되는"입장에 있지만, "철저한 생의 변증법적 운동" 및 "철저한 인간부정을 통한 인간긍정"의 측면에서는 상통한다고 니시타니는 파악한다.[18] 그 철저성으로 치자면, 에크하르트가 니체보다 더 나아갔지만,[19] 모두 "생(生)의 바닥 없는 깊이가 현재의 순간에 타오르는 곳"에 입각해 있다는 점에서는 공통된다고 그는 본다.[20] 달리 말하면, 이들 모두 생 안에 생으로서 드러난 무저(無底)로서의 근저 위에 서 있다는 것이다. 그래서 에크하

---

18) 『根源的主體性の哲學』, 32.
19) 『종교』, 110; 니시타니는 에크하르트와 니체에서 어느 정도 선(禪)과의 상통성을 본다. 특별히 니체보다는 에크하르트가 더욱 선에 가깝다고 판단한다 (Ueda Shizuteru, "'Nothingness' in Meister Eckhart and Zen Buddhism", *The Buddha Eye*, 158 참조). 니체가 결국 "힘에의 의지"라는 말로, '의지'라는 인격적 표상을 쓰는 데 반해 에크하르트는 신과 신성을 구분하면서, 인격적 표상을 넘어선 '절대무'로서의 신성에서 신의 본질을 보기 때문이라는 것이다. 선만큼 자기가 참으로 자기 자신이 되는 주체적 자각의 입장에 투철하지는 못하다고 보지만, 에크하르트와 선의 만남을 통해 "니시타니는 새로운 신관을 제시해준다"고 아베 같은 이는 평가하기도 한다(Masao Abe, "Nishitani's Challenge to Western Philosophy and Theology", *The Religious Philosophy of Nishitani Keiji*, ed. Unno, 45). 이 문제에 대해서는 앞으로 계속 검토하겠다. 佐佐木撤, 『西谷啓治 - その思索への道標』, 163-65도 참조할 것.
20) 『根源的主體性の哲學』, 33.

르트처럼 "신의 근저가 나의 근저이고, 나의 근저가 신의 근저"/"내가 신을 보는 눈은 신이 나를 보는 눈과 같은 눈"이라 말할 수 있고, 또 니체처럼 "정상과 심연, 그것이 지금 하나"/"한낮과 한밤이 하나"라고 말할 수 있게 된다는 것이다.[21] 이렇게 볼 수 있으려면, 결국 초월론적 주체성의 자리에 안주하고 말았던 칸트의 입장까지 벗어나야 한다고 본다. 아무 것에도 입각하지 않는 곳에 입각할 때만, 즉 무저(無底)에 설때만 생(生)은 생이 된다는 것이다.

이곳에서는 어떠한 사물이나 사건을 대상적으로 바라보는 일체 주객 표상이 극복된다. 그곳에서 인식의 대상과 인식 주체는 동일하다.[22] 니시타니에 의하면, 인식 대상과 동일성이 확보되는 자리가 진정한 '자기'이다.[23] 니시다 기타로의 표현대로 "내가 내 안에서(내 밖에서가 아니라) 나를 볼 때," 즉 '보이는 나'와 '보는 나'가 같을 때 그 때가 진정한 자기인 것이다. 자기를 어떠한 대상과 분리된 하나의 주체로서 놓는 한 자기란 없다. 내가 나를 내 밖에서, 즉 대상화해 본다면 그것은 나의 분열된 모습일 뿐, 참 내가 아니다. 아베(阿部正雄)의 표현처럼 참 자기는 '저곳'이 아니라 '이곳', 피안이 아니라

---

21) 『根源的主體性の哲學』, 33.
22) 니시다가 말한 '절대모순적 자기동일'이 니시타니에게도 그대로 적용된다. 다만 니시다가 '판단'이라는 논리적인 문제로 이러한 결론에 이르렀다면, 니시타니는 허무의 문제를 실존적으로 다루는 허무의 자각 과정을 거쳐 도달했다는 차이가 있다. 그는 니시다와 달리 무엇보다 허무를 하나의 인식 대상으로서가 아닌, 자신의 주체 안에서 주체로서 체험되는 실재로 간주한다. 허무는 온 몸으로 체득되는 실재이다. 니시타니는 이런 식으로 허무에 대해 철저한 실존적 입장을 취한다. 이러한 입장을 얀 반 브락트는 "일종의 실존론적 허무주의"(a kind of existential nihilism)라고 부르는데(Jan Van Bragt, "Nishitani on Japanese Religiosity", 272), 그것은 합당한 표현으로 보인다.
23) 西谷啓治, "禪における'法'と'人'", 久松眞一・西谷啓治 編, 『禪の本質と人間の眞理』(東京: 創文社, 昭和 52), 883-891 참조. 니시타니가 말하는 이 '자기'는 하이데거의 '현존재'와 비슷하다.

차안, 그것도 '절대차안'이다.[24] '절대적 이곳'에서만 객체는 객체적 고유성을 지니면서도 결코 객체로 남아 있지 않고 주체로서 현성하는 것이다.

니시타니에 의하면, 이전의 종교 철학에서는 특별히 데카르트 이래로 객체를 대상화해서 바라보는 주체의 입장을 강조해왔다. 이곳에서 대상은 주체와 분리되어 있고, 주체는 다른 어떤 것에 의해서도 객체화될 수 없고 술어화할 수 없는 주어적 존재로 여겨졌다. 이러한 주어적 존재는 객체를 객체로서 바라볼 수 있는 든든한 근저였다.[25]

---

24) 아베 마사오, 『禪과 종교철학』, 140.
25) 이러한 주체관은 오랜 서양철학의 핵심이었다. '주체'(das Subjekt, subjectum)는 그리스어 휘포케이메논(hypokeimenon)의 번역어인데, 휘포케이메논은 자연 존재의 근저에 있는 것[基體]을 뜻한다. 특별히 아리스토텔레스에 의하면, "그 자체는 다른 어떤 것에 의해서도 술어가 될 수 없는 것이다." 그러기에 아리스토텔레스 논리학에서 주체, 즉 '수브옉툼'은 술어를 통해 무엇이라고 진술되는, 일체 판단의 문법적 주어이다. 그러면서도 주어로서의 '수브옉툼'은 술어에 의해 서술되고 규정된다는 점에서 '종속된다'는 의미를 동시에 가진다. 논의의 대상과 주제도 수브옉툼이라는 용어로 표현된다.
그러나 데카르트는 "나는 생각한다 그러므로 나는 존재한다(코기토 에르고 숨)"의 명제를 확립하면서, 수브옉툼에서 종속성이 아닌, 절대적 주체성을 보고자 했다. 그는 인간 자신이 스스로 자신을 정립하는 행위에서 형이상학의 근거를 보았다. 그래서 특별히 실체로서의 수브옉툼 즉 자존적(自存的) 수브옉툼을 강조했던 것이다. '자존적' 수브옉툼은 그 무엇에 의해 규정되지 않고, 도리어 다른 일체의 것을 규정한다. 그러다 보니 (하이데거의 데카르트 해석에 따르면) 데카르트의 수브옉툼(주체)은 '앞에 놓여 있는 것', '근거로서 모든 것을 자기에게로 모으는 것'이 된다. 자기가 모든 것의 근거가 되어, 모든 것을 그 근거 아래로 모은다. 이 모으는 주체를 인간 안에서 본 것이다.
본래 수브옉툼은 자아, 인간을 지칭하는 용어가 아니었다. 그렇지만 데카르트를 거치면서, 근대 철학은 '주체'를 어떤 다른 곳이 아닌, 인간 속에서 찾게 되었다. 인간 이 주체가 되어 모든 존재자를 자기 자신의 존재와 자기 자신의 진리에 근거짓게 될 것이다. 아니, 그 주체로서의 인간, 바로 '나'가 존재하는 모든 것을 규정하는 절대 중심이자 기초가 된 것이다. 모두 이 '나'에게 표상되고 주어지고 문초된다. 대상을 앞에 세우고 문초하는 자로서의 나, 곧 '코기토 숨'의 자아(ego)가 모든 존재자의 존재를 근거짓는 절대 부동의 기초,

그러나 니시타니는 바로 이러한 근저를 문제삼는다. 데카르트의 입장을 비판적으로 빌어오면서 "근원적 주체성의 철학"을 이렇게 푼다.

> '나는 존재한다'고 하는 것의 궁극의 근저에는 바닥이 없다. 우리의 생(生)의 근저에는 다리를 받쳐주는 어떤 것도 없다. 오히려 입각할 그 무엇도 없는 곳에 입각하기 때문에 생이 생인 것이다. 그래서 그런 탈저(脫底)의 자각으로부터 새로운 주체성이 종교적 지성과 이성과 자연적 생을 일관하는 것으로 나타난다.[26]

데카르트의 "나는 존재한다"고 할 때의 "나"가 주어적 존재로 여겨지는 이유는 애당초 대상과 분리된 주체를 전제했기 때문이다. 그러나 니시타니에 의하면 전통적 선(禪)이나 스승 니시다의 핵심적 가르침이 그랬듯이, 주체와 분리된 대상이란 없다. 그런 것을 전제하는 곳에서 대상은 제대로 파악되지 않는다. 보는 자기와 보이는 자기가 같을 때가 자기 본래의 성품[性]을 보는[見] 때이다. 견성성불은 바로 이것을 말한다.[27] 존재와 그 존재에 대한 인식이 철저하게 하나되는 곳에서만 진정한 인식이 이루어진다는 말이다. 사태에 대한 진정한

즉 주체(sub-jectum; 아래에 던져진 것)가 된 것이다.
여기서 자아란 절대 독립체이며, 다른 무엇으로도 대치될 수 없다. 거기서 비로소 인간 개개인의 주체성도 나온다. 그 자아는 대상에 대해 항상 그 근거로 현전하는 주체(sub-jectum)인 것이다. 또 '코기토'의 자아가 주체, 곧 존재하는 모든 것의 근거가 됨으로써 물질 세계는 '연장'으로 파악되고, 그것의 본질은 인간 앞에 닥달되는 데 있으며, 따라서 세계는 이제 신의 피조물이 아닌, 바로 그 주체의 지배권 아래 놓이게 되었다. 사물을 움켜쥐고, 고문하며, 사물의 본질을 수학적으로 파악하는 인간 행위는 결국 '자기', '자아' 위에 기초해있게 된 것이다(이상은 강영안, 『주체는 죽었는가』, 문예출판사, 1996, 73-82; 92-98의 요약임).

26) 『根源的主體性の哲學』, 2.
27) 西谷啓治, "佛敎における'向上'の立場", 163; "禪の立場", 『講座 禪』第一卷 (東京: 筑摩書房, 昭和 49), 25; "The Significance of Zen in Modern Society", *Japanese Religions*, vol.8, No.3, 1975, 19-23.

파악이 이루어지는 것이다.

이것이 바로 참된 앎이다. 이 앎이란 대상적이고 정적인 지식이 아니다. 대상과 주체가 하나되는 '행위'이자 '사건'이다. 앎이란 역동적인 것이다. 그래서 니시타니는 지식(知)과 행위(行)를 하나로 본다. 그래서 지행일치(知行一致)이다.[28] 단순한 윤리 도덕적 언행일치의 차원이 아닌, 존재와 인식이 하나되는 사건이다.

니시타니에 의하면 존재와 인식의 동일성은 고대의 형이상학에서 생각해온 것 이상으로 본원적이다.[29] 이러한 본원적 사실이 드러나는 곳이 사태에 대한 실존적이고 능동적인 진정한 파악, 즉 자각(自覺)이 이루어지는 곳이다. 대립적 주체성, 대상적 지식을 철저히 거부하고 인식[知]과 행위[行]를 하나로 보는 것이다. 이것은 선(禪)의 입장이면서, 에크하르트및 니체와도 기본적으로 상통하는 부분이다. 사이토(齋藤義一)는 『근원적 주체성의 철학』에서 니시타니가 말하고자 하는 내용의 핵심을 이렇게 정리해준다.

> 에크하르트가 중세의 긍정신학에서 보이는 절대(타)자에 대한 신앙에 반대해 신적 인격를 '비화'(非化)하고, 니체가 근세에 성하던 이성적 자아중심주의에 반대해 이성을 '비화'(非化)하고, 다시 불교가 욕망으로서의 자연성을 '비화'(非化)함으로써 절대 부정을 수행한 것은 단지 대상적 관상의 입장에 의한 것이 아니라, 그 입장을 넘어선 '순일한 행'의 입장에 의한 것이다.[30]

결국 근원적 주체성이란 결국 일체의 대상성을 넘어서 있는, 아니 일체 대상의 대상됨을 자신 '안'에서 봄으로써 그 대상을 철저하게

---

28) 西谷啓治, 『佛敎について』(京都: 法藏館, 1982), 184-85.
29) 『종교란 무엇인가』, 237.
30) 齋藤義一, "西谷哲學に見られる'體驗と思惟の相卽性'について", 『情意における空』, 106.

대상으로 남겨두는 그 자신을 말한다. 이러한 자신은 일체 자의식적 자기를 철저하게 부정하는[自己放下] 곳에서만 성립된다. 이러한 주체성에 입각할 때가 참으로 자기 자신으로 다시 태어날 때이며, 종교 및 철학의 진정한 출발점에 서는 것이다. 그리고 그 곳에 설 때 그는 이미 목표에 도달한, 그러한 출발점에 서는 것이다.

출발점과 도착점은 같다. 나의 근저가 따로 있는 것이 아니라 허무 위에 드리워져 있기에 나의 출발점 역시 허무이다. 나의 출발점이 허무이기에 그 곳에서 한 걸음도 더 나아가지 못한다. 달리 말하면, 열심히 나아가 도달한 곳이 도달 이전과 같은 자리라는 뜻이다. 끝없이 추구한 자기는 출발 전의 자기와 조금도 다르지 않다.

그러나 동시에 이렇게 비로소 돌아온 자기는 떠나기 전의 자기와 같기만 한 것도 아니다. 자각 이전과 이후의 자기는 같은 자리에 서 있으면서 같기만 한 것이 아니다. 앞에서 본대로 니시타니는 자각 이후의 자기가 서 있는 자리를 "공의 장"이라 부른다. '공의 장' 위에 있음으로써만 어떠한 사물이나 사태는 바로 그러한 사물이나 사태가 된다. 이 '공의 장'은, 스승 니시다도 그렇게 보았듯이, 개체와 전체가, 즉 각 사물과 모든 사물이 그 어떤 수단에 의해 변환되지 않고 여실하게 자신을 드러내는 장소이다. 이러한 장소 위에서만 종교적 입장은 비로소 종교적인 것이 된다고 그는 말한다.

5. 종교를 보는 자리

니시타니는 이 '공의 입장'을 언제든 '있어야 할' 종교의 기초 내지는 원천으로서 밝히려고 시도한다. 이를 위해 "종교가 인간 내부로부터 제기해오는 근본을 바로 이 자리에서 주체적으로 탐구"하고자 한다. 특히 '이 자리에서 주체적으로' 탐구하는 입장이 중요하다. 이 자리에서 주체적으로 탐구한다는 것은 어떠한 대상을 그저 대상으로 떼어놓지 않고 주체 안에서 주체의 일로서 본다는 뜻이다. 주체의 일로서 보는 것이기에—물론 이 때의 주체는 앞에서 말한 '근원적 주체'이다—지극히 능동적이고 실존적인 것이다. 이 실존적인 것이야말로 지극히 실재적인 것, 즉 '리얼리티'라고 그는 말한다.

그러면서 이 실재적인 것(리얼리티)의 근원 및 원천을 파헤치고, 그럼으로써 동양과 서양, 과거와 미래에 모두 통할 종교론을 확립하려는 것이다. 근저, 배후로 눈을 돌려 실존적으로 종교를 연구하는 태도를 그는 이렇게 정리한다.

> 현재로부터 과거로 눈을 돌리는 태도와 현재로부터 미래로 눈을 향하는 태도는 하나로 연결되어 있다. 그것은 종교 본래의 의미, 결국 종교가 본래 어디에 '있는가'를 '있던 것'의 이해로부터 생각할 뿐만 아니라 '있던 것'의 이해가 끊임없이 '있어야 할 것'의 탐구로 옮겨가며, 역으로 '있어야 할 것'의 사량(思量)이 '있던 것'의 해명으로 옮겨가는 그와 같은 자리에 서서 성찰한다는 것이다.[31]

풀면, 종교가 본래 있던 자리를 중시하면서 응당 그래야 할 종교의 모습과 현실적인 종교의 모습을 하나로 보고자 한다는 것이다. 일상적인 종교관 위에서도 원천적인 종교의 자리를 탐구하고, 그렇게 탐구된 원천적인 종교의 자리로부터 현재 종교의 자리를 해명하고자 한다는 말이다. 달리 말하면 일상적인 종교론을 부정함으로써 원천적인 종교를 밝히고, 그 원천적인 종교의 빛에서 일상적인 종교를 긍정적으로 조명한다는 말이다.

그는 이것을 시간적 측면과 공간적 측면 모두에 적용하고자 한다. 공간적으로 '지금 여기서 자기에게 부닥쳐 오는 문제' 바로 그것의

---

31) 『종교란 무엇인가』, 10.

본질을 꿰뚫으면서 그것으로 과거적 기초와 미래적 전망을 모두 아우르겠다는 것이다. 앞에서 본대로 '근원적 주체성'이 성립하는 자리를 밝히려는 것이다.

근원적 주체성은, 이미 보았듯이, 그 주체의 허무적 본질을 꿰뚫는 곳에서 이루어진다. 이것은 그 허무가 스스로를 드러냄으로써 지금 있는 그대로의 모습에 아무 것도 덧입히지 않고 긍정할 때 이루어지는 것이다. 니시타니에게 주체는 대상에 의해 규정되는 것이 아니라, 주체 자신의 허무적 근저가 현전함으로써만 이루어지는 것이다. 허무가 현전함으로써 주체가 성립된다는 말이다. 허무의 현전이란, 아베가 지적하고 있듯이, "모든 자아중심적인 입장들을 돌파하고, 공(空)의 입장에 서는 주체적인 '사건'이다."[32] "종교가 인간 내부로부터 제기해오는 근본을 바로 이 자리에서 주체적으로 탐구한다"고 하는 앞에서의 말은 바로 이러한 실존적 사건으로서의 학문 태도를 적절히 표현해주고 있다.

니시타니는 이런 식으로 철학이 참으로 철학일 수 있는 곳, 종교가 진정으로 종교일 수 있는 곳을 자기 철학의 출발점으로 삼는다. 그곳은 이성의 확실성에 입각해 있는 "과거 종교 철학의 입장이 무너진 곳 내지는 그러한 입장이 돌파된 곳"이다.[33] 그리고 일체에 대한 무집착과 만물로부터의 자유가 획득되는 곳이다. 이러한 장소/자리의 탐구, 이것이 니시타니 철학의 핵심이라 할 수 있겠다.

---

32) 아베 마사오, 『禪과 종교철학』, 146.
33) 『종교란 무엇인가』, 12.

3
스즈키 다이세츠의 '즉비의 논리'

1. 즉비

여기서는 쿄토학파에 속한 또 다른 논리, "즉비의 논리"(卽非の論理)에 대해 정리해 본다. 또다른 논리라 하지만, 기본적으로 앞에서 살펴본 니시다의 "장소적 논리" 내지는 "절대모순적 자기동일"론과 상통한다. 모두가 현대 서양철학적 언어를 빌리면서 그 한계를 드러내는 가운데 선불교적 정신을 대안적 철학으로 제시해보려는 의도의 산물이라고 할 수 있다.

즉비의 논리는 스즈키 다이세츠(鈴木大拙, 1870~1966)가 「금강경」에서 힌트를 얻어 창안해낸 선(禪)의 논리를 가리키는 말이다. 니시다의 친구이기도 한 스즈키는 무수한 대승불교 전적의 영역과 저술을 통해 동양의 선(禪)을 구미에 가장 정열적으로 전한 20세기의 대표자이다. 구미에서 학문적이고 종교적으로 동양의 선에 대한 관심이 일어나게 된 것은 거의 그의 공로라고 할 수 있을 정도이다. 현대적이고 서구적인 의미에서의 전문 철학자는 아닐지 모르지만, 선과 관련하여 그가 남긴 온갖 문헌들은 오늘날 동양과 서양의 문화를 연결하는 최고의 견인차 역할을 했던 것으로 간주된다.

스즈키는 특별히 「금강경」의 다음과 같은 구절들, 즉 "반야바라밀은 곧[卽] 반야바라밀이 아니다[非]. 그러므로 반야바라밀이라고 불린다"[般若波羅密 卽非般若波羅密 是名般若波羅密]. "일체법은 곧[卽] 일체

법이 아니다[非]. 그러므로 일체법이라고 불린다"[一切法者 卽非一切法 是故名一切法] 등에 나오는 "즉비"라는 표현 속에서 선불교적 정신이 가장 잘 드러난다고 보았다. 산은 산이 아님[非]으로써만 산일 수 있고[卽], 물은 물이 아님으로써만[非] 물일 수 있듯이[卽], 일체 사물의 대긍정[卽]의 세계인 선(禪)은 부정과 차별로서의 "비"(非)를 전적으로 포함하는 가운데 이루어진다는 것이다. 그러면서도 단순히 양적인 포함이 아니라, "비"인 그대로 "즉"이라는 말이다. 긍정을 뜻하는 "즉"과 부정을 뜻하는 "비"는 단순한 대립의 차원이 아니라, 대립하기에[非] 도리어 대립하는 그대로 동일하다고[卽] 말할 수 있으며, 이러한 사고 방식이야말로 불교철학의 정수를 보여준다는 것이 스즈키의 지론이다. 그는 이런 예를 든다.

> '마음이 곧 부처'[卽心是佛], '마음 곧 부처'[卽心卽佛]라는 것은 '마음도 아니고 부처도 아니다'[非心非佛]라는 것과 필시 동일한 것이다. 표면적으로 보면, 즉(卽)은 긍정을 비(非)는 무엇보다 부정을 나타내므로, 양자간에 어떠한 관련성도 없다고 말할 수 있다. 그러나 선의 논리상 그 특징은 '긍정 즉 부정', '부정 즉 긍정'이 되는 것이다. 내가 주장하는 "즉비의 논리"인 것이다.[1]

한 마디로 '대립'[非]이 그대로 '동일'[卽], 차별이 그대로 일치라는 말이다. '즉'(卽)은 문자적인 의미에서 형식논리적 인과 관계를 말하는 것이 아니다. '즉'에는 "있는 그대로"의 뜻이 들어있다. 또 '즉'은, 스즈키에 의하면, "'직접적으로', '매개를 용납하지 않는', '눈으로 본대로 귀로 들은대로'를 뜻하는 것으로, 순간적, 직접적, 지각적인 의미를 지니고 있다." 그래서 즉심시불(卽心是佛), 즉심즉불

---

1) 스즈키 다이세츠, 『가르침과 배움의 현상학: 禪問答』, 서명석 외 옮김, 경서원, 1998(이하 『禪問答』), 70.

(卽心卽佛)이라고 말할 때 '즉'은 마음과 부처 사이에서 발견되는 논리적 인과 관계를 말하려는 것이 아니라 "서로가 서로의 자기 동일성을 직접 깨닫는대[直覺]는 체험적인 것"[2]을 말하려는 것이다.

이 '즉'은 부정으로서의 '비'(非)와 대립하고 있는 또다른 것이 아니다. 가령 '마음도 아니고 부처도 아니다' [非心非佛]라고 할 때는 마음과 부처는 상대적인 차원에 있는 것이다. 이 상대적인 차원을 부정하는 말이 '비심비불'이다. 그러나 이 부정은 단순한 부정에 그치는 것이 아니다. '마음도 아니고 부처도 아니다'고 말함으로써 드러내고자 하는 것은 "마음이 곧 부처"[卽心卽佛]라는 절대 긍정의 사실이다. 부정이라는 '수단'을 통해 긍정을 보여주려는 것이 아니다. 어떤 하나가 매개물을 통하여 다른 하나를 보는 식의 경험이 아니다. 본래 서로 다르던 것이 나중에 비로소 합일된다는 뜻도 아니다. 부정이 그대로 긍정, 다시 말해 "비심비불(非心非佛)이 즉심즉불(卽心卽佛), 즉심즉불이 비심비불이라는 것이다."[3] 그래서 "즉 그 자체로 비"이다. 진정한 의미의 절대 긍정은 상대 부정과 대립하여 있는 것이 아니다. 부정 그대로 긍정이다. "색즉시공, 공즉시색"(色卽是空, 空卽是色, 「반야심경」)의 '즉'(卽)이야말로 색(色)과 공(空)이라는 대립의 세계[非]가 그대로 동일성의 세계임을 말해주는 핵심 선어(禪語)다.

이런 식으로 스즈키는 대립과 차별과 부정[非]을 그 자체로 포함하는 대긍정[卽]의 세계에 대해 말한다. 이것은 과연 '논리적으로' 가능한 말일까?

2. 서양의 형식논리

물론 아리스토텔레스 이래 서양을 지배해온 형식 논리로 보자면

---

2) 『禪問答』, 71.   3) 『禪問答』, 64, 72.

"부정이 부정인 그대로 긍정"이라는 것, "~이기도 하고 '동시에' ~ 아니기도 한 것"은 불가능하다. 전통적인 서양 논리학은 "A는 A이다"(同一律)에 근거해 있는 '존재의 논리'이다. 서양의 논리학에서는 기본적으로 A는 A일 뿐이지 결코 非A가 될 수 없는 A이다(矛盾律). 따라서 여기서는 A이면서 동시에 非A인 것, A도 아니고 非A도 아닌 그 '중간'이란 없다(排中律). 이러한 논리에서 A는 언제나 非A와 불연속적이다. 왜일까? 그것은 무엇보다 A를 A되게 해주는 것을 무(無)가 아닌 유(有), 즉 존재에서 보았기 때문이다. A를 A되게 해주는 것이 무(無)가 아니고 유(有)인 한, A와 非A는 대립적이다.

변증법을 깊이 있게 다룬 헤겔도 결국 이 존재의 논리를 벗어나지 못했다.[4] 그가 말하는 이데(Idee)가 즉자(卽自, an sich), 대자(對自, für sich) 즉자대자(卽自對自, an und für sich)로 변증법적으로 지양(止揚, aufgehoben)된다 해도, 모순률까지는 극복하지만, 배중률은 극복하지 못한다. 물론 그에게도 실재의 즉자적 '긍정'과 대자적 '부정'은 배타적 대립의 상태가 아니다. 모든 유한한 현상은 이미 자체 안에 자기부정성을 포함하고 있으며, 인간은 이런 대자적 상태에서 자기 특유의 존재성을 의식하게 된다. 그런 점에서 자기부정이야말로 자기긍정의 기초이다. 이런 식으로 헤겔은 부정을 통한 긍정을 보면서, 일반적인 형식논리, 특히 모순률을 넘어선다. 그리고 더 나아가 그는 즉자적 긍정과 대자적 부정이라는 자기 모순을 극복, 지양하고자 부정의 부정을 통한 '자기복귀'까지 말한다.

그러나 그가 말하는 부정은 과연 진정한 의미의 부정인가? 정립과 반정립이라는 대립의 상태를 유화(宥和)시키던 피히테와 쉘링의 변증법을 조금 더 심화한 데 그치고 마는 것이 아닌가? 헤겔에게서조차

---

4) 아베 마사오, 『선과 종교철학』, 변선환 엮음, 대원정사, 1996, 47-52 참조.

부정은 철저한 부정이 되지 못하고 배타적 대립성의 완화 정도에 그치고 마는 것은 아닌가? 그렇다면 그것은 왜일까? 존재의 자기부정을 말할 때 조차도 그 부정은 철저한 '비존재'가 되지 못하고 결국 '존재'로 남기 때문이 아닐까? 이렇게 존재로 남는 한, 헤겔이 말하는 '타자적 존재'의 '자기 복귀'란 결국 완전한 것이 못된다. 그러기에 헤겔에게서 A이면서 동시에 완전히 非A인 것, A도 아니고 非A도 아닌 것은 설자리가 없다. A와 非A의 '중간'[中]을 보지 못하는 것이다[排].[5] 서양 논리학에서는 이 '중간'을 보지 못하는 것을 당연시해 왔으며, 헤겔에 이르러서도 달라지지 않았다. 그러나 과연 그런가? 스즈키 다이세츠는 이러한 사실을 문제삼으며 동양적 논리, 선적 논리, 존재와 비존재를 모두 포괄하는 논리, 대극합일을 가능하게 해주는 논리를 추구한다. 그것을 "즉비의 논리"라 부르는 것이다.

3. 즉비의 논리

즉비의 논리라 해서 동일률을 부정하는 논리는 아니다. 도리어 "A는 A"임을 밝히는 동일률을 그 근저에서부터 긍정하고자 하는 논리이다. 어떤 논리든 A를 A로 긍정할 수 있는 논리, 즉 동일률(同一律) 혹은 자동률(自同律)을 원리로 한다.[6] 따라서 서양의 논리에서나 즉비의 논리에서나 "A는 분명히 A이다." 그런데 즉비의 논리에서는 주어로서의 A와 술어로서의 A 사이에서 하나를 더 본다. A의 부정, 즉 非A이다. A가 참으로 A인[卽] 것은 A가 A가 아니기[非] 때문이라는 것이다. A가 A 아닌 이곳에서 A는 참으로 A가 된다. A→非A→A라

---

5) 김승철, "無住와 방황—卽非의 논리와 해체의 신학", 『종교신학연구』제8집, 서강대학교종교신학연구소, 1995, 158.
6) 秋月龍珉, 『鈴木禪學と西田哲學』(東京: 春秋社, 1971, 이하『鈴木禪學』), 68.

는 말이다.

화살표(→)로 표시했지만, 사실상 그것은 어떤 단계가 아니다. A가 非A와 대립하는[非] 그대로[卽] A라는 것이다. "비"라는 대립성 안에서 그 대립성 그대로 "즉"이라는 동일성으로 전환하는 것이다. A=非A=A이다. 그런 점에서 스즈키의 "즉비의 논리"는 "A는 A이다"를 긍정하는 동일률이되, '즉비적 동일률', 달리 말하면 "즉비적 자기동일"(卽非的 自己同一)이다.[7] 즉비적 자기동일의 원리에서는 '대립'이 '동일'로 수평적인 이동을 하는 것이 아니다. 대립이 그대로 동일이라는 것이다. 대립이 그대로 동일이기 위해서는 그 대립을 구성하고 있는 부정으로서의 '아니다'[非]가 단순한 부정에 머무는 것이 아니라, 바로 그 자리에서 절대긍정[卽]으로 화해야 한다. '비'가 그대로 '즉'이어야 한다는 것이다. 스즈키는 이렇게 말한다.

'비'란 근본의 모순을 말한다. '그렇다'와 '그렇지 않다'의 대립을 말한다. 즉, 생사의 세계, 춥고 더운 세계, 절대로 상용(相溶)하지 못하는 항쟁을 말한다. '즉'이란 이 절대적으로 상용하지 못하는 것이 그대로 동일성이라는 장면에서 작용하고 있다는 뜻이다. 동일성이라는 것—'즉'—이 별도로 있고 그것과 상용하지 않는 것—'비'—을 포함하는 것이 아니다. '비'가 그대로 '즉', 즉 절대로 서로 '비'하는 것, 그것이 바로 '즉'인 것이다. '즉'과 '비'는 그대로 동일한 것이다. 한편으로부터 다른 편으로 이동하는 것이 아니다. 이동한다고 한다면, '즉'도 '비'도 없어지고 '즉비'의 논리는 성립하지 않는다.[8]

'비'가 '즉'으로 수평적인 장소 이동을 함으로써 '비'를 구성하고 있는 대립적 현실을 무시해버리는 것이 아니라, 대립을 그 대립으로

---

7) 『鈴木禪學』, 68.
8) 『鈴木大拙禪選集』第四卷(東京: 春秋社, 1975), 149-150.

남겨두면서 동일성을 확보하는 논리가 '즉비의 논리'라는 것이다.[9] 실천적인 차원에서 말하자면, 대립[非]의 근저로부터 그 대립의 세계를 구성하는 고유의 자아란 없다는 사실이 열리면서, 대립적 현실 그대로 용납되는[卽] 전환이 일어나는 것이다. 영혼의 내적이고 심원한 고민의 한 복판에서 도대체 언어로 표현하지 못하고 있을 때, 우리 머리 위로 한 줄기 빛이 비쳐오는 것과 같다.[10] "A는 非A이다" 혹은 "A는 B이다"를 볼 수 없게 만드는 인간적 오성의 상황을 타파하는 것이다. 그 때에야 우리는 결국 "A는 非A"임을 깨닫고, 일상적인 의미의 논리란 일면적인 것에 지나지 않는다는 것을 알게 된다. 평상시 비논리적이고 불합리하게 보이던 것도 도리어 사물의 참 모습을 보여주는 나름의 논리를 가지고 있음을 알게 된다.[11]

이런 식으로 '즉비의 논리'는 단순한 이론이나 형식논리를 말하려는 것이 아니다. 논리라는 말을 쓰지만, 추상적 '형식'이 아니라 실재의 '작용' 그 자체이다. '체험'을 논리화한 것이기 때문이다.[12] 이노우에(井上洋治, 1927~)도 말하듯이, 가령 한 그루의 나무를 관찰한다고 할 때, 그 나무'에 대한 개념적 인식'을 가지는 것이 아니라, 나무'를 체험하는 행위적 인식'을 가지는 것이다.[13] "관찰자 자신이 바로 그 나무가 되어서 그것이 내면적으로 발전해가는 과정을 자신이 느끼는 것"과 같다. 그래서 관찰자와 나무의 "형식상의 통일이 아니라 작용상의 통일"이라 말한다.[14] 스즈키는 다음과 같이 말한다.

---

9) 김승철, 앞의 글, 164 참조.
10) 『禪佛敎入門』(鈴木大拙 續禪選集) 第一卷(東京: 春秋社, 昭和 40, 이하 『禪佛敎入門』), 43.
11) 『禪佛敎入門』, 43; 『東洋的な見方』(鈴木大拙 續禪選集) 第五卷(이하 『東洋的な見方』), 23.
12) 『禪問答』 71, 73.
13) 井上洋治, 『사람은 왜 사는가』, 김희진 옮김, 분도출판사, 1995, 82-83.
14) 『鈴木大拙禪選集』 第九卷, 22.

A는 A이다. A는 非A가 아니다. 이런 형식을 어떻게 일상생활에 적용시키는가? 아침에 일어나 "안녕히 주무셨습니까" 인사한다. 이것이 긍정인가, 부정인가. A도 非A도 아닌, 절대긍정인가. 무엇이 초월성의 명제인가. 이 외에 어떤 논리가 있는가.[15)]

이것이 선(禪)의 시각이다. 바로 우리의 일상적 삶 그 안에서 벌어지는 일이고, 따라서 탁월하게 실제적이다. 여기에는 추상이나 변증법이 지닌 번잡함이 없다.[16)] 아침에 일어나서 "안녕히 주무셨습니까" 하며 인사하는 것과 같다. 아침 인사를 하는 일은 어떤 사태의 단순한 긍정도 부정도 아니다. 모순률이냐 배중률이냐 하는 추상적 형식 안에 담아둘 수 없는 일이다. 참으로 초월적인 것이다. 그러기에 일방적 틀 안에 갇히지 않는[非], 우리의 일상적 삶 자체가 되는 것이다[卽]. 아침 인사는 인사하는 사람과 인사받는 사람 간의 추상적, 형식적 통일이 아니라, 행위상의, 작용상의 통일이다. 이와 같은 주체와 대상 간의 작용상의 통일이 견성이고 깨달음이다. 니시다 기타로의 "장소적 논리"가 자각의 논리, 깨달음의 논리이듯이, 즉비의 논리 역시 영성적 자각의 논리이고, 생사의 문제가 걸린 논리이다.[17)] "교착상태로부터 확 뚫린 거침없는[融通無礙] 마음의 경지로 들어가는 것이다."[18)]

이곳에서 모순률은 극복된다. A와 非A가 서로 대립하는 두 가지 개념이 아니기에 그 중간(中)이란 것도 따로 없으며, 따라서 애당초 배중률도 문제가 되지 않는다. '중'(中)을 배타하는 '배중률'이 아니라, '중'을 용납하는 '용중률'(容中律)이 되는 것이다. 이렇게 A와 非A 사이에서 '중'을 볼 수 있는 이유는 즉비의 논리가 '유'(존재)에서

---

15) 『東洋的な見方』, 38.
16) 『禪佛敎入門』, 46.
17) 『鈴木禪學』, 64.
18) 『禪問答』, 65.

시작하는 '유의 논리'가 아니라 '무'에서 시작하는 '무의 논리'이기 때문이다. 일체의 근저를 '무'의 차원에서 보기에 대립이나 부정[非]이 상대적인 대립이나 부정에 머물지 않고, 대립이나 부정인 그대로 참으로 절대적인 '유'로서 긍정될 수[卽] 있는 것이다. 이런 맥락에서 "A는 非A이다. 그러므로 A는 A이다"가 성립되는 것이다. 일본 교토 학파의 확립자격인 니시타니 케이지(西谷啓治, 1900-1990)도 이 즉비의 논리를 중시하면서, 불과 나무의 예를 통해 다음과 같은 식으로 푼다.

> 가령 "지금 불이 타고 있다"는 말은 "불을 태우는 불이란 없다"는 자기부정 속에서 이해되어야 한다. 흔히 하는 말로 "불은 불을 태우지 않고 물은 물을 씻지 않으며 눈은 눈을 보지 않는다." "불은 나무를 태움으로써 자신을 태우지 않고, 자신을 태우지 않음으로써 나무를 태운다."[19]

나무를 태우는 것으로 보이는 불의 실체성은 자신을 태우지 않는다는 불의 비연소성 위에서만 성립된다. 한 마디로 불의 자기동일성은 무자성(無自性)에서만 성립된다는, 달리 말해 불은 불이 아니라는 자기부동일(自己不同一)을 포함하는 곳에서만 '리얼한' 불의 현실이 파악된다는 것이다. 이러한 '부동일적 동일', '무자성적 자성'이야말로 "온갖 사물이 각각 자기 자신의 근본에 있는 것"이다. "예를 들어 불이 자신을 태우지 않기 때문에 불인 것, 버드나무가 녹색이 아니기 때문에 녹색인 것, 시간이 시간이 아니기 때문에 시간인 것이다. 말하자면, '즉비적'으로 하나로 성기(性起)하는 자기이다. 그것은 '자기' 아닌 자기, 무아적 자기로서, 진실로 본래적인 자기이다."[20] 이런 식으로 불을 불이라고 말할 수 있는 불의 자기동일성은 불 자체의 비

---

19) 『종교란 무엇인가』, 176-177에서 요약 인용.
20) 『종교란 무엇인가』, 358.

연소성에 있다. "지금 불이 타고 있다"는 말은 "불은 자신을 태우지 않는다, 왜냐하면 불에 의해 태워질 불이란 없기 때문이다"는 말 위에서 성립된다. "이것이 불이다"라는 실체적 긍정은 "이것은 불이 아니다"라는 무아적 부정 속에서 성립된다. 그러므로 "불은 곧[即] 불이 아니다[非], 그러므로 불이다"라는 즉비의 논리가 성립하는 것이다. 니시타니는 다음과 같이 요약한다.

> 대승불교의 맥락에서 볼 때 논리적 분석을 통해 도출되는 중심 원칙은 '유즉무'라는 비논리의 논리이다. '유즉무'란 오히려 '즉'에 서서, '즉'에서 유를 유로서 무를 무로서 본다는 의미이다.[21]

'즉'에서 유를 유로서, 무를 무로서 '본다'는 사실이 중요하다. 물론 유를 유로서 보는 것은 사람이다. '즉'을 '즉'되게 해주는 것은 '즉'의 언어적 개념이 아니라 사람, 즉 살아있는 '본래적 자기'로서의 진인(眞人)이다. 진인이 유를 유로서 보는 방식이 '즉'의 방식이라는 것이다.[22] 스즈키가 "즉비의 논리는 인간의 행위에만 적용된다"고 말할 때의 그 인간적 행위에서만 즉비의 논리는 성립한다.[23] 이러한 진인의 행위에서 '-이다'와 '-아니다' '유와 무', '색(色)과 공(空)'이라는 양 극단이 통일적으로 보이는 것이다. 그래서 색즉시공(色即是空)이고 공즉시색(空即是色)이다. 그러나 이 색즉시공, 공즉시색은 그대로 "색즉비색(色即非色), 공즉비공(空即非空)"이다.[24] "색은 곧 색이 아니기에 색"이고[色即非色是故色], "공은 곧 공이 아니기에 공"이라는 말이다[空即非空是故空]. 범부의 집착적 색(色)이 부정[非]되는 여기에

---

21) 『종교란 무엇인가』, 151.
22) 上田閑照, 『禪佛教-根源的人間』(東京: 筑摩書房, 昭和 48, 이하 『禪佛教』), 137-138 참조.
23) 『禪問答』, 255.
24) 『鈴木禪學』, 90.

색(色)과 비색(非色)의 '즉일'(卽一)이 있다.

일단은 부정이 긍정으로의 매개가 된다는 점에서 즉비의 논리도 일종의 '변증법'이다.[25] 그러나 이 때의 부정매개로서의 긍정은 평면적이고 수평적인 이동이 아니다. 모순을 없앤 후의 단순 통일이 아니라, 모순을 살려두는 그대로 통일되는 것, 즉 A와 非A가 절대적으로 구별되는 그대로 통일되는 것이다. 모순이 모순을 통해 없어지는 것이다. 니시다(西田幾多郞)가 말하는 "절대모순적 자기동일"도 같은 맥락이다.[26] 이것이 진인이 사물을 보는 방식이다. 진인이 사물을 보는 방식에서, 즉비의 논리는 '자각의 논리'가 된다. 즉비의 논리는 대상 논리가 아니다. 보는 대상과 보는 행위는 같다. 가령 불성[性]을 본다지만[見], 사실상 보는 대상과 보는 행위가 달라지는 것은 아니다. 보는 행위[見]가 그대로 보이는 대상[性]이다.[27] 보는 것과 보여지는 것, 주체적 '노에시스'와 객체적 '노에마'는 즉일적(卽一的)이다.[28] 비대상적, 전일적이고 통일적인 '봄'[見]의 논리가 즉비의 논리이다.

4. 회호적 관계

이 통일성은 대립적 현실을 무시함으로써가 아니라 대립 그대로 긍정함으로써 이루어진다. 그래서 "즉 그대로 비", "비 그대로 즉"이다. 유와 무는 "즉비적인 일체"로서 성립한다. 마찬가지로 "역동적 세계 연관으로서의 현존재는 세계 연관과 즉비적으로 하나이다."[29]

---

25) 『鈴木禪學』, 92.
26) 『東洋的な見方』, 12;『鈴木禪學』, 92;『禪問答』, 112.
27) Suzuki T. Daisetz, "What is the 'I'?", *The Buddha Eye: An Anthology of the Kyoto School*(New York: Crossroad, 1982), 42.
28) 『鈴木禪學』, 93.
29) 『종교란 무엇인가』, 358.

이러한 '즉비의 논리'라는 용어와 방법은 쿄토학파를 중심으로 광범위하게 사용되어 오고 있으며, 니시타니도 이 용어 자체를 남발하지는 않으면서 자연스럽게 이 논리를 이용한다.[30] 또 "회호적 관계"라는 자신만의 용어를 구사하기도 한다. 특별히 다음에 제기하는 공간적 표상, 즉 하나의 벽을 사이로 해서 둘로 나누어지는 방의 모습은 '즉비' 혹은 '회호'의 구체적인 예이다.[31]

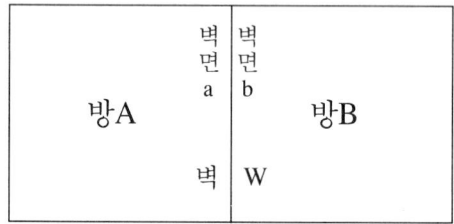

위 그림에서처럼 하나의 벽(W)을 경계로 A와 B라는 두 방이 나누어질 때, 벽(W)은 두 방 모두에 불가결한 것이다. 이 때 벽면 a는 방 A의 일부이면서 동시에 방 B의 표현이기도 하다. 그것은 B의 표현이면서 A에 속한다. 이것은 벽면 b에도 마찬가지로 적용된다. 벽면 b

---

30) 물론 논리라는 말을 이용하되, 논리라는 말이 주는 일차원적 평면성에 갇히지 않고, 앞에서 본 사물과 사물의 융통무애, 즉 事事無礙적 세계의 생생함을 말하고자 하는 것이다. 西谷啓治 八木誠一, 『直接經驗: 西洋精神史と宗敎』(東京: 春秋社, 1989, 이하 『直接經驗』), 302-303.
31) 西谷啓治, "空と卽", 『講座 佛敎思想』 第五卷(東京: 理想社, 1982, 이하 "空と卽"), 43-44; 이 그림은 니시타니의 글을 토대로 야기 세이이치가 그린 그림을 원용한 것이다. 야기는 불교와 그리스도교 모두에 어울리는 세계 존재의 모습을 조명하기 위해 창안한 "프론트 구조"를 설명하는데 이 그림을 이용한다. 프론트 구조에 대해서는 八木誠一, フロント構造の哲學, 京都: 法藏館, 1988, 14-46(그림은 15쪽); 야기 세이이치 외, 『불교와 그리스도교를 잇다』, 이찬수 옮김, 분도출판사, 1996, 128-148(그림은 125쪽) 참조. 이 그림은 야기와 니시타니의 대담집에서도 주요 화제로 등장한다. 『直接經驗』, 274-285, 306-312.

는 현상적으로는 방 B의 것이지만 본질적으로는 B 속에서 A를 대표하는, B에 나타난 A의 표현이다. 니시타니는 이렇게 요약한다.

> 본질적으로 A에 속하는 것이 B 속으로 자신을 전달한다든가 투사한다든가 함으로써 현상(現象)할 때, 그것은 B 속에서 'A로서' 현상하는 것이 아니라 B의 일부로서 현상한다. 바꾸어 말하면, A의 본체[體]가 B의 본체[體]로 자신을 전달할 때, 그것은 A의 형상(相)에 있어서가 아닌 B의 형상[相]에서 전달된다. A는 스스로를 B의 형상에서 B로 분여(分與, mitteilen)하고, B도 A로부터 그것을 B의 형상에서 분유(分有, teilhaben)한다. 그것이 B로의 자기 전달이라고 하는 A의 작용[用]이다. B측에서 A로의 전달에 있어서도 마찬가지이다.[32]

벽면 b는 방 A의 표현일 뿐 아니라 방 A의 자기 전달이다. 벽면 b가 벽 W의 일부인 한, 벽면 b 없는 방 A란 있을 수 없는 것이다. 결국 벽면 b는 방 B의 일부일 뿐 아니라 방 A의 일부이기도 하다. 일부 없는 전체란 존재론적으로 불가능하다는 것까지 염두에 두면 벽면 b는 벽면 b에만 머물지 않고 방 A 자체가 되는 것이다. 이런 식으로 A는 A로서가 아닌 B로서 현상한다. A가 B로 자신을 내어줄 때는 언제나 이런 방식이다. A는 A가 아니기 때문에 B로 자신을 드러내는 것이다. A와 B에는 막힘이 없다[無礙]. A는 A가 아니기 때문에[非] A일[卽] 뿐 아니라, A를 A로서 규정하는 그것만의 본질이란 따로 없기에 B 안에 B의 모습으로 드러낼 수 있는 것이다.

이렇게 방과 방, 벽과 방은 벽을 경계로 서로를 조건짓는다. 이러한 상호 조건 짓기를 니시타니는 "회호적(回互的) 관계" 혹은 "회호적 투사"라는 말로 표현한다. '회호'란 한자(漢字)상으로는 "서로 돌다" 혹은 "상호 순환"의 뜻을 지니지만, 니시타니는 그 순환을 소박한 이

---

32) "空と卽", 43.

론이나 가능성만으로 보지 않고 철저한 현실성으로 파악한다. 상호 순환은 상호 조건짓기이고, 그 조건짓기가 가능하기 위해서는 상대 앞에서의 자기 무화가 요청된다. 자기가 무화함으로써만 상대가 자주적 지위에 서게 된다. 이것은 여타의 모든 것에 적용된다. 니시타니는 이것을 더 구체적으로 '회호적 상입'(回互的 相入)의 관계가 부르기도 한다. 이 회호적 관계 혹은 회호적 투사란 자율적 자기가 무자기적으로 일체의 다른 것 밑에 종속됨으로써 이루어지는, '모두 주인이며 모두 종인 관계'이다.[33] 그는 이렇게 해설한다.

> 어떤 개체가 다른 모든 사물에 대해서 종의 지위에 서 있다는 사실은 그 개체가 다른 모든 사물의 근본에서 그 사물들 각각이 '유'가 되게 하는 하나의 계기를 마련한다는 뜻이다. 자신이 종의 위치에 섰을 때 다른 사물들 각각은 자주적 지위에 서게 된다.
> 예컨대 A가 B, C … 모두에 대해서 그러한 의미를 가지는 것은 A 자신의 주인된 입장의 절대 부정이며, 그 독자성 또는 그 '유'의 절대 부정을 의미한다. 환언하면, A가 통상 생각되는 실체성을 갖지 않는다는 뜻이며, 소위 '무자성'(無自性)이라는 뜻이다. 그러한 '유'는 공과 하나인 '유'이며, '가'(假)의 성격을 갖는 유이다. 이러한 원리가 B, C … 등의 각각에 관해서도 똑같이 적용될 수 있다면, A에 대해서 B, C … 는 모두 종의 지위에 서며, A를 주인으로 옹립하게 된다. B, C … 는 A를 있게 하는 계기가 된다.[34]

따라서 "어떤 개체가 '있다'는 것, 즉 그 절대 자주성은 다른 모든 사물에 대한 종속성과 하나된 장에서만 성립한다. 즉, 다른 모든 사물의 '유'가 어디까지나 '유' 그대로 공이 되는 공의 장에서만 성

---

33) 『종교란 무엇인가』, 219-223; 한스 발덴펠스, 『불교의 空과 하나님』, 김승철 옮김, 대원정사, 1994, 213-216 참조.
34) 『종교란 무엇인가』, 219-220; "空と卽", 45-46 참조.

립한다. 그리고 또 그것은 한 개체의 자주성이 다른 모든 사물에 대한 종속성을 이룰 때 성립한다. 그 자주성은 다른 모든 사물을 있게 하는, 따라서 자신이 '유'이면서 공인 입장에서만 성립하는 것이다."35) 세계에 있는 모든 사물은 어떤 방식으로든 서로 연결되어 있다. 그저 연결되어 있기만 한 것이 아니라 모든 것이 서로 주인이자 종인 '회호'의 체계로서, 회호적 상입의 관계로서 만나며 존재하고 있다. 그 관계에서 각각의 사물은 그 자신이 아니면서 그 자신이고, 그 자신이면서도 그 자신이 아니다. 그 자신이 아니기에 상호가역적이면서도 동시에 바로 그 자신이기에 불가역적이기도 하다는 것이다.36)

물론 이 때 '불가역'이란 '가역'을 전제로 한 불가역이다. 니시타니에 의하면, 이러한 이치가 존재의 본질을 이룬다. "모든 사물의 '유'는 본질적으로 회호적이다. 불가역적이면서도 가역적이다. 바로 그것이 '유'가 공과 하나된 '유'이며, 공의 장에서 '유'라는 의미이다."37) 이런 회호적 관계에서 모든 사물은 각각 그 자신의 근본에 있으면서 동시에 다른 모든 사물의 근본에 선다.

물론 이러한 회호적 관계는 두 개의 사물 사이에서만 이루어지는 일이 아니다. 방을 둘로 나누었을 때는 물론 셋으로 나누거나 넷으로 나누어도 사태는 마찬가지로 진행된다.38) 세계 전체가 세계 전체로서 성립하는 장에도 이 회호적 관계가 적용되고 있다. 세계는 개체들의 회호적 관계를 하나로 포괄함으로써 세계로 성립되며, 이 "회호적 관계가 무한히 복잡한 한 전체로서의 세계 연관이라고 하는 것의 기본 형식을 이루는" 것이다.39) 회호적 관계는 즉비가 말하려는 역동적 삶의 세계를 생생하게 드러내준다. 즉비의 논리가 체험의 논리, 진인의

---

35) 『종교란 무엇인가』, 220. 36) 『直接經驗』, 306.
37) 『종교란 무엇인가』, 221. 38) "空と卽", 44.
39) "空と卽", 45.

행위 방식이라고 할 때의 그 생생한 모습을 '회호적 관계'로서 표현하고 있는 것이다. 화엄에서 말하는 상즉상입(相卽相入), 사사무애(事事無礙)의 다른 표현인 셈이다.

5. 선문답

즉비의 논리, 회호적 관계를 통해 설명되는 이 세계, 특히 생생하게 살아있는 그 원천적인 측면을 니시타니는 "공의 장"이라 부른다. 그에 의하면, "공의 장은 이 세상 모든 존재가 현성하는 곳이며, '리얼'하고 여실한 모습으로 각자 사물이 그 자체로서 현성하는 곳이다. 공의 장에서 우리들의 진정한 자성의 자각(진정한 자각성으로서 자성)과 그 여실한 모습이 나타난다."[40] 공의 장에서 "근원적 주체성"이 확립된다. 이 근원적 주체성 혹은 자기정체성[卽]은 절대적 자기 부정[非]에서만 가능하다. 자신의 절대적 자기 부정은 절대적으로 상대적인 관계에서 비롯된다. 절대적으로 상대적이기에 자기 자신은 절대적으로 부정된다. 니시타니는 절대부정과 절대긍정이 조금도 차이가 없이 동시에 성립하는 장을 설명하기 위해 다시 '즉'(卽)의 입장을 요청한다. '즉'이라는 말을 직접 사용하지는 않지만, 그는 「벽암록」(碧巖錄, 제68칙)에 나오는 유명한 공안을 거론하면서 이 '즉'의 생생함을 보여주고자 한다.

　앙산 혜적(仰山 慧寂)이 삼성 혜연(三聖 慧然)에게 물었다.
　"그대의 이름은 무엇인가?"
　삼성이 대답했다. "혜적이오."
　"혜적이라고?" 앙산이 되물었다. "그것은 내 이름이 아닌가?"

---
40) 『종교란 무엇인가』, 164.

그러자 삼성이 대답했다. "그럼 제 이름은 혜연이오!"
앙산은 껄껄 웃어버렸다.[41]

이것은 앙산과 삼성의 선적 물음과 대답, 이른바 선문답이다. 이 선문답은 묻는 사람과 대답하는 사람 사이에서 벌어지는 대화의 일종이다. 일반적으로 대화는 지극히 상대적인 관계를 전제한다. 인간 관계에는 항상 상대가 있게 마련이다. 내가 주체일 수 있는 것도 절대적으로 너와의 상대적 관계 속에서이다. 선문답은 이러한 사실을 직시하고 체현한 대화이다. '나' 와 '너' 가 모두 이러한 상대적 관계 속에서 절대적인 주체가 될 수 있도록 하는 이중적 조건을 충족한 선적(禪的) 대화이다. 우에다 시즈테루(上田閑照, 1926-)는 선문답에서 벌어지는 물음과 대답의 상대성과 말하고 듣는 주체의 절대성의 관계를 이렇게 제시한다.

> (문답에서) 자기가 이야기하는 사람이 된다는 것은 상대와의 관계를 자기가 주최하여, 상대와의 관계에서 자기가 '주'(主)가 되는 것이다. 이번에는 상대에게 양보하여 상대의 말을 듣는 것은 상대를 '주'(主)로 삼는 것이다. 즉, 역할의 교체라는 것은 '주' 의 존재 방식을 교환하는 일의 하나이다. 대화의 근본은 상대를 '주' 로 삼는 존재 방식의 교환이다. 그리고 이 경우 중요한 것은 인간은 자기가 '주' 일 때만 자기인 것이 아니라, 동시에 자기로부터 떠나 '주' 를 상대에게 양보하는 존재방식에 있어서도 그러한 존재방식이 가능한 한 참으로 자기라고 하는 것이다.[42]

대화는 정보 전달의 수단이기 보다는 주체의 교환이다. 자기의 존재 방식은 자기가 '종' 이 되고 상대를 '주' 로 삼는 데서 성립한다.

---

41) Nishitani Keiji, "The I-Thou Relation in Zen Buddhism", *The Buddha Eye: An Anthology of the Kyoto School*(New York: Crossroad, 1982), 48.
42) 『禪佛教』, 156-157.

대화란 단순히 말마디만 오고 가는 것이 아니라 인간의 존재 방식을 규정해주는 선의 근본 입장을 대변해준다. "대화는 인간 존재 바로 그것이다." 우에다는 이렇게 말한다.

> 인간 존재는 본래 대화적 존재이다. 따라서 대화는 인간 존재의 본래부터 요구되어 왔다. 참으로 대화할 수 있다는 것, 즉 인간 존재의 본래가 실현될 수 있다는 것은 타자와의 관계에서 '자기임과 동시에 자기를 떠난 자유로운 자기'이지 않으면 안 된다. 역으로 대화는 인간을 본래 있는 방식으로 훈련하는 장이다.[43]

이러한 인간 존재 방식으로서의 대화는 상대적 관계를 맺고 있으면서도 각각 절대주체가 되도록 해주는 이중적 조건을 충실히 반영한다. "나와 너가 철저하고도 절대적으로 절대라는 사실은 서로에 대한 관계에 있어서 이들 모두 절대적으로 상대적이라는 것을 의미한다."[44] 니시타니에 의하면 이것은 넌센스나 모순이 아니다. 상대가 철저하게 긍정되지 않으면 상대도 죽고, 따라서 자기도 죽는다. 같은 하늘 아래에 원천적인 적(敵)이란 있을 수 없다. 유효적절하게 이들은 공존한다. 그래서 "각 절대적인 것들이 동시에 절대적으로 상대적"이라고 말하는 것이다. 이른바 선문답은 이러한 상황에 대한 선적인 입장을 잘 제시해준다.

위의 선문답은 앙산이 삼성에게 이름을 묻는 것으로부터 시작한다. 니시타니는 벽암록의 저자인 원오(圜悟, 1062-1135)의 주석을 빌어 "누군가에게 이름을 묻는다는 것은 그의 존재를 넘겨받는 것을 의미한다"고 말한다.[45] 원오가 주석하듯이, "그대의 이름은 무엇인가?" 물

---

43) 『禪佛敎』, 145.
44) Nishitani Keiji, "The I-Thou Relation in Zen Buddhism", 52.
45) Ibid., 54.

음으로써 앙산은 "이름과 존재를 동시에 훔친 것이다." 이것은 앙산은 다른 누구도 아닌 바로 그 앙산이라는 뜻이다. 이것은 타자에게도 똑같이 적용된다. 그래서 원오는 이렇게 주석한다: "앙산은 그를 사로잡았다. 그는 자신이 삼성을 꼭 붙잡았다고 생각했다. 그러나 놀랍게도 그는 도둑을 붙잡았다는 것을 알게 되었다. 그 도둑은 형세를 역전시켜 앙산이 가지고 있던 모든 것을 훔쳤던 것이다." 니시타니는 계속해서 다음과 같이 해설한다.

> 삼성은 자신의 이름을 묻는 질문에 '혜적'이라고 대답했다. 사실상 혜적은 앙산의 이름이었다. 그런데 삼성은 이렇게 대답함으로써 실제로 자기 자신을 넘겨받은 것이었다. 말하자면, 앙산의 절대적 본성인 앙산 자신으로서의 앙산의 본성, 즉 어떠한 '너'(Thou)도 그 앞에 대립적으로 세워둘 수 없고, 다른 모든 것을 자기 자신 안에 받아들일 그것을 넘겨받은 것이다. 앙산의 방어를 피하고 뒤로부터 공격하면서 삼성은 앙산의 밑바닥을 잡아당기고 그 현존재를 빼앗아 그곳에 자기 자신을 세워둔 것이다.[46]

앙산은 이렇게 자신을 빼앗기고는 "껄걸 웃어버렸다." 호탕한 웃음으로 그는 다시 자신을 찾은 것이다. 이러한 문답은 보통의 일상사에서 벌어지는 일에 대한 선적(禪的)인 해석과 깊이를 열어 보여준다. 저마다 주체적이고 따라서 대립적으로 작용하는 듯한 일상의 모든 일들이 사실상 그 근원적인 차원에서는 어떤 모습으로 진행되고 있는지 꿰뚫은 대화이다. 이 대화는 사물의 근본을 자각하고 그 위에 선 사람의 예를 여실히 보여준다. 사실상 원천적인 차원에서 보면 각 주체는 그 주체로 서 있기에 그 근저에서 빼앗길 것도 빼앗을 것도 없다. "삼성이 자신의 이름을 앙산의 이름(혜적)으로 대답할 때 삼성은 앙산이고 나(the I)는 너(the Thou) '이다'. 그리고 너 역시 나 '이다'. 이것은

---

46) Ibid.

앙산의 입장에서도 전적으로 같다. 나는 더 이상 보통의 나가 아니라 동시에 너(앙산)인 나(삼성)이다. 마찬가지로 너는 단순한 너가 아니라 동시에 나인 너이다. 그래서 나와 너는 전적으로 서로 속으로 융합되는 것이다."47)

이것은 "자기도 없고, 타자도 없으며, 인격도 없고 비인격적 관계도 없는" 플로티누스의 절대 일자(the Oneness)나 쉘링의 절대 동일(the Absolute Identity)과 같은 것을 말하는 것이 아니다. 여기서 말하는 "나-너 관계"는 절대적 무차별로 돌아가자는 것이 아니라 오히려 그 반대이다. 나-너 관계는 "사실상 나와 너의 실재를 포함하는 것이고, 사람과 사람 사이의 만남의 실재와 거기에 속한 절대 대립을 포괄하는 것이다. 이런 경우에만 나와 너는 단순한 나와 너가 아니다. 나는 너이고 너는 나이기에 둘 다 절대적으로 무차별적인 것이다. '나'라고 하는 이 절대 무차별은 나 자체에 속하고, 너의 경우도 마찬가지다. 이런 식으로 나는 참 나이고 너는 참 너이다. 이것이 진정한 나-너 관계이다."48) 즉비의 논리도 "A는 A"임을 밝히는 절대 동일률 혹은 자동률을 기본 원리로 한다는 앞에서의 말은 이런 맥락에 있는 것이다.

6. 공의 장

니시타니는 이러한 선문답에서 자신과 타자가 절대적으로 자신과 타자로 있는 공의 장을 보여주고자 한다. 서로 논쟁하는 나와 너는 저마다 주체로서의 나와 너이다. 이들은 서로 다르다. 아무런 관계도 있을 것 같지 않다. 그러나 이 때의 무관계란, 니시타니에 의하면, "절대 대립으로서의 무관계, 모든 관계들이 전적으로 초월되는 차원

---

47) Ibid., 55.
48) Ibid.

에서의 한 관계항으로서의 무관계이다."⁴⁹⁾ 일상적 삶에서 나와 너 만 남 속에는 이런 식의 절대적 관계와 절대적 대립이 동시에 같은 모습으로 존재한다는 것을 말하려는 것이다.

공의 장에서 나는 나로서의 중심을 지니고 너는 너로서의 중심을 지닌다. 공의 장은 각 개체의 중심을 확보해준다. 내가 나로서 보장되고, 사물이 그 자체로 드러난다. 그런 까닭에 일체 사물의 일상성이 보장되는 곳이다. 그래서 "자기는 곧[卽] 자기가 아니다[非]. 그러므로 자기이다"라고 할 때 후자로서의 자기는 기쁠 때 기뻐하고 슬플 때 슬퍼하는, 지극히 일상적인 자기와 다르지 않다. 공의 장이란 큰 긍정의 장이다. 본래적인 자기, 절대 중심으로 보장해 주기에 종교적 장이다.

절대 중심이라 하지만, 자체적으로 폐쇄된 중심을 말하는 것이 아니다. "삼성이 스스로를 앙산의 이름으로 대답한 것은 그가 자신을 비워 앙산을 그 자리에 둔다는 뜻이다. 타자가 개체의 중심이 되고 각 실존이 타자 중심적인 곳에서 절대적인 조화가 이루어진다."⁵⁰⁾ 서로가 서로의 중심이 됨으로써 저마다 자신의 중심에 서게 되는 것이다. 이 때 "중심이란 '사물'이 자신을 정립하고 있는 곳이고, 자신을 긍정하며 놓고 있는 곳이며, 사물이 그 위치(Position)에 있는 곳이다."⁵¹⁾ 사물이 자신의 중심에 있다는 것은 각 개체가 그 개체의 근본에서 그 자신으로 존재하며, 다른 모든 사물의 뿌리도 그 개체의 근본에 뻗쳐 있다는 뜻이다. "모든 사물이 어떤 개체의 근본에 있으며 그 개체를 있게 하고 있다는 것이다."⁵²⁾ 일체의 이기적 자기중심성을 거부하는 까닭에 세계의 모든 것과 자기동일적으로 하나가 된다. "공의 장에서 모든 것 자체가 '동시에'라기보다는 오히려 '하나로', 그리고 자기동

---

49) Ibid., 56.
50) Ibid.
51) 『종교란 무엇인가』, 198.
52) 『종교란 무엇인가』, 232.

일적으로 성립한다." 공의 장은 "어떤 사물이 본래 있는 그대로의 존재 방식"이다.[53]

이것은 회호적 관계에서 이루어지는 일이다. 니시타니에 의하면 이것이 종교적인 의미에서의 '사랑'이다.[54] 여기서 종교적이란 "상대적인 의미에서 자-타(self-and-other)를 자-타로부터 절대적으로 끊어버리는 공 혹은 무아의 입장에 있다"는 뜻이다. 자신을 비워 타자를 자신의 자리에 둠으로써, 타자와의 관계에서 스스로도 존재하는 이것이 사랑이라는 뜻이며, 이것은 공의 장에서 이루어진다는 말이다. 이렇게 사랑은 공의 장에서 이루어진다. 길희성의 표현대로 하면 "공은 사랑의 존재론적 개념이며, 사랑은 공의 인격적 언어이다."[55] 공과 사랑은 같다. '너' 속으로 자신을 비우는 사랑 속에서 자신과 그 '너'를 얻는다. 이렇게 해서 나와 너는 모두 '중심'이 된다. 그것도 절대 조화 속의 절대 중심이다. 절대 중심인 까닭에 각각의 '유'는 서로 다른 일체 사물의 '유'에 의해 지탱되고 세워진다. 이런 식으로 공의 장에서는 만물이 모두 저마다 중심이다. 각각이 절대 중심이면서 이들 중심들은 서로 대립되지 않는다. 이것이 현존하는 '리얼한' 세계의 모습이다.

> 어떠한 작은 개체라도 그것이 '존재하는' 한, 하나의 절대 중심이며 일체의 중심에 있다. 그 모습이 그것의 '유'이며, 그 '리얼리티'이다. 그리고 '세계'란 그러한 '유'의 집합이나 다름없다. 즉, 그러한 존재 방식으로 있는 사물 일체가 하나이다. 우리가 지금 살고 있고 지금 보고 있는 '리얼한' 세계란 그러한 것이다. 일체가 서로 모여 하나의 세계를 이룬다는 가능성, 또 각각의 '사물'이 그 자신 속에 자기 자신을 모으면서 스스로

---

53) 『종교란 무엇인가』, 164.
54) Nishitani Keiji, "The I-Thou Relation in Zen Buddhism", 56.
55) 길희성, 『포스트모던 사회와 열린 종교』, 민음사, 1994, 354.

'존재한다'는 존재 가능성은, 공의 장에서만 성립될 수 있다.[56]

공의 장은 어디에도 주변이 없으며, 도처가 중심이다. 여러 중심을 지닌 테두리 없는 원이다. 이러한 다중심성은 모두가 주인이면서 종인 관계, 즉 회호적 관계에서 보장된다. 회호적 관계에서 모든 사물이 저마다 중심으로 존재할 수 있다. 달리 말하면 "모든 사물이 서로 타자를 있게 하는 '힘', 요컨대 존재하는 것이 존재하는 것으로 나타나는 그 본원적인 '힘'은 저 회호적 관계에서 유래한다."[57] "모든 사물이 그 '유'에서 타자의 근본으로 들어가 그 자신이 아니면서 그럼에도 불구하고 어디까지나 그 자신이라는 그러한 회호적 관계 자체는 모든 것을 하나로 집결시키는 '힘'이나 다름없다. 즉, 세계로 하여금 세계가 세계되게 하는 힘인 것이다.

공의 장은 힘의 장이다. 세계에 있는 어떠한 것 속에도 세계의 '힘'이 그 사물 자신의 '힘'으로 현성하고 있다." "아무리 보잘 것 없는 사물이라도 존재하는 한, 그 있다는 현존 속에는 만물을 연결하는 회호적 관계의 그물이 쳐져 있다. 혹은 그 '있다'에서 세계가 '세계로서' 있다고도 할 수 있다. 그러한 존재 방식이, 그 자체적인 존재 방식이고 '사물' 자체의 모습인 것이다."[58] 그리고 이것이 니시타니적 의미에서의 "사랑", 즉 나를 나로서 보장해주는 "절대적 무관계의 조화"이다.[59] 또 나를 본원적인 나로서 보장해주기에 종교의 장인 것이다.

이곳에서 내가 나로서 보장되고, 사물이 그 자체로 드러난다. 그런 까닭에 일체 사물의 일상성이 보장된다. 기쁠 때 기뻐하고 슬플 때 슬퍼하는 지극히 일상적인 나는 가장 본원적인 나이다. 그 이상도

---
56) 『종교란 무엇인가』, 218.　　　57) 『종교란 무엇인가』, 232.
58) 『종교란 무엇인가』, 222.
59) Nishitani Keiji, "The I-Thou Relation in Zen Buddhism", 56.

이하도 아니다. 마찬가지로 허공이 눈으로 볼 수 있는 유일의 영원함이라고 전술했던 것도 이러한 맥락이다. 눈에 보이는 유한한 것이 바로 그 유한성을 이미 넘어서 있는 영원무한함이다. 불가시적 공은 곧 가시적 허공이고, 가시적 허공이 곧 불가시적 공이다. 공의 장에서는 일체의 유한과 무한이 상통한다. 이것이야말로 "어떤 사물이 본래 있는 그대로 존재하는 방식"이다.[60] A는 A인 그대로 非A와 동일하다는 "즉비의 논리"는 물론 니시다가 말하는 "절대모순적 자기동일"도 이런 공의 입장에서 견지될 수 있는 것이다.

---

60) 『종교란 무엇인가』, 164.

4
타나베 하지메의 '참회도로서의 철학'

그러나 과연 여기서 머물러도 되는가? 앞 장에서 본 표현, 즉 非A가 "아무런 매개 없이 있는 그대로" A와 동일[卽]하다는 것은 좀 더 분명하게 설명되어야 하지 않을까? '절대무'라는 장소를 전제한다면 분명히 A는 非A이다. 삼라만상의 근거를 절대무에 둔다는 것 자체가 그 삼라만상이 애당초 철저하게 부정되어 있고, 부정되어 있기에 그 무엇과도 대립할 수 없도록 되어 있는 것임을 뜻한다. 그래서 A는 곧 非A이다. 그렇다면 아베가 말한대로 절대무의 철학은 '애당초' 그렇게 부정되어 있는 사실을 전제하는, 일종의 '형이상학'이다. 애당초 절대무의 장소 안에 있음을 전제하기에 A와 非A는 대립적 실재일 수 없는 것이다.

그러나 이것을 그대로 현실의 모든 사물과 사건에까지 확대·적용할 수 있을까? 인간 실존 안에서 벌어지는 자각의 논리를 일체 사물, 더 나아가 총체적인 역사의 세계로까지 그대로 확장할 수 있을까? 가령 '나'라는 존재가 절대무의 자기한정의 결과라면, 그 '나'에게서 나온 온갖 구체적인 실천도 절대무의 자기한정인가? 절대무의 자기한정으로서의 '나'를 깨닫는다면, '나'의 모든 행동도 전적으로 긍정될 수 있는가? 더 나아가 내 앞에서 벌어지는 폭력적 일들마저 절대무의 자기한정으로 보아야 하는가? 이런 식의 질문에 답을 하려는 것이 여기서의 목적은 아니지만, 앞에서 본 니시다, 니시타니, 스즈키의 입장만으로는 쉽사리 답변하기 곤란한 물음인 것은 분명하다. 과연 절대무라는 자기부정의 세계가 그대로 총체적인 역사의 세계로까지 긍정될 수 있는지에 대한 문제를 좀 더 분명히 밝혀보려는 이가 바로 타나베 하지메(田邊元, 1885-1962)이다.

어떻게 절대무가 자기를 한정하는가? 타나베는 스승 니시다의 사유에 결정적인 영향을 받았지만, 절대무를 보편적 '장소'로 보는 니시다의 사상은 받아들이지 못했다. 그는 절대무 자체 보다는 일상적 행주좌와(行住坐臥)의 행위 중에서 명백히 밝혀진 것을 중시한다. '무'가 구체적 역사로 자신을 한정한다는 데 논리적 비약이 있다고 보았기 때문이다. 그러면서 절대무와 역사의 '사이', 그 '매개'에 관심을 기울인다.

1. 타나베 철학의 배경

이미 말한대로, 타나베 하지메는 니시다 기타로, 니시타니 케이지와 함께 불교의 공(空)을 서양 철학과 대화하며 논한 대표적인 사람들 중 하나이다.[1] 니시다와는 다른 시각에서 코토학파를 발전시킨 철학자이다. 그는 먼저 토쿄제국대학에서 수학과 자연철학을 공부했다. 동 대학원에 입학(1908)한 후로 이미 독자적으로 수학 및 자연 과학과 관련한 여러 편의 철학논문들을 쓴 바 있고, 토호쿠(東北)제국대학 이학부(理學部) 강사로 취임하면서(1913) 과학과 철학을 강의하고 그와 관련한 상당수의 논문과 책을 출판했다. 그러다가 니시다가 「善의 연구」에서 말하는 "순수경험"에 관심을 기울이게 되면서 니시다의 철학으로 자기 사유를 뒷받침하기 시작했다.

그는 무엇보다 니시다에게서 결정적인 영향을 받았다. 그에게는

---

1) 武內義範, "田邊哲學と絶對無", 『絶對無と神: 西田・田邊哲學の傳統とキリスト敎』, 南山宗敎文化硏究所編(東京: 春秋社, 1981), 198.

평생 니시다만한 스승이 없었으며,[2] 특별히 니시다의 철학에 의해 비로소 "철학에 눈을 떴다"고 그는 고백한다.[3] 니시다에게 영향을 받으며 공부한 그는 니시다의 초청으로 쿄토제국대학에 조교수로 취임하게 되었고(1919), 일본 문부성 재외(在外) 연구원 자격으로 독일 유학을 떠나서는 훗설에게 배우고, 하이데거 등과 교류했다(1922-24). 귀국 후 니시다의 후임으로 쿄토대학 철학 교수로 취임하여 은퇴할 때까지 그곳에서 강의했다(1927-45). 그 후 키타 가루이자와(北輕井澤) 자택에서 줄곧 머물면서 연구하고 강의하고 집필했다. 그의 서거(1962) 후 후학들에 의해 『田邊元全集』(전15권)이 출판되었다(1964).

2. 종의 논리—매개의 철학

타나베 철학의 핵심이라면, 니시다가 말한 "절대무의 자기한정"으로서만이 아닌, 역사적인 '노에마'(그는 이것을 種이라 부른다)로의 한정을 매개로 해서만 역사를 포함할 수 있게 된다는 데에 있다. 정말 절대무라면 그것은 부정원리로 남을 뿐, "역사와 행위를 포함할 수 없으며",[4] "행위의 매개로 충분히 볼 수 없다"고 생각했기 때문이다. 아마도 니시타니의 "허무적 근저"에 대해서도 같은 말을 하고자 했을

---

2) 그는 이렇게 말한다 : "나는 해외에서도 공부했지만, 니시다보다 멋진 선생을 보지 못했다"(Aihara Shinsaku, "田邊先生について", 『田邊哲學』(東京: 弘文堂, 1951), 262.
3) 가령 쯔지무라(辻村公一)는 구체적으로 이렇게 말한다 : "타나베 선생의 사색은 니시다 선생의 '순수경험'의 입장, 그 활동적 측면이 표면에 나타난 '절대의 지'의 입장을 언제나 받아들여 그것을 자기 철학의 궁극적 근저로 하고 있다"(辻村公一, "田邊哲學について: ある一つの理解の試み", 辻村公一 編集·解說, 『田邊元』, 22).
4) 辻村公一, "田邊哲學について: ある一つの理解の試み", 辻村公一 編集·解說, 『田邊元』, 22.

것이다. 자연스럽게 그는 니시다의 순수경험 보다는 그 경험의 활동적 측면인 절대의지, 도적적 실천과 같은 측면을 중시한다.

그에게는 철학도 "도덕적 실천"이라는 근본 위에서 그것을 철저하게 반성하는 "실천의 자각"이다. "현실 전체의 실천 행위를 통한 자각"인 탓에 "절대무에 직접 들어가는 것은 불가능하다."[5] 반드시 "매개"가 필요하다는 것이다. 그는 말하자면 도덕적 실천이 종교적 깨달음의 매개가 된다고 본 것이다. 즉, 종교적으로 자각을 했다고 해서 도덕적 실천으로 바로 이어지는 것이라기보다는, 도덕적이고 의지적인 실천과 고민 이후에 그것을 넘어서는 종교적 자각으로 이어질 수 있다는 것이 그의 입장인 것이다. 이것은 니시다식 "절대무의 자기한정"이 자칫하면 그 '은총적' 측면만을 강조하고서 인간의 구체적 실천을 전적으로 무력하게 만들어버릴 수도 있다는 문제의식을 나타내 준다. 그래서 절대무가 구체적으로 스스로를 한정하려면, 그 구체적인 것 내지는 그와 관련된 것을 매개로 해서만 가능하다는 주장을 펴는 것이다. "절대무의 자각이 근본이고, 도덕적 실천은 그 근본으로부터 자기한정으로서 나온 행동의 하나"라고 본 니시다의 입장과는 그 방향상 반대이다.

절대무를 매개해주는 구체적인 것은 무엇인가? 음악을 예로 들어 보자. 음정 하나 하나만으로는 음악이 되지 않는다. 앞 음정이 부정되어 뒤 음정 속으로 들어가고, 뒤 음정 역시 그 자체로 남아있지 않고 스스로를 부정해 다음 음정 속으로 들어가면서 음악으로 통합되듯이, '매개'란 앞 음정이 뒤 음정으로 동화되는 그 접점과 같은 것이다. 그런 점에서 '매개'라 하지만, 그것은 개체와 보편의 중간에 놓여 부유하는 제삼의 것이 아니다. 그것은 바로 음정 하나 하나와 같

---

5) 辻村公一, 앞의 글, 30-31.

은 것이면서 동시에 그 음정들의 통합인 음악과도 같은 것이다.

또 매개란 각 음정과 전체 음악 사이에도 있다. 가령 음정들이 모여 청중에게 멋진 음악으로 들리기 위해서는 그 음정들을 통합시키는 장치가 필요하다. 악보의 조(調)나 빠르기, 지휘자의 의도 내지는 청중의 음악에 대한 선이해와 같은 것들이다. 이런 것들이 매개가 되어 개별적인 음정을 총체적인 음악으로 통합시켜내는 것이다. 달리 말해 음악이 된다는 것은 그 음정들을 그렇게 연결하도록 하는 요청에 개별자가 자기부정적으로 답을 하는 것이자, 음악적 장이 각 음정을 그러한 음정이 되도록 요청하는 것이기도 하다. 그렇다고 해서 그 음정 이전에 음악이 있는 것이 아니다. 음악이라는 전체가 스스로를 부정해 각 음정 안으로 들어가되, 그 음정이 잘 연결되도록 하는 매개를 통해서 들어갈 때 훌륭한 연주가 생겨나는 것이다. 이런 점에서 보면, 음악이라는 전체는 늘 개별 음정 안으로 자기부정되어 있음으로써만 음악이 된다. 이런 식으로 매개란 개체의 자기부정적 측면과도 같고, 전체의 자기부정적 측면과도 같다. 개체가 전체에 대해 자기를 부정하는 것과 전체가 개체 안으로 자기를 부정해 들어가는 것은 동일하다. 이러한 매개를 인간 공동체의 입장에서 말하면, 사회 질서나 법률과 같은 것들이고, 교회로 치자면, 경전이나 교리, 의례와 같은 것들에 비유된다. 이런 것들이 개체의 세계를 전체의 세계로 통합시키는 매개가 되는 것이다.[6]

타나베는 이런 입장을 가지고 개체로서의 개인[個]과 보편으로서의 국가[類] 사이에 '사회'[種]라는 매개를 설정했다. 이 '사회'[種]을 매개로 하면서 극단적 개인주의와 집단적 전체주의를 조화시키고, 혼란스러운 전쟁기에 진정한 일본의 사회철학을 이루고자 했다. 일본인

---

6) 야기 세이이치 외, 『불교와 그리스도교를 잇다』, 이찬수 옮김, 분도출판사, 1996, 201-207의 설명을 참조했다.

하나 하나와 민족 전체가 상호부정적으로 서로를 매개하는, 다시 말해 개인적 주체(主體)와 민족의 기체(基體)가 상즉적(相卽的)으로 서로를 매개함으로써 일본이라는 국가 전체의 구조를 공고히 하려는 의도 하에 진행된 철학적 작업이었다. 그는 이러한 국가를 "보살국가"라고 부른다. 이런 식으로 국가에 종교적 의의를 부여하면서, 한편에서는 일본 제국주의를 옹호하는 결과를 낳기도 했다―이 점에서는 니시다나 니시타니도 마찬가지이다―. 그렇더라도 다른 한편에서 보면, 타나베 철학은 개인적 자각이 사회화하는 논리를 충실히 갖추고 있다는 점에서 종교성의 실천적, 사회적 측면에 대한 탐구에 유용하다. 후에 그의 철학은 "참회도(懺悔道)로서의 철학"이라는 모습으로 개화했다.

3. 참회도로서의 철학

타나베는 이차대전 말기 패색이 짙던 조국 일본에 대해 철학자로서 아무런 도움이 되지 못한다는 사실 때문에 마음 아파하다가 내부로부터 솟아오르는 참회의 경험을 하게 되었다.[7] 그에게 "참회란 내 죄를 속죄하지 못하는 앎의 고통을 수반하는 가운데 내가 행한 잘못들을 회개(메타노에시스)하는 것을 뜻한다." 그렇지만 그것은 전적으로 타나베 자신에 의한 것이 아니었다. 그에 의하면, 자신의 무력감을 절감하는 가운데 그 무언가에 의해 솟아오른 것이었다. 그는 자신의 참회의 체험을 이렇게 고백한다:

그것은 또한 나를 절망과 자기굴복으로 몰아간 무력함과 무능력에 대한 부끄러움을 나타낸다. 자기부정의 행위를 불러일으키는 만큼 그것은 하나의 역설을 가리킨다. 그것은 내 자신의 행위임에도 불구하고 내 자신의 행위일 수 없다는 것이다. 그것은 내 자신의 밖에 있는 힘에 의해 자극된 것이다. 이 타력은 내 안에 회개를 불러일으키고, 그 회개는 지금까지 나도 알지 못하던 길을 따라 새로운 방향으로 나를 이끌어간다. 따라서 참회는 나에게 있어서 참회 안에서, 그리고 참회를 통해서 철학의 새로운 진보를 이루도록 작용하는 타력의 체험을 나타내준다. 나는 내 전 존재를 타력에 맡기고, 참회를 실천하고 타력에 대한 신앙을 유지함으로써, 나는 내 자신의 회개-부활 체험의 진리를 확인한다. 이런 식으로 내 참회의 행위-신앙-증언[行-信-證]은 새롭게 태어난 내 실존의 철학이 된다. 이것이 내가 '메타노에틱', 타력의 철학이라고 부르는 것이다. 나는 철학에 대해 죽고 참회에 의해 부활했다.[8]

그는 이제 더 이상 "내가 철학을 추구하는 것이 아니라 참회가 나를 통해 사유한다"고 말한다. 그의 참회는 자신의 힘[自力]으로 이루어진 일이 아니었다. 그 자신의 힘이라는 것은 절망 속에서 완전히 포기되었기 때문이었다. 그러나 '자기'의 포기를 통해 삶의 새로운 방향이 드러난다. 자력이 아닌 그 어떤 힘이 새로운 방향으로 이끌어가는 것이다. 이처럼 '나'를 나되게 해주는 것은 일단 '너'에게서 온다. 그렇다고 해서 이 '너'는 '나'와 대립하는 또 다른 실재가 아니다. 이 '너'는 '나'를 넘어서 있으면서 스스로의 힘으로는 어찌하지 못하는 나의 무력함을 촉발시켜 나를 다시 태어나게 한다. 참회 역시 나에 의해 이루어지는 관상 혹은 사변(노에틱)을 넘어서(메타) 이루어지는 일이다. 나에 의한 것을 넘어서고 그 무언가에 의해 그렇게 되는 것이라는 점에서 그것은 타력적이다. 그는 이렇게 말한다: "타력은 참회를 통해 나를 완전히 새로운 방향으로 전환시켰고, 나의 무능력을 깨달음으로써 새롭게 출발할 수 있게 도와주었다."[9]

---

7) Tanaba Hajime, *Philosophy as Metanoetics*, tr. Takeuchi Yoshinori, Berkeley and Los Angeles: University of California Press, 1986, 1; 武內義範, "田邊哲學と絶對無", 『絶對無と神: 西田・田邊哲學の傳統とキリスト敎』, 南山宗敎文化硏究所編(東京: 春秋社, 1981), 211.
8) Tanabe Hajime, ibid., li.　　　　　9) Ibid.

그 후 타나베는 그리스도교에도 관심을 기울였지만, 무엇보다 그의 참회 체험은 일본 정토진종의 개조인 신란(親鸞, 1173-1262)의 체험을 다시 보게 만들었다. 그의 체험은 신란의 타력 체험과 병행하는 것이라고 생각했다. 특히 그는 신란의 왕상(往相)과 환상(還相) 개념을 통해 이러한 참회 내지는 종교적 자각의 사회적 실천의 논리를 찾는다.

> 신란의 견해에서 왕상이라는 것은 중생이 불지(佛智, 절대지) 혹은 열반(절대)에 이를 때, 즉 구제가 완성될 때, 그 인간으로부터 그곳으로 가는 길이다. 이에 대해 보살이 그 궁극의 장소에 도달해, 혹은 궁극적인 절대지에 도달하기 한 걸음 직전에 더 큰 자비로 그 세계로 되돌아가 다른 사람들을 구제하는 (그럼으로써 도리어 보살은 절대지를 완성하는 부처가 된다) 것이 환상이다. 여기서 환상이란 이 세계에서 신심을 획득해 정토에 왕생한 중생이 즉시 태도를 바꾸어 이 세계에서 다른 사람들을 교화하기 위해 되돌아가는 것이다. 이것이 신란의 가르침에 대한 일반적인 해석이다.[10]

타나베는 이 "왕상이 즉 환상"이라고 보았다. 종교라는 것은 단지 개인적 정토만을 문제삼는 데 머물러서는 안되고, 그 정토로 향하는 개인적 신심을 타자로 확대하는 데서 이루어진다. 그렇다면 '왕상즉환상'이라고 하는 것은 우리가 절대자 쪽으로 걸어나가는 것과 마찬가지로 절대자의 길을 구하는 다른 이들을 인도하는 것이 상즉(相卽)하지 않으면 안 된다는 뜻을 담고 있다. 종교적 자각과 사회적 실천은 하나가 된다는 뜻이다. 타나베는 왕상과 환상이라는 진종(眞宗)의 교의를 하나의 사회적 커뮤니케이션의 원리로 보았다.

환상, 즉 사회적 실천은 어떻게 이루어지는가? 타나베에 의하면, 그것은 "절대자가 자기희생적으로 자기를 나타내준다는 사랑의 행위

---

10) 武內義範, 앞의 책, 214.

에 매개되어, 나도 역시 자기부정의 행위를 하게 되는"[11] 식으로 이루어진다. 마치 음악이 스스로를 부정해 자기부정적 음정 안에서 살아나듯이, 절대자의 자기부정적 사랑이 나의 자기부정적 실천을 통해 사회화하는 것이다. 이렇게 절대무는 '장소'가 아니고, 역사적 노에마, 도덕적 실천을 매개로 활동하는 '행위'이다. 그러기에 정적인 장소가 아닌, 순간 순간 현실화한 종교적 진리가 핵심이다. 이 행위에서 자성된 주체가 절대자아(絶對自我)이며, 타나베에 의하면 절대자아의 행위란 순간 순간 현실화하는 동적 행위의 당체(當體)가 지속되는 것이다.

이런 식으로 그는 매개철학, 매개로서의 "종의 논리"를 전개한다. 절대자가 무매개적으로 자기를 한정해 전체 역사화하는 것이라기보다는, 절대자의 자기비움이라는 사랑의 행위가 매개가 되어 나로 하여금 그와 같은 사랑의 행위를 하게 한다는 것이다. 바꾸어 말하면 '나'를 앞세운 이기적 노력이 포기되는 곳에서, 그 포기가 매개가 되어 절대자가 스스로를 드러내는 것이다. 이것은 일체의 이름과 상(相)을 초월한 붓다 자체로부터 상의 세계로 향하는 움직임이 먼저 있고서야 석가모니로 인한 역사적 매개도 가능할 수 있었다는 정토진종의 입장과 같다. 상을 초월한 절대(법성법신)가 스스로를 제한하거나 부정하여 상대적 절대(방편법신)로 나타나는 움직임이 먼저 있어야 한다는 것이다.[12] "절대자[佛]의 현현인 보살이 현실의 여러 중생계에 그 기근(機根)에 맞게 나타난다는 것"도 마찬가지 구조를 하고 있다.[13]

중생의 '근기'가 매개가 되는 셈이다. 그저 삼라만상이 절대무의 자기한정이라는 식으로 끝나서는 안 된다는 것이다. 인간의 의지적인

---

11) 武內義範, 앞의 책, 213.
12) 길희성, 『일본의 정토사상』, 민음사, 1999, 263.
13) 武內義範, 앞의 책, 209.

행위, 도덕적인 실천이 매개가 되면서 절대무의 자기부정이 구체화되는 것인 셈이다. 타나베는 이렇게 말한다:

> 선을 도모하고 악을 피하려는 노력을 한 번도 해보지 않을 정도로 파렴치하고 게으른 수많은 사람들, 도덕적 괴로움과 한 번도 씨름해본 일이 없는 많은 사람들은 '절대무차별'이니 '자연'이니를 들먹이면서 있는 그대로의 자신을 변명하고 그러한 상태를 타력의 은총으로 돌린다. 그들은 그러한 말들을 자신의 게으르고 소극적인 삶을 옹호하기 위해서 사용하며, '자연'이라는 말을 그것이 본래 속하고 있는 장소인 절대무라는 초윤리적 영역으로부터 윤리 이하의 새로운 위치로 옮겨놓는다. 이것이야말로 종교에 입힐 수 있는 가장 무서운 해악이다. '자연'이나 '있는 그대로의' 상태란 단순한 사실의 세계가 아니라, 자기부정을 매개로 하여 노력해 가야 하는 목표인 것이다.[14]

절대무의 자기한정, '허무의 장'에서 '공의 장'으로의 전환과 같은 것이 분명히 절대무, 즉 이미 부정되어 있는 자기의 현실로부터 출발하고, 그 자기부정적 한정이 구체적인 몸을 입는 것이지만, 여기에만 머문다면 인간의 구체적인 노력은 가치를 잃어버리고 만다는 것이 타나베의 입장이다. 타나베가 의지, 실천 등을 하나의 매개로 강조한 이유는 인간에게 다가오는 진리를 인간의 도적적 책임을 외면하는 '값싼 은총'으로 떨어지지 않게 하기 위해서라고도 할 수 있을 것이다.[15]

물론 그럼에도 불구하고 타나베 역시 나를 나되게 해준 것은 너로부터 비롯된 일이지, 나 독자적으로 만들어낸 것이 아님을 늘 놓지 않는다. 특히 타나베가 자신의 자신됨을 상대의 자기부정에서 보게 된 결정적인 이유는 평생 자신을 위해 희생 봉사하다가 먼저 죽은

---

14) Tanabe, ibid., 154.
15) 길희성, 앞의 책, 222.

(1952) 부인에 대한 생각에서였다. 그는 말한다: "내 쪽에서 자기부정을 하는 것이 아니라 네 쪽에서 자기를 부정하는 것이다. 그 너의 자기부정에 의해 자기가 자기 부정을 완수하게 되는, 너의 죽음에 의해 자기 자신이 태어나게 되는 식으로 인간들 사이의 '나'와 '너'의 진정한 관계가 포착되는 것이다." 너의 죽음을 통해 내가 산다. 바울로가 예수의 죽음을 통해 예수의 영의 작용을 경험한 것도 같은 맥락이라고 타나베는 본다.

그러나 그렇다고 해서 자기 밖에 절대자라는 '너'가 따로 있다는 뜻은 아니다. 그에게 절대자는 사랑을 매개로 나의 자기부정을 실천할 수 있게 하는 절대무이다. 그는 이렇게 말한다:

> 참회가 자기를 부정하고 돌파할 수 있는 이유도 그것이 자기를 초월하는 절대무에 의해 촉발되는 자기부정이기 때문이다. 이 초월적 절대무에 기초지어져 있기 때문에 참회의 자기부정은 그 안에서 자기가 행위하면서도 그에 근거해 행위되는 이중적 부정 구조를 가지고 있다. 초월(절대무)에 의해 뒷받침되고 있는 이 자기부정의 행위는 부정에서 긍정으로, 죽음에서 삶으로의 전환을 초래한다. 이것이 참회의 두 번째 의미, 즉 회개 혹은 전환으로서의 의미이다 … 절대무에 의해 지원받고 그에 의해 행동되는 것이면서도 자기가 행위하는 것인 완전한 죽음과 자기 부정은 새로운 삶의 출발을 나타내준다. 새로운 삶이란 '살려진'(bring to life) 자로서 '사는'(live) 것이다. 여기서 우리는 더 이상 엄밀한 의미에서 삶이냐 죽음이냐 식으로 말할 수는 없다. 삶과 죽음 모두 삼켜진 실존의 회복에 대해서 말할 뿐이다. 이런 점에서 회개란 자기 속에서 작용하는 절대무의 초월적 부정과 직결된 신앙과 행위의 종교적 실천으로 이루어져 있다. 달리 말하면, 그것은 "절대무-즉-사랑"(absolute nothingness-qua-love) 혹은 "큰 부정-즉-큰 자비"(Great Nay-qua- Great Compassion)이다.[16]

---

16) Tanabe Hajime, ibid., xliii-xlv.

타나베는 자기가 자력으로 자기 부정을 하는 그러한 자기 부정은 부정한다. 오히려 절대무인 절대자로부터 자기 부정적인 사랑으로 자기 자신을 나타내, 내게 자비로 하향(下向)해 온 무(無), 이 절대무의 자기 부정의 행위가 나의 부정 활동에 협력하는 것이라고 본다. 내가 하지만 그렇게 하는 나 역시 초월적 절대무에 의해 촉발되고 근거되었기에 내가 그렇게 하게 되는 것이라는 말이다. 그렇게 하게 된 '나'의 자기부정적 행위가 바로 사랑인 것이다. 타나베는 이것을 "무즉애"(無卽愛)라고 부른다. 그 때 자기 자신은 자기 무력 속에 자기를 내던짐으로써 부정되고, 그럼으로써 다시 긍정된다. 이것이 참회, '메타노이아'이다. 이 참회를 사유의 근본으로 하는 자신의 입장을 '메타-노에틱'이라고 푼다. "노에틱을 넘어선다"는 의미이다. '노에틱'이 관상(觀想)과 사변(思辨)의 입장이라면, 메타노에틱은 종래의 관상의 형이상학을 넘어선다는 것이다. 그래서 "메타노이아", 즉 "참회도로서의 철학"인 것이다.

4. 그리스도교와의 대화적 기초

타나베 철학의 초점은 신비경험 내지는 종교성의 사회적 측면에 놓여있다. 종교성의 추구는 절대자의 자기부정에 기초한 것이되, 인간 편에서 그 자기 부정이 매개가 되어 사랑의 행위로 나아가게 될 때 완성된다는 것이다. 이러한 입장은 인간의 본성적 구조 자체가 이미 하느님의 은총의 산물이기에 그 본성적 구조 위에서 인간이 하느님의 은총을 수용할 수 있게 되는 것이라는 칼 라너(Karl Rahner)의 은총론과도 그 '구조적' 차원에서 상통한다. 하느님이 인간 체험의 기초로 당신 자신을 내어주셨기에 그러한 하느님의 자기 내어줌의 기초 위에서 인간의 신 체험이 가능할 뿐더러, 그러한 신 체험은 구체적

이웃 사랑으로 이어질 때 비로소 몸을 입는 것이라는 라너의 신학은 타나베의 타력적 참회도 철학과 유사한 형식을 보여준다. 둘 다 너의 자기부정이 나의 자기 부정적 실천의 매개가 되어 나의 전적인 자기부정으로 이어지게 된다고 말한다. 바꾸어 말하면, 나의 자기부정적 실천이 매개가 되면서 너의 자기부정적 실천이 몸을 입게 되는 것이다. 중요한 것은 너의 자기부정이 먼저 있고서야 나의 자기부정이 실천되는 것이지만, 그 나의 자기부정이라는 매개가 없이는 너의 자기부정은 구체화될 수 없다는 것이다.

물론 이러한 자기 부정적 행위는 애당초 그 어떤 것에도 대립적이지 않은 '무'의 바탕 위에 있기에 가능한 일이다. '무'가 구체화되는 것은 그 구체적 존재의 자기무화를 매개로 해서만 가능하다는 뜻이다. "신이 자기를 비워 스스로 신이고자 하지 않을 때 그는 인간이 된다"는 라너의 말도 신의 자기부정적 속성, 인간의 자기부정적 실천, 그리고 인간의 궁극적 실재 체험의 그리스도교적 기초를 잘 보여준다. 그런 점에서 그리스도교적 하느님과 쿄토학파의 절대무는 자기를 외화하는 모습에서 닮아 있다. 하지만 니시다류의 무매개적 장소 철학보다는, 타나베의 매개적 철학이 역사 내 제약자 인간과 초월자 하느님 사이의 긴장을 담고 있는 그리스도교의 구원론적 '구조'와 더 깊이 상통하는 듯 하다. 물론 이들의 내용적 유사성까지 말하는 데는 그 이상의 논의가 필요하지만 …

제2부

허무의 극단까지 가다:
니시타니 케이지의 주요 사유들

5
허무와 공

1. 허무

제2장 "니시타니 케이지의 불교적 허무주의"에서도 보았지만, 니시타니에 의하면 인간의 근저에는 그 인간을 지탱해주는 인간만의 본질이 따로 있지 않다. 그저 허무 위에 놓여 있다. 이것은 인간만이 아닌 살아 있는 모든 것들의 실상이기도 하다. 니시타니는 바로 이러한 사실을 말하고 싶어한다. 이를 위해 '허무'의 문제를 구체적으로 거론한다. 그는 말한다:

> 허무는 … 우리의 생활에서 멀리 있는 것이 아니라 우리의 일상 속에 있다. 보통 우리의 일상이 지극히 '일상적'이기 때문에, 즉 일상성에 매몰되어 있기 때문에 그 허무의 '리얼리티'를 눈치채지 못할 따름이다.[1]

> 어떠한 사물도 허무로부터 벗어날 수는 없다. 그것들은 허무로 돌아간다. 그래서 비실재적으로 밖에 실재하지 않는다.[2]

이러한 허무의 문제는 니시타니 철학의 독특성을 보여준다. 서양의 허무주의와는 물론 그의 스승 니시다와도 구별되는 부분이 바로 그의 불교적 허무주의이다. 그가 허무를 중시하는 맥락을 구체적으로 살펴보자.

---
1) 『종교란 무엇인가』, 155.
2) 『종교란 무엇인가』, 168.

니시타니에 의하면 중생의 근저(根底, Urgrund)는 곧 무저(無底, Ungrund)이다. 글자 그대로 허무(虛無)다. 그에 의하면, "우리의 존재는 비존재와 하나된 존재이며, 끊임없이 없어지고 끊임없이 존재를 다시 찾으면서 허무 위에서 진동하고 있다. 말하자면 생성전화(生成轉化)하는 존재이다."3) 이 때 비존재와 하나된 존재란 존재의 근거를 지니지 않은 허무적 존재, 존재[有]인듯 하지만 실상은 그 존재를 뒷받침해주는 아무런 근거도 갖지 못한 존재[無]를 일컫는다. 자신의 의지에 따라 무언가를 한다(doing)고 하지만 그 순간 자신의 의지와는 달리 다른 무언가로 되어버리는(becoming) 존재(being)라는 뜻이다. 인간은 자신의 '존재'를 유지하기 위해 무언가를 '함으로써' 원 뜻과는 다른 것으로 '되어버리고' 만다. 업을 덜기 위한 자유로운 행위가 도리어 업을 만들어내는 것이다. 내가 그렇게 존재하게 될 뿐 아니라 남도 그렇게 만드는 요인으로 작용한다. 세계 안에서 그 물결에 휩쓸려 살아가고 있는 인간은 그런 식으로 생성전화함으로써, 새로운 의무와 부채를 만들어낸다. 인간이라는 것을 규정해주는 저만의 본질이란 따로 없다. 아니 그것이 인간의 본질이다. 인과의 연결 고리 속에 파묻혀 육도(六道)에 윤회하고 있는 것이다.

이러한 현상적 존재 방식은 인간을 근원적인 물음에로 이끌어간다. "비참한 인간, 그것은 바로 나입니다. 누가 이 죽음의 몸에서 나를 구해 내겠습니까?"(로마 7,24) 하는 사도 바울로의 고백도 다른 맥락에서의 근원적인 물음이라고 할 수 있을 것이다. 이러한 물음 앞에서는 인생에서 절실했던 것이 모두 쓸모 없어진다. 죽음에 직면한 사람은 그 어떠한 것으로도 메울 수 없는 심연을 경험하게 된다. 그 어떤 위로도, 자신의 죽음을 대신해주고자 하는 타인의 행위마저도 해

---

3) 『종교란 무엇인가』, 24-25.

결책이 되지 않는다. 인간은 그 무엇으로도 대신될 수 없는 개인으로 남아있을 수밖에 없다. 니시타니는 이러한 상황을 '철저한 실존적 허무주의'의 입장에서 본다. 자신에게서 아무런 의미를 찾지 못한 채 자신의 존재 자체가 허무라는 배경에 노출되는 것으로 본다. 왜 인간은 이러한 허무에 휩싸이게 되는가? 니시타니에 의하면, 본원적으로 허무가 일상과 구별될 수 없을 만큼 일상 안에 이미 현존하고 있기 때문이다. 그는 말한다: "그러한 (허무적) 심연은 항상 우리들의 밑바닥에 도사리고 있다."[4]

우리는 몇 십 년 후에 죽음과 만나는 것이 아니라 태어날 때 이미 죽음을 가지고 태어난다. 살아가려는 한 걸음 한 걸음은 죽음을 향한 한 걸음 한 걸음이며, 끊임없이 한쪽 발을 죽음 속에 얹고 있는 것이다. 순식간에 허무로 돌아가는 까닭 모를 심연이 우리들 생 속에 잠재되어 있다.[5]

인간 삶의 근저에 허무적 심연이 드리워져 있다. 하이데거의 말처럼 인간은 "죽음을 향한 존재"이다. 죽음을 향한 삶, 허무 위의 존재, 이러한 사실이 솟아나는 곳에서 자기 자신이 바로 문제 덩어리가 된다. 참 자기를 찾아나가는 과정을 형상화하고 있는 전통적 선적(禪籍)인 「십우도」(十牛圖)에서도 현실의 자기를 문제시하는 단계로부터 시작하고 있다[尋牛]. 자기 자신이 의심덩어리가 되는 것이다. 스스로가 부정되고 무의미해지는 절대 부정, 이것이 니시타니가 말하는 허무이다: 허무란 "여러 가지 사물과 현상의 존재 바로 그것의 절대 부정"[6]이다. 그것도 논리적 부정이라기 보다는 철저한 실존적 부정이다.

허무는 존재의 절대 부정이다. 존재의 부정이라지만, 이 때 존재와 허무는 대립적으로 쓰인 것이 아니다. 허무가 존재와 대립되어 있

---

4) 『종교란 무엇인가』, 24.　　5) 『종교란 무엇인가』, 24.
6) 『종교란 무엇인가』, 30.

다면, 그것은 허무[無]가 아니라 또 하나의 존재[有]일 것이다. 허무는 존재와 철저하게 하나되어 있다. 일체의 존재가 근원에서부터 부정되는 것이다. 니시타니는 사실상 허무와 하나되어 있는 존재의 허무적 현실을 직시한다.

니시타니는 이렇게 허무로부터 벗어나지는 못하는 현실을 조명하며 비존재와 하나된 존재 분석을 자기 철학의 출발점으로 삼는다. 그의 철학 안에서 허무를 바라보는 '나'라는 주체는 따로 없다. 내가 바로 허무이기 때문이다. '나'와 '허무'를 주객의 차원에서 보아서는 안 된다. 허무가 솟아나는 곳에서 내가 곧 부정이고 무의미이며 허무이기 때문이다. 내가 허무 내지는 무의미를 나의 일부로 가지고 있는 것이 아니라, 내가 허무 그 자체인 것이다.

2. 의식의 장

그러나 니시타니에 의하면 업의 장, 즉 일반적 의식의 장에 서 있는 인간은 이러한 현실을 보지 못한다. 왜인가? 사물을 대할 때는 물론 자신을 대할 때조차도 주체와 객체를 분리한다. 허무조차 대상적으로 파악하면서 그 허무를 그저 존재와 대립된 허무로 남겨놓고 만다. 허무가 체현되지 못하고 그저 존재의 표상으로 남고 마는 것이다. 모든 문제는 언제나 여기에서 비롯된다. 그는 이렇게 말한다.

> 우리는 보통 나의 입장에서 사물을 본다. 말하자면 자기라는 성 속에서 사물을 대하는 것이다 … 자기의 입장에서 사물은 언제나 대상적으로 보인다. 자기 '안'에서 '밖'의 것을 본다. 자신과 사물 사이에 근본적으로 거리를 두고 사물을 대하는 것이다. 안과 밖, 주관과 객관의 대립, 격리가 일어나는 장(場)은 '의식'이라고 일컫는 장이다. 우리는 보통 그 의식의 장 안에 있으면서 표상 혹은 관념을 통해서 사물에 관계하고 있다. 따

라서 의식의 장에서는 사물이 실재한다 하더라도 사물은 진실로 그 실재성을 실재적으로 우리에게 드러내지 않는다.[7]

우리의 일상적 "의식의 장에서는 모든 사물을 객체로서 받아들인다. 그 객체에 대해서 자기 의식적인 자아는 주체 존재이다. 모든 사물은 의식에 대해서 '외적' 실재로서 대립하게 된다."[8] 안과 밖, 주관과 객관의 이러한 대립은 자기 밖의 사물은 물론 자기가 자기 자신을 파악한다고 할 때에도 마찬가지로 일어난다. 인간은 흔히 자기가 자기 자신을 볼 때도 언제나 그것을 객체화하고, 파악하는 주체로서의 자신과는 분리된 하나의 대상으로만 여긴다. 그러면서도 그렇게 파악된 자기가 참으로 자기 자신이라고 여긴다. 그러나 거기서는 자기 자신은 물론 사물의 실재성은 여실하게 드러나지 않는다. 대상적으로 보이는 저만의 본질이라는 것이 따로 없다는 근원적인 사실을 숨긴 채 가상적으로만 드러난다: "거기서는 실재가 실재적으로 나타나지 않는다. 실재가 단절된 채 뿔뿔이 흩어진 모습, 자기 모순을 강요당하는 모습으로 나타날 뿐이다."[9]

이러한 정황을 가장 잘 나타내주는 것이 데카르트의 유명한 말인 "나는 생각한다. 그러므로 나는 존재한다"(cogito ergo sum)라고 니시타니는 본다. 그에 의하면 이 말은 자신의 실재성을 자기중심적으로 주장하는 자아의 존재 방식을 여실히 보여준다.[10] 이러한 주체 중심의 철학에서는 주체 밖의 "자연계의 사물은 자아와 생생한 내면적 연관이 없

---

[7] 『종교란 무엇인가』, 33.   [8] 『종교란 무엇인가』, 167.
[9] 『종교란 무엇인가』, 34-35.
[10] 물론 과학기술의 장에서와는 달리 일체를 의심하면서, 그 의심하는 자기 자신을 탐구하고 그 근원으로 돌아가고자 했다는 점에서 데카르트의 입장도 일종의 '회심'이나 초월의 측면을 지녔다. 그러나 '종교적 회심'과 같은 철저한 초월의 입장에는 미치지 못한다고 니시타니는 본다. 여전히 주체 중심주의에 머물러 있다는 것이다. 『禪の立場』, 12-13; 佐佐木撤, 『西谷啓治』, 87-102, 특히 92-94.

는, 생명이 없는 차가운 죽음의 세계로 간주된다." 현대의 과학기술적 세계관이 그 전형이다. 이러한 세계에서는 주체가 대상을 마음대로 부린다. 사물은 하나의 실험 대상이다. 사물을 조작할 수 있을 만큼 주체가 확실하다고 전제하기 때문이다. 하이데거가 지적하듯이, 이러한 입장은 데카르트의 주체철학에 영향받은 바 크다.[11] 이곳에서는 그 자아 혹은 주체를 절대 독립체로 보면서 다른 모든 것을 이끌어내는 출발점으로 삼는다. 이 주체는 어떠한 방법으로도 객체화될 수 없다. 그러나 니시타니는 데카르트의 명제 가운데 '나는 생각한다'고 할 때의 그 '나'를 문제삼는다. '나는 생각한다'는 말은 그것만으로는 명백한 진리이지만, 그것이 무엇보다 의심할 수 없는 유일한 출발점이 될 수 있으려면, 그 '나는 생각한다'를 성립시켜주는 더욱 근원적인 곳에서 '나는 생각한다'의 자명성이 열려야 한다고 본다. 데카르트는 자신의 정당성을 자신에게서만 찾는 셈이며, 그런 점에서 그러한 행위는 자기모순이며 자기기만이다. 데카르트는 확실성의 철학을 추구했지만, 그것이 정말로 확실한 것인지는 이제 더 이상 확실하지 않다.[12] '나는 생각한다'고 할 때의 그 '나' 역시 진정한 자기 자신에 대해 하나의 대상으로 서있기 때문이다. 생각하는 주체로서의 '나'와 내가 그렇게 생각한다고 판단하는 주체로서의 '나'가 분리되어 있기 때문이다. 도대체 확실한 것은 없다. 그렇다면 그대로 주저앉고 말 것인가?

3. 허무주의

인간의 주체성에 근거해 찬란히 꽃피우던 과학기술은 오히려 인간

---

11) 마르틴 하이데거, 『니체와 니힐리즘』, 박찬국 옮김, 지성의 샘, 1996, 238-39.
12) 西谷啓治, 『佛教について』(京都: 法藏館, 1982), 188 참조.

성을 상실시키는 원인으로 작용했다. 자연법칙에 따라 발생한 과학기술이 도리어 자연을 대상화하고 부리면서 비자연화시켰고, 인간마저도 하나의 대상으로 삼으면서 과학기술을 낳은 그 주체로부터 인간을 소외시켰다. 니시타니는 이런 소외의 극단에서 허무주의가 탄생되었다고 본다. 목적론적 세계관에 근거해있는 과학주의가 목적론적 세계관이 상실되어가는 곳에서 허무주의를 탄생시킨 셈이다. 인간의 존재방식에 대한 자각에서 허무주의가 발생한 것이다. 달리 말하면, 과학기술의 지배를 받으면서 자기로부터 소외되었던 인간이 오히려 그러한 피지배적 상황으로 인해 인간 존재방식의 문을 여는 사태로 이어진 것이다.[13] 인간은 허무를 발견하였다. 인간은 허무가 스스로를 드러내는 장에 서서 그 허무를 자신의 것으로 맞이하게 된 것이다. 니시타니는 이렇게 말한다.

> 기계가 성립하는 장, 앞서 말한 것처럼 과학적인 합리성을 요구하는 추상적 지성과 비자연화된 자연과의 조응이라고 말할 수 있는 장은, 곧 그 지성에 서있는 인간과 자연적 세계의 근저에 허무를 연다. 그 허무에서만이 인간은 자연법칙의 철저한 지배로부터 이탈하여 완전한 자유를 발견한다.[14]

니시타니는 인간을 소외시키는 과학주의와 그 과학주의의 반동으로 등장한 허무주의를 자신의 철학 안에 중시하며 받아들인다.[15] 실

---

13) 이런 맥락과 통하는 라너의 글로는 Karl Rahner, "Der Mensch von Heute und die Religion", *S.Th.*, Bd.,VI, 15-33을 보는 것이 좋겠다.
14) 『종교란 무엇인가』, 137.
15) 西谷啓治, 『ニヒリスム』(西谷啓治著作集, 第八卷), 175-86; 니시타니는 허무주의에서 우리 시대의 근본 문제를 찾는다. 얀 반 브락트에 의하면, "니시타니는 그 허무주의가 과학주의와 연결되어 서양 문명의 기초 자체를 흔들어 놓고 인간이 인간으로서 설 자리를 상실하게 했다고 말한다. 이러한 허무주의에 대한 끊임없는 몰두가 쿄토학파 내에서 그의 위치를 결정하고 있다"(얀 반 브락트, "『종교란 무엇인가』에 대한 서양인의 시각", 『종교』, 417). 한편 니시

존적 허무를 고발하고 새로운 존재방식을 열어주었다는 점에서 자신의 입장과 상통한다고 보기 때문이다. 그에 의하면 허무주의에도 세 종류가 있다. 그것은 도스토예프스키(싸르트르)식 허무주의, 니체식 허무주의, 그리고 불교이다.[16] 이들은 합리화되어 온 생활의 근저에서 점차 이성적 합리화 이전의 삶을 추구한다는 점에서 공통점이 있지만, 자세히 보면 차이가 있다. 니시타니에 의하면, 도스토예프스키는 무의미하고 텅 빈 심연의 극한 곳, 즉 허무에 몸을 내어던지고는 결국 신의 손에 자신을 내어 맡겼다. 싸르트르도 비슷한 차원에 머문다.[17] 반면에 니체는 '신은 죽었다'라고 단언함으로써 아예 이러한 길을 닫아버렸다. "신이 죽었다"는 것은 합리적으로 따지던 세계관의 절대 부정이며 의미의 상실이다. 그 동안 '신'이라고 하는 궁극적이

타니는 이렇게 말한다: "니체와 다른 학자들에게도 현대 허무주의가 커다란 문제로 자리잡는다고 생각된다. 나는 허무주의의 문제가 종교와 과학 사이에서 상호 적대의 근간을 이룬다고 확신한다. 나의 철학적 노력은 이러한 확신에서 출발하고 발전하여 결국에는 거의 모든 것을 포함하게 되었다"(西谷啓治, "和の哲學的發足點", 229-230). "이렇게 니시타니는 허무주의의 정복을 현대 철학과 미래 세계문화 전반의 과업일 뿐 아니라 자신의 과업으로 생각하게 된 것이다." 佐佐木撤, 『西谷啓治 - その思索への道標』(京都: 法藏館, 1986), 141-60; 川村永子, 『禪と宗敎哲學』(東京: 北樹出版, 1994), 140-52; Heinrich Dumoulin, *Zen Buddhism in the 20th Century*, 42 등을 참조.

16) 西谷啓治, 『ニヒリスム』(西谷啓治著作集, 第八卷), 5. 그가 니체의 허무주의와 불교식 허무주의를, 그리고 니체 이와의 허무주의와 니체의 허무주의를 어느 정도까지 동일시하고 어느 정도까지 구분하는지는 때로 불분명해 보인다. 아베가 이 점을 예리하게 지적해주고 있다(아베 마사오, "니시타니 케이지의 『종교란 무엇인가』에 대하여", 『禪과 종교철학』, 160-64). 여기서 불교식 허무주의란 물론 니시타니 철학의 핵심인 공의 장에서 이루어지는 일들을 말한다.

17) 니시타니에 의하면 싸르트르의 허무는 데카르트적 자아의 기초가 된다(『종교』, 61-68, 특히 62, 65). 싸르트르의 허무는 사실상 자아의 바닥에서 발견되는 벽 혹은 자아를 지탱시키는 발판처럼 자아를 자아 속에 폐쇄시키는 근본 원리로 작용한다. 불교에서 멀리하는 악취공(惡取空)의 입장을 벗어나지 못한다는 것이다.

고 초월적인 존재에 의해 대변되던 모든 가치와 이상을 부정한 것이다. 니체는 허무주의를 이렇게 말한다.

> 허무주의는 무엇을 의미하는가? 여러 가치가 가치를 상실하는 것이다. 목적이 사라지는 것이다. '무엇 때문에'라는 것에 대한 답이 부재하는 것이다.[18]

한 마디로 목적론적 세계관이 무너지고 일체의 의지처를 잃어버린 현실을 직시한 입장이다. 니체의 이 허무주의에서는 '신'으로 도피할 길이 아예 막혀 있다. 철저하게 허무하기 때문이다. 그렇다면 실망과 낙담에 빠지고만 말 것인가? 니체는 오히려 이러한 허무적 상황을 바로 볼 것을 요청한다. 니체는 약자들에게서나 발견되는 수동적 허무주의를 경계하면서 능동적, 적극적, 극단적 허무주의를 주장한다. 허무적 현실을 외면하지 말고, 직시하고 폭로함으로써 허무적 상황을 극복해야 한다는 주장이다. 그 결과 니체에게는 종래의 인간 형상을 뛰어넘는 새로운 인간 형상을 구하는 길만이 남게 되었다. 허무를 영웅적으로 받아들인 새로운 인간 형상, 즉 '초인'(超人, Übermensch)의 도래를 기대하는 것이다. '초인'이라는 말의 핵심은 '초'에 있다. '인간'[人]이라는 테두리를 '넘어선'[超] 새로운 인간 존재 방식을 말하려는 것이며, 인간 중심적인 존재방식의 '피안', 즉 "선악의 피안"에서 새로운 인간 형상을 구하려는 것이다. 니시타니에 의하면, 초인이란 인간은 언제나 초극되어야 할 존재라는 뜻이다. 수동적 허무주의에 빠지고 마는 것이 아니라, 도리어 무(無)의 현실과 적극적으로 대결함으로써 이것을 극복하려는 능동적 허무주의의 결과이다. 여기서는 이러한 허무를 경험하면서 삶을 그대로 감내한다. 일체의 합리

---

[18] *Der Wille zur Macht* §2, 최준성, "니이체에 있어서의 허무주의", 정동호 편, 『니이체철학의 현대적 조명』, 청람, 1992, 101에서 재인용.

화 이전의 '삶 그대로의 삶'을 살아가는 것이다.

니시타니는 특히 니체의 허무주의를 자기의 철학에 버금가는 서양의 입장으로 중시하며 소개한다. 니체가 취했던 방향이 도스토예프스키보다 철저할 뿐더러, 일체의 의지처가 사라진 현실을 도리어 적극적으로 수용하려는 그의 무신적 입장에서 어느 정도 선과의 상통성을 보기 때문이다. 그는 이렇게 말한다.

> 니체에게는 무신론의 주체화가 더욱 철저하게 이루어진다. 허무가 자기 존재의 탈자성(脫自性)의 장이라는 초월적인 성격을 갖게 되며, 또한 거기에서 인간의 자유스러운 자립성이 신으로의 종속과 철저하게 대결하고 있다.[19]

니시타니는 니체에게서 일체의 자아를 부정하는 서양적 가능성을 본다. 이것은 철저한 자기부정을 통한 자기긍정이다. 방향 면에서는 정반대이지만, 신과 철저하게 하나되는 신앙에 서 있기는 에크하르트도 결국 마찬가지라고 본다. 이들의 귀착점은 같다.[20] 모두 다 자기부정을 통한 자기긍정이다. 허무를 폭로함으로써 그렇게 폭로된 허무적 현실을 긍정적으로 수용하는 것(니체)과 나의 근저와 신의 근저의 하나됨을 보는 것(에크하르트)은 단순한 자기 부정이 아닌, 탈자적 긍정의 차원이다. 니시타니는 허무를 철저하게 실존적으로 다루고자 한다는 점에서 특별히 니체의 허무주의를 통해 일체의 무자아성을 그 근원에서부터 뒤집어 근원적 주체성의 철학으로 근접시키고자 한다. 그는 니체의 허무주의를 근저에서 허무가 열리는 존재방식이라고 부르며, 이렇게 말한다.

> 그 의식의 장이 돌파되어 그 근저에 허무가 열리고 거기에서 모든 사물이

---

19) 『종교란 무엇인가』, 97; 한스 발덴펠스, 『불교의 공과 하나님』, 129.
20) 『根源的主體性の哲學』, 32.

무화(無化)되며 비실재화되어 올 때, 주체 존재는 그 허무를 탈자성(脫自性)의 장으로 삼아 한층 본래적인 주체성으로 근접시킨다.[21]

본래적인 주체성은 사물을 대상적으로 파악하고 자연 법칙을 지배하던 의식의 장이 아닌, 그러한 의식의 장의 허무성을 폭로하는 곳에서 이루어진다. 허무를 탈자성의 장으로 삼아 허무주의라는 실존적 입장이 성립된다. 허무가 스스로를 드러내는 곳에서 자연의 질서나 법에 따라 산다는 지금까지의 인간 존재 방식은 무너진다. 대신 허무의 자유로부터 비롯된, 합리성을 넘어선 비합리성, 반성 이전의 인간 존재방식이 그 근저에서부터 출현한다. 니시타니에 의하면, 그렇게 될 때 인간은 자연법칙에 종속되던 데서 벗어나 자유로와진다: "그 허무에서만이 인간은 자연법칙의 철저한 지배로부터 이탈하여 완전한 자유를 발견한다."[22] 니시타니는 니체의 허무주의에서 이러한 인간의 본래적 실존과 완전한 자유를 드러내주는 적절한 예를 본다. '허무주의를 통한 허무주의의 극복'에 어울리는 예를 니체에게서 보는 셈이다.[23] 데카르트를 비판적으로 조명하던 니시타니는 이런 식으로 니체에 대해서만큼은 근원적 주체성의 철학, 불교적 종교철학으로 가는 가교 차원에서 우호적으로 접근한다. 니체의 허무주의는 잊고 있던 동양 전통을 재발견하게 해주리라고 본다. 물론 과거를 답습하는 차원이 아니라 다시 일깨우는 차원에서.[24]

---

21) 『종교란 무엇인가』, 167.　　22) 『종교란 무엇인가』, 137.
23) 그러나 니시타니에 의하면, 니체의 허무주의에서도 여전히 무를 하나의 사물로 표상하는 흔적을 완전히 없애지는 못했다. 자신의 존재의 근저에서 자각되는 허무의 '리얼한' 경험에 입각해있는 것은 사실이지만, 아직도 무를 유에 대립시키는 차원에서, 무를 대상화하여 파악하는 자세를 완전히 극복하지는 못하고 있다는 것이다. 자기 존재는 아직도 무 속에 '걸려져 있다'는 하이데거의 말 속에도 아직 그러한 관점이 남아있다고 니시타니는 본다(『종교란 무엇인가』, 150-51).
24) Heinlich Dumoline, *Zen Buddhism in the 20th Century*, 46.

이런 식으로 니시타니는 일상적 의식의 장, 업의 장에 서있는 한, 사물의 실재성을 볼 수 없다는 입장을 견지하면서, 지금 서있는 장소를 되돌아보고 직시할 것을 요청한다. 허무를 은폐한 가상의 사물, 그 허울을 벗겨버리고서, 일체의 허무함에 정면 도전해야 한다는 것이다. 허무에 정면 도전하는 것은 그 허무를 회피하지 않고 일체의 근저로서, 바로 우리의 현실로서 인정하는 것이다. 그렇지만 허무이기 때문에 사실상 받아들일 것도 인정할 것도 없다. 중생은 그러한 '무적'(無的) 현실 위에 그렇게 존재하고 있는 것이다. 이것이 중생의 본래 모습이다.

인간은 본래적으로 허무적 심연 위에서 무와 하나되어 있다. 이러한 사실이 드러나는 곳에서, 즉 이러한 사실을 깨칠 때 '공'으로 전환한다. 일체의 일상적 삶을 그 자체로 긍정하게 되는 것이다. 이렇게 긍정된 일상적 삶이 인간의 본래진면목(本來眞面目)이다.

4. 본래진면목

전통적 불교철학에서처럼 니시타니 역시 인간을 자연 혹은 세계에서 따로 떼어 논하지 않는다. 그렇더라도 인간론이 없는 것은 아니다. 자연/세계와 분리되어 있지 않은 인간론이 있을 뿐이다. 이런 맥락에서 그도 인간의 원천적 존재 방식에 대해 도처에서 논한다. 그가 종종 사용하는 말은 '본래인(本來人)', '참 자기', '본래진면목'과 같은 것들이다. 이것이 인간의 원천적 존재방식이다. 이것들은 모두 이미 윤회와 하나되어 있어서 더 이상 윤회의 굴레에 얽매이지 않는 인간, 즉 이 세계의 본래적인 모습을 꿰뚫고 있는 원천적 인간의 모습이다.

니시타니는 이것을 말하기 위해 선불교의 전통적 표현인 '법'(法)

과 '인'(人)이라는 용어를 빌려온다.²⁵⁾ 여기서 '법'이 인간의 경험 이전에 완성되어 있는 정적 원리의 측면을 말한다면, '인'은 그 원리의 동적인 측면, 앞에서의 표현대로 존재와 인식의 동일성이 생생하게 이루어진 참 자기의 측면이다. 참 자기로서의 '인'은 일말의 주객이 원적 접근 방식에서도 벗어난 '깨달음 바로 그것[覺體]'의 현성(現成)이다.²⁶⁾ 허무적 근저 위에서 일체 만물을 긍정하는 깨달음이 현성하는 사건인 셈이다.

 이 깨달음의 현성이란 이전에는 없다가 비로소 만들어지는 것이 아니다. 깨달음은 새삼스럽게 깨달을 것이란 이미 없었다는 사실의 현성이다. 깨달음의 현성으로서의 '인'은 원리적 입장에 이미 도달해 있는, 사실상 도달할 것이 없기 때문에 비로소 도달했다고도 말할 수 없는 그런 진인(眞人)이다. 물론 진인이라 하지만 어떤 구체적인 유형의 사람을 일컫기 위해 쓰는 말은 아니다. 그보다는 깨달음 바로 그것을 자기의 당체(當體)로 하는 물심일여(物心一如)의 장이다. 또 장이라 하지만 정적인 공간적 표상을 말하기 위한 것이 아니라, 물심일여를 바로 그 물심일여되게 해주는 역동성 자체이다. '물과 심이 일여'하려면 이미 '물과 심이 일여'한 장에 서 있어야 한다. 물과 심이 일여한 장은 생생하게 물과 심이 일여하고 있는 그 역동성이다. 이미 하나되어 있는 역동성 위에 있기에 비로소 하나되는 것이다. 마찬가지로 자기가 참으로 자기이려면 이미 참 자기 안에 있어야 한다. 자기야말로 자기를 참 자기되게 해주는 장소이다. 그래서 니시타니는 이것을 '장소적 자기'라 부른다.²⁷⁾ 자기가 탈자적으로 스스로 타개되

---

25) 西谷啓治, "禪における '法' と '人'", 久松眞一・西谷啓治 編, 『禪の本質と人間の眞理』(東京: 創文社, 昭和, 52) 참조.
26) "禪における '法' と '人'", 891.
27) 柳田聖山, 上田閑照, 『十牛圖 - 自己の 現象學』(東京: 筑摩書房, 1982), 58-59.

면서 비로소 자기를 이루어주는 까닭이다. '인'이란 '장소적 자기'이다.

또 '인'이란 선불교의 이상을 '본래적 자기 모습을 구명하는 것'[己事究明][28]이라고 할 때의 그 본래적 모습이며, 석가모니 부처의 최후 설법에서 '자기 자신을 등불로 삼고 법을 등불로 삼는다'[自燈明 法燈明]고 할 때의 그 자기 자신, 즉 법에 의해 비춤을 받는 자기 자신이다.[29] "새가 나니 새답다"고 할 때의 "새다움"[如]과도 같다. 그렇지만 새가 새다워지는 이 곳은 "감각과 물질과 일상적인 삶의 세계를 떠난 곳이 아니다."[30] 등불로 삼는 자기 자신, 법에 의해 비춤을 받는 자기 자신은 먹고 자고 일하는 일상적인 자기 자신이다. 그러나 0°로서의 일상적 자신이 아니라 360°로서의 일상적 자기 자신이다. 360°는 0°가 자신을 부정하고 돌아온 일상이다. 이 360°로서의 일상은 본래 그렇게 살도록 되어 있는 일상이다. 새가 날고 눈이 보도록 되어 있듯이, 그것은 본래 이루어져 있는 일이다. "일상적 삶의 세계가 본원적인 세계이다."[31] 본래 이루어져 있는 것이 없이는 새로 이룰 것도 없다. 인간 본래의 모습, 그래서 본래인(本來人)이다. 법리적(法理的)인 측면, 곧 실존론적인 측면에서 인간은 누구나 본래인인 것이다.

이를 수행의 측면에서도 표현할 수 있다. 위태롭기 그지없는 백척간두(百尺竿頭)에 선 사람은 그곳에서 떨어질까 두려워한다. 자기를

---

28) 기사구명(己事究明)이란 일본의 선사 대등국사(大燈國師, 1281-1338)에게서 비롯되는 말이다. 니시타니는 자기자신이라는 것을 철저하게 구명하고, 자기 본래의 면목을 꿰뚫는다는 이 말이 선의 언어가 지닌 독자성을 가장 잘 나타내준다고 본다(西谷啓治, "禪の立場", 西谷啓治編, 『講座 禪』, 第一卷, 東京: 筑摩書房, 昭和 49, 5).
29) "禪における '法'と'人'", 856.
30) 『現代社會の諸問題と宗敎』(京都: 法藏館, 1951), 90.
31) 『現代社會の諸問題と宗敎』, 90.

지탱해주는 것이란 그 '간두' 외에는 없다. 그는 불안에 사로잡힌다. 이것이 허무의 장에 서있는 사람이다. 떨어지지 않으려고 그 간두에만 의지하면서, 허무와 자기가 서있는 장을 여전히 구분한다. 그러나 이와는 달리 본래인은 그곳에서마저 한 걸음 더 내디뎌 정상에서 내려다보이는 세계와 그 자신 간 구별이 사라진 사람, 시방세계(十方世界)를 자신의 온 몸으로 삼은 사람이다[百尺竿頭須進步 十方世界是全身].32) 허무에 정면 도전하여 그 허무를 회피하지 않고 일체의 근저로서, 자신의 현실로서 체현한 사람이다.

하지만 그 원천적 측면에서 보면 그것은 수행을 통해 비로소 이룬 것이 아니라 태어나기 이전부터 지니고 있는 본래적인 모습 바로 그것[本來眞面目]이다. 본래 완성되어 있지 않고서는 비로소 완성할 수 없다. 신학자 칼 라너가 하느님에 의해 초자연적으로 고양되어 있는 인간의 본 모습, 즉 "초자연적 실존범주"에 대해 말하는 방식으로 그리스도교 전통을 대변한다면,33) 니시타니는 불교철학의 전통에 따라 비로소 이룰 것이란 전혀 없는 인간의 측면에 대해 말한다. 왜냐하면 본래 이루어져 있기 때문이다. 시방세계와 그것을 바라보는 주체는 애당초 분리되어 있는 것이 아니라 하나로 되어 있다. 따라서 시방세계를 비로소 자신의 것으로 삼는 것이 아니다. 바라보는 주체로서의 '나'와 대상적으로 바라보이는 '나'가 따로 있는 것이 아니다. 본래 진면목은 여러 수행 단계들 중 최종 단계를 말하는 것이 아니라, 일체 수행의 근저에 있으며, 원천적으로 그렇게 되어 있는 것이다. 그러나 이 원천적인 사태가 인간 '안'에 스스로를 드러내는 것이기에

---

32) "禪における'法'と'人'", 884-85.
33) 이찬수, 『인간은 신의 암호; 칼 라너의 신학과 다원적 종교의 세계』, 분도출판사, 1999, 제2장을 참조할 것.
34) "禪における'法'と'人'", 897-98.

그것은 구체적이고 실존적인 사건이기도 하다.[34] 원천적인 사태와 구체적인 사건은 본래 하나이다. 이것이 사물의 참 성품[性]이며, 본원적 사실이다. 그러한 본원적 사실을 보는 것, 이것이 견성(見性)이다.

견성이란 '성을 보는 것'이다. 하지만 그것이 참으로 '성을 보는 것'이기 위해서는 다시 '성이 보는 것'(性見)이 아니어서는 안 된다. 성이 봄으로써 성을 볼 수 있는 것이다. 성이 보는 것과 성을 보는 것의 하나됨, 이것이 "여실한 본원성에 서있는 사실 그 자체"이다.[35] 이러한 사실을 여실하게 아는 것이 사실 자신의 근본으로 돌아가는 것이다. "그 사실이 사실이라고 아는 것과 또한 사실로서 존재한다고 하는 것은 원래 별개가 아니다. 앞에서 본대로 '존재한다'와 '안다'의 동일성은 고대의 이성적인 형이상학이 생각해온 이상으로 본원적이다."[36] 이런 맥락에서 니시타니는 "너 자신을 알라"(소크라테스)고 할 때의 그 "너 자신"과 "앎"은 같은 것이라고 해석한다.[37] 이 때에만 본원적인 사실의 근본에 서게 되는 것이다.

본원적인 사실의 근본에 서는 것은 일체 경험적인 사실에서 무저성(無底性)을 보는 것이다. 무저 위에, 바닥없는 곳에 있을 때 참으로 자신의 근본에 있는 것이다. 어떠한 최종적 근거도 초월해야 하는 것이다. 일체 근거의 초월, 이것이 바로 허무다. 그저 허무가 모든 존재의 본질에 관계하고 있다. 허무는 삼라만상이 본질적으로 가상(假相)의 모습을 취하고 있다는, 존재의 무화(無化), 무상(無常)을 말해준다. 허무야말로 인간의 실존론적이고 내적인 구성요소다. 허무를 부분적 요소로 가지는 것이 아니라, 인간은 허무 그 자체라는 말이다. 인간은 이러한 허무 위에, 그 허무로서 확고하게 섬으로써만 어떠한

---

35) 『종교란 무엇인가』, 237.
36) 『종교란 무엇인가』, 237.
37) 『佛教について』, 199-202.

대상에 얽매이지 않고, 진실로 자유롭고 자주적이며 주체적인 존재가 될 수 있다. 그런 점에서 니시타니는 허무를 두고 "인간 존재의 탈자적인 초월의 장, 즉 실존이 성립하는 장"[38]이라 말하는 것이다. 존재의 근저에서 솟아오르는 허무로 인해 그 존재의 허무적 실상을 체인할 수 있게 된다. 허무는 단순한 관념상의 허무로만 남지 않고 하나의 실재로 체험된다. '허무'와 '실재'라는 양극은 더 이상 양극이 아니다. 허무를 실재로 체험하는 곳에서 양극은 하나가 된다. 존재론적인 허무 위에서만 그 존재가 긍정된다는 이것이 니시타니에 의하면 육도에 윤회하는 중생의 '본래적인' 모습이다.

이처럼 니시타니는 존재의 근저에서 철저하게 허무를 본다. 이것은 존재의 근거에 집착하지 말라는 요청이기도 하다. 존재의 독자적인 본질이나 근거에 매달리는 한, 그 존재조차 제대로 보지 못한다. 근저에서 솟아오르는 허무를 참으로 비어 있고[虛] 아무 것도 없는[無] 그 허무로서 체험하는 순간, 존재의 모습도 여실하게 드러난다. 있는 그대로를 보게 되는 것이다. 허무를 체험한다는 것도 바로 그것을 말한다. 니시타니는 이런 식으로 저만의 근거란 따로 없이 그렇게 생생하게 존재하고 있는 인간의 '원천적' 모습을 말해준다. 이 원천적인 모습은 일체 존재의 독자적 본질이란 따로 없다는 근원적인 허무 위에서만 성립된다. 허무는 일체 존재의 본래적인 모습을 생생하게 살려주는 근저이다. 이 근저가 스스로를 일으키는 곳에서 본래 그러했던 일체 존재의 참 모습, 즉 본래진면목도 드러나는 것이다. 그렇다면 진면목은 일상적 모습 바로 그것이다.

---

38) 『종교란 무엇인가』, 146.

6
허무의 자각

본래적인 차원에서 인간은 허무를 탈자성의 장으로 삼아 본래 그러한 자신의 모습을 실현하고 있는 본래인, 참 자기이다. 니시타니가 보건대, 먹고 자고 일하는 일상적 자기 자신이 그대로 '깨달음 바로 그것'[覺體]의 현성이다. 0°에서 벌어지는 삶을 360° 차원에서 360°가 현전한 삶으로 살고 있는 것이다. 그런 점에서 일상적 자기 외에 다른 자기란 따로 없다. 긍정하든 부정하든 인간은 허무적 근저 위에 서 일상을 일상으로 살고 있는 것이다. 도대체 허무적 근저 위에 서 있는 자기 자신을 발견함으로써 다시 자신을 긍정한다는 것은 무엇인가? 앞에서는 인간의 허무적 현실을 있는 그대로 파악하며 다분히 현상적으로 다루었다면, 여기서는 어떻게 허무가 인간적 현실이 '되는가' 하는, 좀 더 역동적 측면을 실존적 결단의 차원을 중시하며 다루고자 한다.

1. 대의(大疑)

인간은 존재론적으로 허무 위에 놓여 있다. 인간을 규정해주는 인간만의 본질이란 따로 없다. 인간의 뿌리는 허무이다. 즉, 아무 것도 없다. 그러나 역설적이게도 "이 '아무 것도 없다'가 배후에 있다. 완

---

1) 『종교란 무엇인가』, 116.

전한 무, 아무 것도 없는 것이 배후에 있다."¹⁾ 그런데 배후에 '있다'고 말할 수 있는 곳은 오로지 허무의 실존적 체험에서이다. 아무 것도 없음이 아무 것도 없음으로 내 안에서 체험된다는 말이다. 그런 점에서 배후에 '있다' 하더라도 그것은 '없다'에 대립되는 '있다'가 아니다. '있다'고 말하는 이유는 '없음'이 공허한 무에 빠지지 않고 체험의 대상이 된다는 사실을 말하기 위해서일 뿐이다. 아무 것도 없음, 즉 '허무'가 하나의 '실재'로 인간의 경험 안에 '리얼하게' 들어오는 것이다. 그는 이렇게 말한다: "허무는 주관적인 기분이나 공상 혹은 관념과 같은 것이 아니다. 우리의 생존이 현실적이듯이 허무도 현실적인 '리얼리티'이다."²⁾

허무가 철저하게 우리들 자신의 문제라는 뜻이며, 실존적으로 여실하게 체험된다는 말이다. 허무라는 '리얼리티'가 실존적으로 '리얼라이제이션'되는 것, 허무와의 실존적인 만남이 이루어진다는 뜻이다. 그는 말한다: "허무는 실존적으로만 알 수 있다. 실존의 길에서 한 발 떨어지면 허무는 완전히 실재가 없는 혹은 전혀 무의미한 관념으로밖에 생각되지 않으리라."³⁾ 허무를 허무로 자각하지 않고서 허무는 인간에게 알려지지 않는다. 허무가 그저 허무이기만 하다면 허무라는 말도 불가능할 것이다. 허무가 존재의 근저에서 리얼리티로서 탈은폐되는 까닭에 그 허무적 실존을 고발할 수 있는 것이다. 이러한 허무의 탈은폐를 니시타니는 불교의 '대의현전'(大疑現前)이라고 하는 말에서 찾는다.

'대의현전'이란 말 그대로 큰 의심이 자신 안에 솟아오른다는 뜻이다. 그 의심은 어떤 객관적인 사항에 관해서 의심한다거나 자신의

---

2) 『종교란 무엇인가』, 155; 니시타니는 종종 'reality'라는 영어를 '실재' 등으로 번역하지 않고 영어 발음 그대로 음역하여 사용한다.
3) 『종교란 무엇인가』, 252.

뿌리를 대상화시켜 의문을 품는 그런 정도와는 근본적으로 다르다. "의심하는 자와 의심받는 것이 별개가 아니라, 그 구별의 장을 넘어선 곳에서 자기가 큰[大] '의심'[疑] 자체가 되는 것", 존재의 근저에서 허무가 솟아올라 일체 유(有)에 집착하던 자신이 큰 의심 덩어리 그 자체가 되는 것이다.

> 그 허무는 우리 인생의 모든 의미를 무의미하게 만든다. 그러므로 우리 자신이 우리에게 물음으로 바뀐다는 것, '우리가 무엇 때문에 존재하는가' 라는 문제가 일어나는 것은 우리 존재의 근저에서 허무가 나타나 그곳으로부터 우리의 존재 바로 그것을 우리 자신에게 의문부호로 바꾸어 놓는다는 말이다.[4]

일상 안에 숨어있던 허무, 그 허무가 존재의 근저에서 솟아오른다. 이것은 허무라는 실재[大疑]의 실재적 현전(現前)이다. 우리의 존재 바로 그것이 의심 덩어리가 되는, 즉 '내'가 의심 자체가 되는 것이다. 이것은 일상적 '나' 자신이 만들어놓은 것이 아니다. 내가 허무를 실재로 체험한다는 것은 허무가 나에게 스스로를 실재적으로 드러내는 것이다. 인간이라는 주체가 자신 밖에서 허무를 찾아내는 것이 아니라 허무가 인간적 존재 안에서 스스로를 일으키는 것이다. 그리하여 인간 자신이 허무가 되는 것이다. 그는 이렇게 말한다: "'우리'라고 하는 원래부터 있던 수로에 물리 흘러들어가는 것이 아니라 물이 자유롭게 흘러와서 자신의 수로(새로운 우리)를 만든다."[5] 니시다의 표현을 빌리면, 허무가 특정한 사물로 스스로를 한정하여 그 사물 자신이 되는 것이라 할 수 있다. 이것이 큰 의심의 현전, 즉 '대의현전'(大疑現前)이다.

왜 '큰' 의심인가? 그것은 무엇보다 그 의심 내용의 넓이와 깊이에

---

4) 『종교란 무엇인가』, 25. 5) 『종교란 무엇인가』, 58.

서 비롯된다. 그것은 자기라는 존재뿐 아니라 타자라는 존재, 세계 전체의 존재 방식과 그 방식에 관계하는 '의식'까지도 포괄하는 의심이기 때문이다. "자기와 사물 일체가 근저에서 하나의 의심으로 화하여 그 의심이 자기와 사물의 근저적 '리얼리티'로서 자기에게 현전하며, 자기 자신이 그 실현으로 되는, 그러한 방식으로 자기와 사물 일체의 근저적인 의문성을 자각"하는 것이다.[6] 이것은 데카르트식의 방법론적 의심이 아닌, 이른바 '종교적' 의심이다.[7] 허무의 주체적 체인(體認)인 것이다.

이것은 (데카르트의) 자아의식보다도 더 근원적인 자각이다. 주체적으로 허무에 섰을 때 자기는 더 근원적인 자기 자신으로 된다. 거기에서 자기 자신의 존재가 모든 존재와 하나로 '무화'(無化)된다. 무화라고 하지만 없어졌다는 의미가 아니다. 존재의 근저에 허무가 나타난다. 즉, 의식의 장, '안'과 '밖'으로 격리된 관계의 장이 주체적으로 초월되어, '안', '밖'의 근저에 하나의 허무가 열린다. 그러면서 그 허무가 열리는 사태가 하나의 근원적인 주체적 자각으로 다가온다. 그러한 허무의 현전은 단순한 하나의 주관적 의식 현상이 아니다. 또한 하나의 특별한 심리 현상도

---

6) 『종교란 무엇인가』, 45.
7) 데카르트의 의심은 불변의 진리를 규명하기 위한 하나의 '방법론적' 의심이다. 니시타니에 의하면 이것은 '종교적' 의심, 앞에서 말한 '큰 의심'(大疑)과는 다르다. 방법론적 의심이 불변의 진리를 찾기 위한 수단에 지나지 않는 것이라면, 종교적 의심이란 말 그대로 의심 자체가 종교적인 깊이를 지닐 만큼 사물의 본질을 실재적으로 꿰뚫는 행위이다. 의심 자체가 종교적 깊이를 지니는 종교적 행위라는 말이다. '방법론적' 의심에서는 우리의 죽음과 허무마저도 대상화하고 객관적으로 보지만, 종교적 의심에서는 그것을 '실재적인' 것으로 본다. 죽음과 허무를 실재적으로 본다는 것은 그것을 실존적으로 여실하게 체험한다는 것이다. 그런 점에서 니시타니에 의하면 방법론적 의심은 '의식의 장'에서 일어나는 일이다. 따라서 데카르트의 의심은 '대의현전'이 아니다. 대의현전은 '데카르트적 자아의 파괴'가 이루어지는 곳에서 진정으로 관철되는 것이다.

아니다. 자기와 세계라는 사물 일체의 근저에 실제로 잠재해있는 것의 '리얼'한 현전이다.[8]

그의 표현대로 "리얼리티한 의문이 리얼라이제이션되는 것" 즉, '대의현전'이다. "그 허무의 리얼라이제이션에서 인간은 생사를 그러한 모습으로 여실하게 본다. 즉, 그 자신의 현존재의 본래상과 동시에 세계의 여러 사물의 본래상을 여실하게 보는 것이다."[9] 대의현전은 일종의 심리상태가 아니다.[10] 그것은 "일반 심리학이 파악할 수 없는 피안, 아니 오히려 한층 더 깊은 차안이다." 생사의 문제가 걸린 중대한 의심, "불교적으로 말하면 삼매(三昧)로서의 의심"[11]인 것이다. 일상성 안에서만 찾았던 인생의 모든 것을 무의미해지는 이것은 철저히 실존적인 체험이다. 철저한 실존적 체험이기에 일체의 무의미가 바로 살아있는 무의미, 즉 의미가 된다. 사물의 비실재성을 깨닫는 곳에서 사물의 실재성이 드러난다는 것이다.

허무의 장에서 사물은 외적 실재라든가 대상이라든가 하는 성격을 벗어남으로써 오히려 표상성을 벗어나 사물 자신의 '리얼리티'로 나타난다. 즉, 허무의 장에서 사물이 비실재화됨으로써 도리어 사물이 실재적으로 나타나게 되는 것이다 … 그러나 비실재적이기에 오히려 실재적인 것이다.[12]

---

8) 『종교란 무엇인가』, 43-44.
9) 『종교란 무엇인가』, 45, 252.
10) 니시타니는 이런 예를 든다: "정상좌(定上座)라는 스님이 임제(臨濟)에게 '불교의 대의(大意)는 무엇인가'라고 물었을 때, 임제는 그를 한 손으로 떠밀어버렸다. 그 때 정상좌는 멍하니 서 있기만 하였기에, 옆에 있던 스님이 절하라고 말하였다. 그 말을 듣고 절하는 순간에 그는 크게 깨달았다고 한다. 이 멍하니 선 것은 단순한 심리상태가 아니다. 앞에서 말한 바와 같은 큰 '리얼리티'가 그의 심신을 완전히 점유하고 현전한 것이며, 바로 '대의현전'을 말한다"(이상 『종교란 무엇인가』, 44-47).
11) 『종교란 무엇인가』, 44, 45.
12) 『종교란 무엇인가』, 168.

사물이 실재적이라고 말할 수 있는 것은 그 사물의 비실재성에서 이다. 허무라고 하는 비실재적 표현은 사물의 실재성을 가장 잘 드러 내준다. 사물의 비실재성, 즉 허무를 실존적으로 경험하는 곳에서 그 사물의 실재성이 파악된다는 것이다. 그런 점에서 허무는 단순한 부정적 무가 아니라 사물을 긍정할 수 있게 해주는 실재적인 것이다. 실재적인 것이기에 허무에는 힘이 있다. 니시타니는 이를 '허력'(虛力)이라고도 부른다.[13] 허력은 일상 안에서 실제적인 것으로 측정되는 힘, 즉 '실력'(實力)이 다 사라지고 부정되는 곳에서 나오는 힘이다. 니시타니는 정토불교의 '본원력'(本願力)이 이 허력에 해당한다고 말한다.[14] '아' 라는 주체 자체가 비워지고 의심되는 곳에서 여래의 본원력이 주체와 리얼하게 하나되는 리얼리티로 등장하기 때문이다. 무(無)를 근원적이면서도 무한한 힘으로 보는 벨테(B.Welte)의 입장도 구조상 이와 유사하게 보이지만,[15] 니시타니가 벨테보다 더욱 철저하게

---

13) 西谷啓治, 『佛教について』, 193.
14) 『佛教について』, 192, 194.
15) 마레샬 계열의 종교철학자인 벨테도 부정적 무에서 적극적 힘을 본다. 무는 일체를 부정하는 부정적인 것임에도 불구하고 단순한 "허무적 무"가 아닌, 적극적이고 긍정적인 의미 내용을 지닌다. 그는 이렇게 말한다: "이 무는 공허한 무가 아니다. 윤리적으로 근본적인 결단을 통해서 우리들은 이 무가 지지하고 유지하고 있으며, 나아가 무가 결정을 내린다는 사실을 알게 된다. 이 결단으로부터 다음과 같은 경고를 우리들은 듣게 된다. 너 자신의 마음을 깨쳐서 무의 바닥없음과 침묵에 발을 내어 디뎌라. 그리고 믿어라. 이 무의 조용한 힘은 일반적으로 위대하고 강하다고 여겨지는 모든 것보다 훨씬 위대하다는 것을"(Bernhard Welte, Versuch zur Frage nach Gott, 한스 발덴펠스, 『불교의 空과 하나님』, 22-23에서 재인용). 무는 부정적인 것, "어떤 것이 아닌 것" (Nicht-Etwas), 즉 존재자에 대한 타자(他者)이다. 그렇지만 동시에 존재자가 지니는 제한성을 넘어서 있는 무제한적인 것이다. 모든 존재자의 한계 없는 심연이면서도 모든 존재자의 존재를 결정하고 근거짓는다. 그래서 무는 일체의 유(有)를 삼켜버리는 무한하고 무조건적인 것이라고 벨테는 본다. 그 무는 긍정적인 그 무엇을 감추고 있는 하나의 표식이며 흔적이다. 무의 부정성에도 불구하고 그 무한성 내지는 무조건성이 우리에게 보여주고 있는 긍정적인 것

그 무가 적극적인 힘으로 작용할 수 있는 근거, 그 장소에 집중한다는 점에서는 근본적인 차이가 있다.[16]

2. 대사(大死)

큰 의심이 솟아오른다는 것은 주체적으로 허무에 서는 것이다. 앞에서 본대로 주체적으로 허무에 섬으로써만 근원적인 자기가 된다. 근원적인 자기가 되는 것은 본래 그러한 자기의 모습을 자각하는 것이다. 자기 자신이야말로 허무 바로 그것이다. 그래서 그는 이렇게 말한다.

> 허무의 자각은 자기 자신의 자각과 같다. 허무를 객관적으로 본다든가 표상하지 않는다. 소위 자기 자신이 허무 그 자체가 되어버린다. 그것이 자기 존재의 한계로부터의 자각이다. 이러한 자각은 자기의식이 아니며, 오히려 의식-자아의식의 장을 돌파하면서 나타난다.[17]

이다. 이 무한하고 무조건적인 것이 모든 것에 "의미"를 부여해주는 "마지막 토대", 하나의 "힘"(Macht)인 것이다. 특히 유한한 인간의 생명에 의미를 보증해주는 힘, 생명을 정당화하고 충만하게 해줄 수 있는 힘이다. 벨테에 의하면, 이 무의 목소리를 듣고서 자기 자신을 거는 응답을 할 때 "종교"가 성립된다. 그래서 무는 종교의 기초이다. 벨테는 종교를 이렇게 볼 때 동양과 서양의 대화에 공헌할 수 있을 것이라고 본다(정달용, "베른하르트 벨테의 종교철학에 대한 소고", 서강대학교 종교신학연구소, 『종교신학연구』 1집, 1988, 116-22; 오창선, "無의 빛: B.Welte의 종교철학적 해석", 『가톨릭 신학과 사상』, 제11호, 1994, 6, 104-36 참조).
16) 어찌되었든 '무'를 철학화한다는 공통점에도 불구하고 니시타니는 벨테를 거의 인용하지 않는다. 이것은 벨테가 무에 접근하는 방식과 니시타니의 접근 방식 간에 차이가 있기 때문이기도 하겠지만, 묘하게도 그리스도교 신학자 중에서도 현대 가톨릭측 자료에 대해서는 거의 인용하지 않는 그의 편중된 경향과도 무관하지 않은 것으로 보인다.
17) 『종교란 무엇인가』, 43.

허무의 자각이란 자의식적 장을 돌파하면서 자기 자신이 허무 그 자체가 되어버리는 것이다. 사물을 대상화하면서 스스로 당당해 하던 자아, 이것이 송두리채 의문에 부쳐지면서 의심덩어리 그 자체, 도대체 자아랄 것이란 아무 것도 없다는, 즉 허무라는 사실을 꿰뚫는 것이다. 일상적 자기가 죽는 것이다. 그래서 허무의 자각, 즉 대의현전은 '큰 죽음'[大死]라고도 불린다. 니시타니는 말한다.

> 자기가 의심한다는 의식 작용의 극(極)에서 '자기가' 라는 분별을 부수고 자기의 근저에서 나타난 것이 '대의'(大疑)이지만, 그곳은 어디까지나 자기가 궁지에 다다른 곳이며 동시에 '자기'가 없어지는 곳이며, 자기가 '멸'(滅)하는 곳이다. 그 현상은 마치 콩이 익어서 껍질과 씨앗으로 분리되는 것과 같다.[단 이 경우 껍질은 소(小)자아이며, 씨앗은 세계와 함께 하는 무한성의 '대'(大)이다] 그 때 자기는 동시에 자기의 '무'(無)이다. 그래서 이 '무'가 '대의' 위에서 전환될 때 그 전환의 장소가 되는 것이다. 대의는 대의 자신으로부터 전환의 장(場)으로서 무(無)의 장소를 여는 것으로서만 성립한다.(그러므로 '대의'이다) 그러한 의미에서 대의는 대사(大死)라고도 불린다.[18]

의심이 지극해지는 곳에서 '자기'라는 분별이 타파되고 자기가 멸한다. 자기가 '무화'하는 것이다. 달리 말하면, 지극한 의심 위에서 '무'가 자신을 전환의 장소로 삼아 스스로를 일으키는 것이다. 자기의 무화이다. 그래서 옛 사람들은 지극한 의심[大疑]을 '큰 죽음'[大死]라고 불렀다. 의심[疑]이 철저해지는[大] 것이 '큰 죽음'[大死]인 것이다. 니시타니는 이렇게 말한다.

다른 여러 종교들과 마찬가지로 불교도 세계 안에 갇혀 있는 자기와 그 불확실한 존재 방식으로부터의 탈각(脫却), 그 세계로부터의 출리(出離)를

---

18) 『宗教とは何か』, 26. 우리말 번역문에는 이 부분이 빠져 있다.

추구해 왔다. 불교에 의하면 그 출리란 … 자기 마음 속에서 일어나는 실존적 의심의 뿌리를 자기 마음 속으로부터 파내어 되돌리는 것이다. 그것은 어디까지나 의심을 철저히 한다는 방향성을 지닌다. 그런 방향으로 의심을 철저히 할 때 … 의심이 세계와 자기를 하나의 의심으로 화하는, 이른바 '큰 의심'[大疑]이 된다 … 기사구명(己事究明)의 방향에서 보자면 그것은 '큰 의심'으로부터 전환하여 이른바 '큰 죽음'이라고 하는 모습으로 나타난다. '큰 죽음'이란 세계와 자기가 하나가 되어 죽는다고 하는 죽음이다. 옛 사람은 그것을 생사의 뿌리를 잘라내는 것이라고 말했다.[19]

생사의 뿌리를 잘라내는 것이기에 생사로부터 자유롭다. 일체의 마주보고 있는 것[對]을 끊었기에[絶] 일체로부터 자유로운 것이다. 그런 점에서 가령 자살은 반복되는 생사의 굴레 속에서 하나의 신심(身心)을 소멸시키는 것이기는 하지만, 자살한다고 해서 생사라는 사실 자체로부터 자유로워지지는 않는다.[20] 생사라는 사실로부터 자유로워지기 위해서는 생사의 허무적 근저로부터 생사를 여실하게 꿰뚫어야 한다. 이 생사의 본질은 밖에 있지 않고, 자기 안에 있다.

우리는 통상 외부 사람의 죽음을 보고서 그로부터 죽음이라는 것에 대해 생각하지만, 거기서 보인 것은 단순한 죽음의 현상이지 죽음의 본질은 아니다. 도리어 자기 안에 자기 존재의 근저로서(오히려 존재의 무근저로서) 자각되는 것이다.[21]

자기 존재의 근저가 무근저로 자각된다지만, 그것은 고립적인 자기 존재만이 아닌, 사물 일체의 존재와 서로 함께 있기에 자기와 세계의 무근저가 하나되어 현성하는 것이다. 그래서 '큰 죽음'이다.

---

19) 西谷啓治, "禪における 安心の問題", 272-73.
20) 佐佐木撤, 『西谷啓治』, 113.
21) 西谷啓治, "宗教と人生", 佐 木撤, 『西谷啓治』, 113에서 재인용.

'큰 의심'을 통해 '큰 죽음'이 리얼리티로서 일어나는 것이다[大疑大悟]. 허무적 근저가 바로 일체 만물의 모습으로 일어나는 것이다. 십자가의 성요한이 말하는 "영혼의 어둔 밤"과도 같이,[22] 큰 죽음에서 인간과 세계의 재탄생이 있다. 개인만의 문제가 아니라, 일체 만물의 근저가 열리는 것이다. 하늘과 땅이 새로 열리는 것이다. 전통적 선어(禪語)인 "한 번 크게 죽으니 하늘과 땅이 새롭다"[大死一番乾坤新]가 이것이다. 이러한 전환을 니시타니는 이렇게 말한다.

> 이를테면 '한 번 크게 죽으니 하늘과 땅이 새롭다'[大死一番乾坤新]라든지, '큰 죽음 밑에 큰 깨달음[大悟] 있다' 라는 경지가 그러한 전환을 말한다. 그런 경우 깨달음은 의심과 마찬가지로 자기가 깨달음을 여는[開悟] 동시에 '자기'라는 존재 방식을 탈락시키지 않으면 안 된다. 결국 자기와 더불어 일체 사물의 근저로부터 그 자신이 '리얼리티'로서 현전하는 것과 같다. 그리고 그 리얼리티는 자기와 사물 일체의 리얼리티이며, 그것들의 여실한 현전과 다름없다. 그 리얼리티는 대의를 돌려서 그 밑바닥에 나타나는 리얼리티이다. 그것이 우리의 '본래면목'이다. '하늘과 땅이 새롭다'가 자기 본래의 면목인 것이다. 그것은 자기와 함께 하는 사물 일체의 리얼리티의 리얼라이제이션이다.[23]

큰 죽음은 '자기'라는 존재방식을 탈락시키면서[身心脫落][24] 큰 깨달음을 연다. 자기와 더불어 일체 사물이 리얼리티로서 근저로부터 현전한다. "'자기'라는 존재 방식이 전면적이고 절대적으로 탈락

---

22) Nishimura Eshin, "The Meaning of Zen Practice", *Japanese Religions*, vol.8, no.3, 1975, 10.
23) 『종교란 무엇인가』, 49.
24) 신심탈락(身心脫落)은 일본 도겐(道元) 선사가 송나라 천동여정(千童如淨) 선사에게서 배워 자신의 특징적인 선어로 사용하는 말이다. 신심(身心)을 자기 자신으로 간주하는 통상의 태도를 부술 때 자신의 참된 모습이 나타난다는 뜻이다(『종교란 무엇인가』, 266).

함으로써 자기를 포함한 세계의 모든 것이 참으로 리얼리티로서 현전하는 것이다."[25] 자기에게서 죽음으로써 자기에게서 다시 살아난다는 점에서 "'큰 죽음'은 실존적인 '초월'로서의 죽음이며, 그 죽음에 입각해서 세계 안에 갇힌 자기로부터 벗어나오는 실존적인 '탈자'(脫自)이다."[26] 이 탈자적 리얼리티가 큰 의심이 전환한, 우리 본래 진면목이며 참 자기이다. 참 자기는 자기가 더 이상 자기 아닌 곳에서만, 일상적 자기를 벗어나는[脫自] 곳에서만 가능하다. 즉, 한번 크게 죽는 곳에서 본래 면목이 본래 면목으로 현성하는 것이다.

우리의 참다운 자기란 앞서 말했듯이 '자기 아닌 자기'로서만 자기일 수 있다. 우리가 보통 자기라고 하는 자기의식적이며 자기중심적인 자기, 즉 소위 자아는 본래의 자기가 아니다. 자아의 근본(자아 속에 있는 본래의 자기)은 본래 탈자적(脫自的)이다. 자아의 본질은 자아가 아니다. '자아'로서 성기(性起)하고 있는 본성은 비자아이다. '무아'로서의 자기가 진정한 자기이다. 앞에서 말했듯이 '한번 크게 죽으니 하늘과 땅이 새롭다' 한 곳, 세계가 '세계하는'(世界する) 곳에서 자기가 드러난다. 그러한 본래적 자기는 자아의 하나 하나의 작용 속에 언제나 이미 현전해 있다.[27]

본래적 자기는 자아의 하나 하나의 작용 속에 언제나 이미 현전해 있다. 360°로서의 자기가 0°로서의 자기의 일거일동 속에 그 0°와 하나된 모습으로 현전하고 있는 것이다. 이것은 본래적인 사실이며, 본래적인 그만큼 객관적인 사실이다. 객관적이라 하지만, 주체와 분리된 대상적이라는 뜻은 아니다. 일체 만물의 존재 방식이 보편적으로 본래 그러하다는 뜻이다. 비로소 그렇게 된다고 하지만, 그것은

---

25) 佐佐木撤, 『西谷啓治』, 112.
26) 西谷啓治, "禪における 安心の問題", 273.
27) 『종교란 무엇인가』, 264.

본래 그러함이 자기 자신이 되는 것이다. 본래 그렇게 '있기'에 비로소 그렇게 '되는' 것이고, 비로소 그렇게 되는 것은 본래 그렇게 되어 있는 것을 비로소 '아는' 것이다.

> 본래적 자기는 애당초 처음부터 스스로를 안다고 하는 각체(覺體)로서 존재하기 때문에, 자기가 본래적인 참된 자기가 되는 것은 본래적으로 각체인 자기가 되는 것, 그렇게 됨으로써 자기가 본래각체(本來覺體)임을 스스로 알고 스스로 깨닫는 것이다. 이렇게 말한다면 복잡한 것처럼 들리겠지만, 본래적인 자기가 된다는 것은 자기가 본래적으로 있었던 바의 것(그리고 또 현재 있는 것)이 되는 것이고, 본래적인 자기를 아는 것은 자기가 본래적으로 각체임을 자각하는 것이다. 이러한 것은 마치 낮잠을 자다가 잠에서 깨어나는 일에 비유될 수 있다. 잠에서 눈을 뜬 사람은 자기가 처음부터 밝음 속에 있었다는 것, 자고 있을 때에도 밝음 속에서 자고 있었다는 것을 알게 된다. 이처럼 견성의 경우에도 '있다'와 '안다'와 '된다' (눈뜬 자가 된다)는 것은 서로 연결되어 있으며 하나의 사태를 형성하고 있다.[28]

낮잠을 자다 깨어난 사람은 자기가 본래부터 밝음 속에 있었으며, 자고 있을 때에도 밝음 속에서 자고 있었다는 사실을 안다. 자기는 본래부터 '본래적 자기', 즉 본래인으로 존재한다. 「십우도」의 첫머리가 "애초부터 잃지 않았으니 어찌 찾을 필요가 있겠는가"[從來不失 何用追尋]라고 시작하고 있는 것도 같은 맥락이다. 그래서 「십우도」에서 참 자기를 찾아나가던 목동은 결국 그 출발점으로 다시 돌아온다. 애초부터 자신이 참 자기였기 때문이다.[29]

---

28) 西谷啓治, "キリスト敎と哲學と禪", 『西谷啓治著作集』第十一卷, 217-17.
29) 주지하다시피, 『십우도』에서는 소(참자기)를 찾는 과정을 열 가지 그림을 써서 형상화하고 있다. 첫 그림의 제목은 "소를 찾아 나서다"[尋牛]이다. 둘째는 "소의 자취를 발견하다"[見跡], 셋째는 "소를 보다"[見牛], 넷째는 "소를 얻

이 참 자기, 즉 본래적인 자기란 생사의 세계를 떠나 있는 것도 아니고 생사의 세계에 갇혀있는 것도 아니다. 끝없는 실천의 목표이기도 하지만, 실상은 그 목표의 근저에 있는, 목표를 향한 출발점이기도 하다. 본래적인 자기가 그 출발점이고 목표이다. 하나의 목표로서 중생에게 끝없는 실천을 요청하지만, 그 실천의 근본에 있는 것인 까닭에 실천하는 바로 그곳에서 스스로를 현성하는 출발점이기도 한 것이다. 실천하는 행위와 실천의 목표는 동일하다. 애초부터 잃은 것이

다"[得牛], 다섯째는 "소를 기르다"[牧牛], 여섯째는 "소를 타고 집으로 돌아가다"[騎牛歸家], 일곱째는 "집에 도착해 소를 잊다"[到家忘牛], 여덟째는 "사람도 소도 모두 잊다"]人牛俱忘], 아홉째는 "근원으로 돌아가다"[返本還源], 열째는 "저자거리에 들어가 손을 드리우다"[入廛垂手]이다. 니시타니의 제자 우에다 시즈테루(上田閑照)에 의하면, 이 가운데 첫번째부터 일곱째까지가 자기의 문제에 눈을 뜨고 자기 자신이 철저히 문제화되는 과정이다. 그러나 이 때까지는 문제삼는 자기자신과 문제되는 자기자신이 분리되어 있다. 아직 허무를 자기 자신으로 철저하게 체현하지 못한 단계라고 할 수 있다. 가령 여섯번째 그림에서의 "눈은 아득한 허공을 바라본다"는 표현이나 일곱째 "소 또한 공하고 '사람'까지 한가롭네" 하는 표현이 바로 그것이다. 이곳에서는 찾아 헤매던 자기와 허무가 아직 주객의 차원에 놓여 있다. 소와 사람이 분리되어 있다. '소'라고 하는 참자기를 여전히 하나의 대상으로 파악하고 있는 것이다. 그러다가 여덟번째 단계는 이런 제목으로 나타난다: "사람도 소도 모두 잊다"[人牛俱忘]. 사람과 소 사이에 일체의 차별성이 모두 사라진 경지, 이른바 절대무의 경지이다. 그것은 지금까지 도달했다고 하는 그 무엇의 절대 부정이다. 전통적인 선의 표현을 따라 말하면, "큰 죽음"[大死]이다. 어렵사리 도달한 경지를 다시 절대무화하는 것, 지금까지 얻은 그 무엇이 있었다고 한다면, 소멸될 것도 새삼스럽게 얻을 수 있는 그 무엇도 없음을 아는 것이다. 제7의 사람, 즉 자기 자신에 안주한 사람은 막바지까지 도달한 그 백척간두에서 한 걸음 더 나아가야 한다. 백척간두에서 허공으로 몸을 던져 내가 그 허공이 되어버리는 것이다(柳田聖山, 上田閑照, 『十牛圖 - 自己の 現象學』, 17-29). 밖에 있는 그 무엇[他], 최후의 의지처, 그 마지막 하나[一]를 끊어버리는 것[大死]이다("禪における安心の問題", 288, 292, 296 참조). 그 때 도달되는 곳이 아홉째 단계인 꽃이 피고 새가 우는 "자연의 세계", "안심(安心)의 장"이다. 그러다 열번째 단계에 세상 한 복판으로 되돌아온다. 인간의 세계, 역사의 세계로의 회귀다(西谷啓治, "佛敎における'向上'の立場", 179-80). 물론 아홉째와 열째 단계에 어떤 시간적 간격이 있는 것은 아니다.

없기에 찾은 것이 없을 뿐더러, 찾았다고 하더라도 그것은 사실상 찾을 것이 없었다는 사실의 확인이다. '큰 죽음'은 이미 죽어 있었기에 (즉, 허무이기에) 새삼 죽을 것도 없다는 사실의 현전이라고 할 것이다. 니시타니는 철저하게 선험과 후험을 동일시하는 차원에서 서술한다. 선험을 말하면서도 후험적 차원에서 말하고, 후험을 말하면서 이미 그렇게 되어 있었던 사실에 근거하여 말한다. 후험은 선험 바로 그것이라는 사실은 후험 속에서만 확인되지만, 그렇게 확인된 사실은 확인되기 이전에도 그렇게 되어 있었다는 것이다.

3. 안심(安心)

허무와 만나는 것은 이론상의 문제가 아니라, "직접 경험"이다. 허무를 "단순히 주관적인 모습으로서가 아니라 모든 존재의 근저에 잠재한 것, 세계 그 자체의 근저에 잠재한 것, 그런 의미에서 '리얼'한 것으로 자각"하는 것이다.[30]

리얼한 것으로, 즉 리얼리티로 자각한다는 점에서는 종교적 '신앙'도 마찬가지라고 니시타니는 본다. 그리스도교적으로 말하면, 신앙이란 신이 자신을 비워 죄인을 구원하는 바로 그 사랑을 받아들이는 것이다.[31] 흔히 자아 의식 속에 있는 자기가 무언가를 믿는다는 통상의 믿음과는 달리, 종교에서 말하는 신앙은 자의식의 장을 넘어, 자아의 울타리가 돌파된 지평에서만 성립한다. '큰 의심'이 그렇듯이, 신앙도 허무의 장, 자기부정의 장에서 이루어진다는 말이다. 신앙은 자기에 대한 절대 부정이 큰 의심을 통해 신의 사랑을 받아들이는 원천적 자기에 대한 절대 긍정이다. 큰 의심이 큰 신앙을 낳는 셈

---

30) 『종교란 무엇인가』, 43.
31) 『종교란 무엇인가』, 55.

이다.³²⁾ 그리고 죄인을 구원하는 신의 사랑을 받아들이는 것이라는 점에서 신앙 역시 죄로부터 구원으로의 전환이라는 큰 '리얼리티'이어야 한다고 니시타니는 본다. 이 리얼리티는 자기에 대한 절대 부정과 동시에 절대 긍정으로 성립한다. 니시타니에 의하면, 이것이 불교와 그리스도교 모두에 통하는 신앙관이다.³³⁾

자기의 절대 부정이란 허무에 대한 실재적이고 실존적인 자각이다. 자각이란 스스로 깨닫는 것이다. 존재의 근저에서 허무를 보는, 자기 존재에 대한 절대부정이다. 그런 점에서 허무란 없지 않고 있다. 물론 '허무'와 '있음'은 대립되는 두 실재가 아니다. 그런 점에서 '허무가 있다'는 말을 관념적으로 이해해서는 안 된다. '허무가 있다'는 '허무가 허무로서 자각된다'는 말이다. 허무가 허무로서 리얼하게 자각되는 것이 자기 자신을 철저하게 부정하는 것이다.

그러나 자기 자신이 철저하게 부정되는 곳에서 진정한 자기 자신이 긍정된다. 그렇게 부정되는 자기 자신과 긍정되는 자기 자신은 조금도 다른 존재가 아니다. 자기 존재의 근저는 무저(無底)이기에, 그 무저가 스스로를 드러내는 곳에서 그 존재가 있는 그대로 긍정된다. 니시타니는 인간이 신을 만난다는 것도 인간 존재의 부정을 통해 새롭게 긍정되는 자기 자신을 만나는 것이다. 그는 이렇게 말한다: "신은 언제나 존재의 수여자이자 동시에 존재의 절대 부정자로서 편재한다. 그러므로 누구든 신의 편재와 만난다는 것은 실존적으로 자기가 죽음의 사막한 가운데 던져버려진 상태에서만 그렇게 되는 것이다."³⁴⁾ 니시타니에

---

32) Nishitani Keiji, "The Significance of Zen in Modern Society", *Japanese Religions*, vol.8, no.3, 1975, 23; 의심과 신앙은 같은 실재의 양극이다. 이에 대해서는 Sung Bae Park, *Buddhist Faith and Sudden Enlightenment*(Albany: State University of New York Press, 1983), 66-77(특히 72)를 볼 것.
33) 『종교란 무엇인가』, 55-57.
34) 『宗教とは何か』, 44-45.

의하면, 바로 이것이 하느님의 은총과 힘을 경험하는 일이다.

> 그 허무와 만나는 것은 말하자면 철벽으로서의 신과 만나는 것이며, 신의 절대 부정성 … 과 만나는 것이다. 또한 동시에 그 허무에도 불구하고 만물이 현재 있는 바와 같이 존재하고 있다는 것은 신앙자의 입장에서 보면 허무를 깨뜨리고 존재를 만물에게 주고 또 보전하는 신의 은총과 힘을 만나는 일이기도 하다.[35]

이 때 신의 은총과 힘은 인간 최후의 귀착지나 의지처가 아니다. 이미 본대로 그 은총과 힘, 즉 최종적인 거점, 가능성과의 관계까지도 끊어버리고 그에 입각하지 않을 때 경험되는 은총과 힘인 것이다.[36] 결국 자기 부정을 통한 자기 긍정이다. 자기를 긍정한다는 것은 자신의 근저로 돌아가 허무를 경험하는 것이다. 이것이 자기 자신의 본질을 경험하는 것이다. 이른바 '퇴보취기'(退步就己). 뒤로 물러서 본래적인 자기에게로 이른다는, 우리 삶의 근저에 허무의 지평이 열릴 때 삶이 근본적으로 전환된다는 말이다. 허무의 지평이 열리는 것은 삶이 새롭게 경험되는 계기, 삶이 그 자체로 긍정되는 계기이다. 삶에 대한 근원적 의심(疑心, 즉 大疑)이 바로 그 의심을 통해 근저에서부터 '안심'(安心)으로 바뀌는 것이다.[37] '큰 죽음'을 '통한' '큰 삶'인 것이다. '통한' 다지만, 단순한 매개나 중재가 아니다. '큰 죽음'과 '큰 삶'은 같은 경험의 양면이다. 이 경험 안에서 자기 자신의 존재에 대한 의심이 풀리고 세계 속에 존재하는 자기 존재의 확실함이 그 세계의 근저 안에서 구해지는 것이다.

안심이란 자기 존재에 대한 자각이며, '너 자신을 알라'(소크라테

---

35) 『宗教とは何か』, 44.
36) 西谷啓治, "禪における 安心の問題", 276, 279.
37) 西谷啓治, "禪における 安心の問題", 274, 279 참조.

스)고 할 때의 그 '앎'이다.38) 그 '앎' 속에서 자신이 비로소 자기 자신일 수 있기 때문이다. '앎'은 종교가 파고 들어가야 할 근저이다. 그러나 니시타니에게 '앎'은 종교의 근저이면서 종교가 끊임없이 피해가야 할 방해물이기도 하다.39) '앎'과 그 대상이 전적으로 하나인 곳에서 종교가 참으로 종교일 수 있는 것이다.

대의와 신앙의 관계가 그렇듯이, 의심(大疑)이 절대 부정의 측면이라면, 안심(安心)은 절대 긍정의 측면이다. 안심의 장은 의심을 돌파하고 바로 그 자리로 돌아간 진정한 자유의 장이다. 자기가 참으로 자기 자신으로 돌아가 자기 자신으로 존재하는 '자재'(自在)가 참으로 일체의 시원(始原)이며, 이 시원이 구체적인 현실 자체가 된다. 신이 일체를 창조하는 거점인 그 시원이 그 무엇에도 걸림없는 참된 자유인 것이다.40) 이 자유/자재가 밝혀지는 곳에서 '나는 존재한다'(데카르트)도 밝혀지며, 자신의 존재 방식을 밝혀주는 이곳에 종교의 독자적인 의의가 있다. 그래서 니시타니는 이렇게 말한다.

> 종교는 통상의 자기라는 존재 방식에 포함되어 있는 문제에 대한 실존적인 적발이다. 거기에 종교만이 갖는 독자적인 의의가 있다. 그런 의미에서 종교는 '나는 존재한다'를 밝히는 넓고 근원적인 '나는 생각한다'의 이정표라고 할 수 있다.41)

종교적인 깊이 속에서만 "나는 생각한다"는 근원적인 사유 자체가 "나는 존재한다"는 근원적인 존재 방식 자체가 된다. 이러한 종교적 깊이는 대의/대사를 통한 안심의 장에서 이루어지는 일이다. 교의적

---

38) "禪の立場", 11-13; 『佛教について』, 199-202.
39) "空と卽", 29.
40) "禪における 安心の問題", 307, 278.
41) 『宗教とは何か』, 21.

표현이나 관념 속에 있는 것이 아니라, 존재의 허무를 실존적으로 체현하는 데에 종교의 핵심이 있다. 있지 않고 없다는 것이 현실임을, 허무 위에 그런 식으로 있음을 드러내 줌으로써만 비로소 종교가 종교일 수 있는 것이다.

모든 인간은 허무 위에 놓여 있고 허무의 체험에 노출되어 있다. 현상 세계는 그 근저에 아무 것도 가지지 않은 채 현상 세계 그대로 존재한다. 그러기에 무엇보다 육도에 윤회하는 "세계 내 존재" 그 자체야말로 "세계 내 존재"를 "세계 내 존재"답게 해주는 궁극적인 진실상이 아닐 수 없다. '세계 내 존재성[性]'을 있는 그대로 실존적으로 경험해야 한다. '내존재성'을 있는 그대로 실존적으로 경험한다는 말은 "세계 내 존재"를 떠받쳐주는 어떤 근거나 원리란 아무 것도 없다는, 글자 그대로 허무라는 것을 자각하는 것이다. 존재하는 모든 것들은 허무 위에 있다. 그 허무에 의해서만, 즉 근거나 자아의 철저한 부정에 의해서만 새로운 생성이 이루어지고 유한한 시간을 무시무종의 시간으로 바꾸어 놓을 수 있는 것이다. 이런 허무의 자각 속에서 "세계 내 존재"는 다른 것이 아닌 바로 그 "세계 내 존재"로 체인된다. 의심이 그 자체로 안심이 되고, 죽음이 그 자체로 삶이 된다. 허무의 자각을 통해 그 허무를 극복하는 것이다.

니시타니는 인간을 존재론적으로 근거짓고 있는 허무가 스스로 드러낼 때 일상적 자신의 모습은 회의에 빠지게 된다고 말한다[大疑]. 일상적 자신에 대한 철저한 의심은 바로 일상적 자아의 죽음으로 나타나고[大死], 이러한 일상적 자아의 죽음은 본래적 자아의 등장으로 이어진다[安心]. 물론 이러한 본래적 자아가 일상적 자아 곁에 별도로 존재하던 그 무엇인 것은 아니다. 일상적 자아의 근저에서 허무가 일어난다는 것은 바꾸어 놓고 보면 일상적 자아가 그대로 긍정되는 것이다. 철저한 의심이 그대로 큰 죽음이고 큰 죽음이 그대로 큰 긍정인 것이다. 그런 점에서 일상적 자아가 그대로 본래적 자아인 것이다. 이렇게 '긍정된' 일상적 자아가 바로 진정한 자기이다. 여기서 긍정 이전과 이후 간에는 일말의 차이도 없다. 긍정 이전의 세계와 이후의 세계는 철저하게 상호가역적이다. 이렇게 니시타니는 현실계를 그 자체로 긍정하게 해주는 적극적 계기로 허무를 강조하면서, 선험적이든 경험적이든 현실계 밖의 세계에 대해서는 철저하게 부정한다. 일상적 현실이 그 자체로 이미 완성된 깨달음의 현실이 되는 것이다. 그에게 진정한 초월, 생사의 세계로부터의 이탈 역시 생사의 세계를 그 자체로 인정하는 가운데 이루어지며, 이렇게 이루어진 생사의 세계가 바로 열반이기 때문이다. 생사와 열반 간에 철저한 가역성이 있는 것이다. 생사와 열반, 무한과 유한, 부정과 긍정 등은 모두 대립적인 그대로 동일한 것이다. 니시다의 "절대모순적 자기동일"에서처럼, 상호 대립적인 것이 대립적인 그대로 동일성을 지니게 되는 것이다.

7
공의 장

1. 허무와 절대무

스승 니시다가 그랬듯이 니시타니도 공(空)의 동의어로 절대무(絶對無)란 표현을 사용하기도 한다. 절대무 가운데 "절대"(絶對)란 말 그대로 마주보고 있는 모든 "대"(對)가 끊어졌다[絶]는 뜻이다. '대'와 마주보고 있는 것[相對]이 아니라, '대'로부터 떨어져 나갔음을 뜻한다. 그렇기 때문에 절대는 일체로부터 자유롭다. 일체로부터의 자유로움은 '무'가 아니고서는 안 된다. '유'는 또다른 유를 상대로 가지면서 그 유에 얽매인다. 오직 무만이 상대를 가지면서도 상대에 얽매이지 않는다.

더욱이 이 무는 유의 상대 개념으로서의 무가 아니라 그 유와 무의 대립을 초월하고 포괄하는 근원적인 무이다. 일체로부터 자유로워서 일체에 걸림이 없는 무, 그래서 '절대무'이다. 이것은 단순한 허무적, 부정적 무가 아니다. 일체의 부정이면서 동시에 바로 그렇기 때문에 일체의 긍정이 되는 무이다. 유에 대한 집착을 부정함으로써 나타난 허무주의를 다시 근저로부터 돌파함으로써 드러난 공의 장인 것이다.

우리는 통상 유(有)를 단지 유만으로 보며 유에 얽매어 있다. 따라서 그러한 견해가 부정되면 거기에 허무주의가 나타난다. 그러나 그 허무의 입장은 또 무를 단지 무만으로 보며, 무에 얽매인 입장이다. 즉, 다시 부정될

수밖에 없는 입장이다. 따라서 그러한 이중의 얽매임을 이탈한 완전한 무집착의 '공'이 나오는 것이다.[1]

이 공은 절대무이다. 무를 무로서만 보고 무에 얽매인 상대적 허무를 다시 그 근저로부터 돌파한 무이다. '의심'을 넘어선 '안심'(安心)의 장에서 이루어지는 절대 긍정이다. 물론 앞에서 본대로 "의심을 넘어선다"지만, 그 때 의심과 안심은 대립적인 개념들이 아니다. 이른바 '종교적 의심'은 사실상 '안심'과 같은 차원의 것이다. 진정한 안심이란 종교적 의심을 통해서만 이루어지는 것이기 때문이다. 이곳이 본래 있어야 할 자리, 고향과 같은 곳이다. 그 근저로부터 뒤집히는 곳에서 인간은 참으로 인간이 있어야 할 곳에 서게 된다. 하이데거의 말처럼 '고향상실'의 한복판에 빠져 있는 사람들, 자신이 있어야 할 고향을 잃어버리고 떠도는 사람들의 한 복판에서 고향에의 동경이 일어나는 것이다. 고향상실의 상태는 '향수병'을 낳고 오히려 고향으로 향하게 한다.[2] 니시타니는 다음과 같은 하이데거의 말에서 허무의 자각을 통한 공으로의 전환과 같은 것을 본다.

> 어쩌면 인간은 고향상실(Heimatlosigkeit) 속에 머무르고 있는 것인지도 모른다. 고향과의 관계는 현대 인간의 실존으로부터 사라져 버렸는지도 모른다 … 그러나 고향상실로 인한 불안함(Unheimische)의 중압감 한 복판에서도 고향 안에 있는 편안함(Heimische)과의 새로운 관계가 마련되고 있는지도 모른다.[3]

고향을 잃어버린 사람이 고향의 편안함 안에 머물게 되는 것은 그

---

1) 『종교란 무엇인가』, 151.
2) Keiji Nishitani, "Reflections on two Addresses by Martin Heidegger", ed., by Graham Parkes, *Heidegger and Asian Thought*(Honolulu: University of Hawaii Press, 1987), 148.
3) "Reflections on Two Addresses by Martin Heidegger", 148.

고향상실로 인한 불안함 안에서다. 고향상실의 중압감 한 복판은 고향으로 향하게 하는 새로운 전기다. 허무라고 하는 일체의 부정 바로 그 안에서 그 허무를 꿰뚫고 일체에의 긍정이 솟아난다고 하는 것, 일체가 부정되고 단절되는 바로 그곳에서 일체를 긍정하고 가장 가깝게 만나게 된다는 것이다. 이렇게 일체를 긍정하게 하는 곳이 공의 장이다. 니시타니는 말한다.

> 허무의 장에서 가장 친근한 사이도 한없이 황량한 심연을 사이에 두고 있는 것과는 반대로 공의 장에서는 저 절대 단절은 곧 또 모든 존재와의 가장 친근한 만남을 뜻한다. 공이란 통상의 뜻에서는 가장 인연이 먼 적조차도 본질적으로 가장 가깝고 평등하게 만나는 장이다.[4]

허무의 장에서는 0°의 원천적 모습을 보지 못한 채, 무가치, 무의미의 나락으로 추락한다. 이곳에서 0°와 360°는 절대 단절되어 있다. 그러나 이러한 절대 단절이 다시 한 번 뒤집어지는 곳에서 그것은 절대적인 친근함으로 전환한다. 0°와 360°의 원천적 동일성이 확보되는 것이다.

이런 맥락에서 공(360°)은 단지 부정적 '무'가 아니다. 그것은 오히려 '유'(0°)의 철저한 긍정이다. 또다시 '무'에 얽매인 허무의 장을 돌파하여, 허무 위에 있는 일체 사물을 그 자체로 긍정하게 하는 장소가 공의 장이다. 일체의 긍정이기에 일체로부터 자유롭다. 그래서 일체 대상으로부터 자유롭고 모든 것에 걸림없는 절대무의 장이다.

공은 절대무이다. 이곳에서 360°는 철저하게 0°이다. 거꾸로 0°는 철저하게 360°이다. 조금도 다르지 않다. 360°를 찾아 떠나는 0°로부터의 여행은 다시 자신의 자리(0°)로 돌아올 때 참으로 360°에 도달하는 것이다. 붓다는 모든 것을 떠남으로써[出世] 모든 곳, 떠났던 본래

---
4) 『종교란 무엇인가』, 157.

그 자리로 돌아왔다[出出世]. 머리 둘 곳조차 없던 '인자'(마태 8,20)는 사실상 모든 것을 가졌다.[5] 인자는 십자가에 죽어 세상에 졌으면서 사실상 세상을 이겼다. 자기 자신을 벗어남으로써[脫自] 참으로 자기 자신으로 돌아왔다. 이 탈자의 장이 절대무의 장이다. 니시타니는 이렇게 말한다.

> 절대무는 자기가 자기 자신을 부정하는 극한에서의 탈자의 장이면서도 자각에 있어서의 근저적인 열림이다. 그런 점에서 절대무는 그 자신, 자각지(自覺知)의 성격을 지닌다 … 탈자에 있어서 전적으로 부정을 받아들인 자기는 절대무에 있어서 다시 자기 자신을 되찾는다. 그런 의미에서는 자기가 죽어서 되살아나는 것이라고도 말할 수 있다.[6]

자기가 죽어서 되살아난다고 할 때 죽는 자기와 살아나는 자기는 동일하다. 이러한 동일성은 절대무의 장에서 이루어진다. 절대무는 자기 자신의 부정을 가능하게 하는 '탈자'(脫自)의 장이지만, 상대무가 아닌 절대무의 장이기에 본래적인 자기 자신 외에 따로 벗어버릴 [脫] 자신[自]이 또 있는 것도 아니다. 진정한 '탈자'는 '탈'할 '자'가 없다는 사실을 자각하는 곳에서 이루어진다. 이곳이 그 '자'(自)를 '각'(覺)하게 해주는 절대무의 장이다. 사실상 그 절대무가 곧 장이다. 이 장이 본래적인 자기 자신을 근저로부터 열어주는 본래적인 자기 자신이다. 절대무, 자기 자신, 장은 모두 하나이다. 이들은 사실상 추구되는 궁극적인 진리와 그 진리를 추구하는 사람, 그리고 그 사람이 서 있는 자리를 자기동일성의 차원에서 가리키는 말이라 할 수 있다.

니시타니는 과학기술 시대에 고향을 상실한 인간의 자기 소외 속

---

5) "Reflections on Two Addresses by Martin Heidegger", 147-48.
6) "禪における '法'と'人'", 890.

에서 다시 고향으로 돌아가도록 하는 것이 오늘날 불자들의 사명이라고 본다. 고향이란 "실존의 핵심 안에서 인간을 지탱해주는 것"(하이데거)이다. 자기 소외의 상황 안에서 그리고 그 상황을 통해서 그 자신에 대해 참으로 눈뜸으로써만 불교가 현대에 어울리게 다시 살아나는 것이다. '고향'으로 돌아가 그곳에서 일체와 융통하며 머무는 것이 불교적 깨달음의 길인 것이다.[7] 그리스도교도 마찬가지의 과제를 짊어지고 있다고 니시타니는 덧붙인다. 안심의 장에서 말하는 유(有)는 비로소 돌아온 고향에서의 유이다. 죽음으로써 이긴 세계, 떠남으로써 돌아온 이 세계이며, 아베의 표현대로 "초월에 대한 절대적 초월"을 수행한 세계이다.[8] 결코 실체적이고 대상적으로 바라보이는 '유'로서의 세계가 아니다. 무라는 대극(對極)과 합일한, 유 아닌 유이다. 이러한 대극합일이 이루어지는 장소가 바로 절대무, 즉 공의 장인 것이다.

안심이 의심을 포괄하고 넘어서는 차원에서 쓰인 용어라면, 절대무/공(空)은 상대적 허무를 포괄하고 넘어서는 차원에서 선택된 용어이다. 안심의 장, 즉 공의 장에 선 사람은 시간 안에 있고 생사 안에 있으면서 시간 밖에 있고 생사 밖에 있다. 세계 속에 있으면서 동시에 세계로부터 벗어나 있다. "마치 프리즘 위에서 색을 달리 하여 나타나는 광선이 합해져 백광을 이루는 것처럼, 자신과 타자 각각 절대로 단절적임과 동시에 절대로 합일적이며 오히려 절대로 자기 동일적이다. 절대적으로 둘임과 동시에 절대적으로 하나이다."[9] 절대차안임에도 불구하고, 아니 절대차안이라는 바로 그 사실 때문에 절대피안일 수 있는 것이다. 0°만이 360°일 수 있기 때문이다.

---

7) "Reflections on Two Addresses by Martin Heidegger", 150.
8) 아베 마사오, "깨달음의 종교", 히사마츠 신이치 외, 『무신론과 유신론』, 118.
9) 『종교란 무엇인가』, 158.

2. 허공과 공

니시타니는 언제나 이 0°와 360°의 관계와 같은 구조와 공의 장에 대해 논한다. '空'이라는 한자어는 문맥에 따라 허공이나 공중같은 가시적 공간을 나타내기도 하고, 지금까지 말한 절대무로서의 空을 나타내기도 한다. 특별히 그는 같은 글자라도 음독(音讀)하느냐 훈독(訓讀)하느냐에 따라 다른 색을 띠는 일본어 공(空)의 용례[10]를 제시하면서 그것들이 원천적으로는 서로 안에 서로의 모습으로 참여하고 있는 것임을 보여주고자 한다. 그는 空을 우리가 일상적으로 경험하는 '공중'(空中) 내지는 허공(虛空)/천공(天空) 등에 빗대어 다음과 같이 설명한다.[11]

> 空이라는 글자는 많은 경우 '허공'(虛空)이라는 말과 결부되어 사용되고 있지만, 허공이라고 할 때는 눈에 보이는 '공중'(そら)을 말한다. 공중은 끝없는 넓이와 한없는 깊이를 지닌 공간으로서 영원불변한 것이다. 그것은 우리가 눈으로 볼 수 있는 '영원한 것'(永遠なるもの)으로서는 유일한 것이다. 눈에 보이는 세계의 그 허공이 경전에서는 영원무한한 것의 형상

---

10) 주지하다시피, 우리 말에서는 한자(漢字)를 음독할 뿐이지만, 일본말에서는 훈독도 하는 까닭에 다른 맥락에서는 다른 발음을 하게 된다. 가령 空을 '쿠우'(くう)라 음독할 때는 우리 말로 '공'이라 발음할 때와 거의 같은 역할을 하지만, '소라'(そら)라 훈독하면 대번에 '공중', '허공', '하늘' 등의 뜻이 연상된다. 그리고 '가라'(から)라 읽으면 가짜, 거짓이라는 뜻이 된다. 그 밖의 맥락에서 동사로서 '우츠루', '무나시이', '아쿠' 등으로 읽히기도 하는데, 이 때마다 다른 뜻 내지는 뉘앙스를 지닌다. 물론 이들 모두 '텅 빔'이라는 한자 본래의 뜻에서 나온 것들이다. 니시타니는 특별히 '소라'라고 하는 시각적 경험의 대상이 사실은 영원무한한 진리(空)의 비유이되, 그 비유란 단순한 매개물로서가 아닌 영원무한함 자체라는 논리를 지속적으로 펴고자 한다.
11) 불교적 공(空)의 허공성(虛空性)에 대해서는 히사마츠 신이치 외, 『무신론과 유신론』, 169-77 참조.

(Bild)으로 사용된다. 눈에 보이지 않는 영원무한한 것 내지는 영원무한성을 표시하는 데 사용되는 것이다. 그러한 의미에서는 공이라든가 허공이라든가 하는 말은 기본적으로 하나의 비유로 사용되지만, 그저 단순한 비유만으로 끝나버리지 않는다. 눈에 보이는 허공은 그것이 눈에 보이는 한 주어진 사실이고 현실이다. 그것이 눈에 보이지 않는 영원무한을 표시할 때, 그 때 표시하는 가시적인 현상과 표시되는 불가시적인 것 간에는 비유라는 것 이상의 친밀함이 있다. 위에서 형상이라는 말을 사용했지만, 실은 눈에 보이는 허공은 형상없는 것으로서, 엄밀한 의미에서는 형상이나 이미지란 말할 수 없다. 오히려 '형상 없는 것의 가시적인 형상'이라고 말해야 할 것이다.[12]

공중(そら)은 우리가 눈으로 볼 수 있는 유일의 영원한 것이다. 텅 비어 있으면서 끝없이 펼쳐져 있는 허공에서 일체에 걸림 없는 진리의 모습을 보는 것이다. 불교에서는 그러한 공중, 허공 등을 가지고 영원성을 가리키는 말로 쓰지만, 그렇게 쓰게 된 까닭은 공중이나 허공이 영원성을 가리키기만 할 뿐 아니라, 영원한 진리 자체이기 때문이다. 허무의 자각이 공의 장으로 전환하는 사건이라는 앞에서의 지적에서도 보았지만, 니시타니는 가시적 허공이 바로 불가시적 공이라는 절대 진리임을 보여주고자 한다.

공중이나 허공은 눈에 보이게 주어진 사실이고 현실이다. 텅 비어 있지만 눈에 들어오는 가시적인 형상이다. 일상적인 경험의 대상이다. 경험의 대상이기 위해서는 경험의 조건에 맞게 이미 주어져 있는 것이어야 한다. 그럴 때에만 경험의 대상으로 눈에 들어올 수 있는 것이다. 경험의 대상으로 눈에 들어온다는 것은 본래적으로 주어져 있는 사실의 현성이다. 그러기에 일상적인 경험의 영역에서 벌어지는 일이 본원적인 사태가 될 수 있는 것이다. 그는 이렇게 말한다.

---

12) 西谷啓治, "空と卽", 『講座 佛敎思想』, 第五卷(東京: 理想社, 1982), 21-22.

경험된 현사실은 본원적으로는 언제나 우리에게 '직접 주어진 것'이다. 단순히 표상으로서 우리의 '의식'에 부여된 것이 아니라, 개개 신심(身心)으로서의 자기 자신에 그 사실 자체가 체험적으로 '부여된' 것이다.[13]

그는 이것을 "직접 경험"이라고 말한다. 니시다 식으로 하면, 일체의 분별 의식이 개입하기 이전의 "순수 경험"이다. 이 때 니시타니의 핵심은 경험의 '순수함' 자체보다는 직접 '경험', 즉 경험의 직접성에 있다. 경험된 사실의 직접성, 즉 의식에 부여된 표상으로서가 아닌, 몸과 마음 전체에 바로 그러한 사실로서 부여되는 것을 말한다.

이러한 체험은 시각적으로는 물론 청각적으로도, 감각적인 모든 부분에서도 마찬가지이다. 가령 청각적으로 매미울음 소리가 귀에 들려오는 경우 그것은 소리 일반이나 매미 일반이라는 표상과 표상의 연관이 아니라, 매미의 심상(心象, 이미지)과 함께 지금 청각에 부여되고 있는 바로 그 매미 소리가 현성하는 것이다. 매미의 소리라는 사태[事]가 현성하는 이곳은 '우리'라는 의식 작용이 개입하기 이전이다. 매미의 소리만이 '들림'으로 현성할 때 우리는 "우리를 잊는다." 일체 분별적 의식이 사라진 이 장에서 '소리는 곧 들음'[聲卽聽]이다. 소리라는 사실이 온 몸과 마음 안에 직접 부여되기 때문이다. 이렇게 직접 체험됨으로써 매미 소리가 바로 그 소리로, 즉 '소리 즉 들음'으로 현성하는 것이다. 니시타니는 이것을 불교 화엄 사상의 표현을 따라 매미 소리라는 현상[事]과 매미 소리를 매미 소리되게 해주는 이치[理]의 하나됨[理事無礙]으로 본다. 이치가 매미 소리라는 현상 안에 맹아적으로 들어 있다. 시각이나 청각뿐 아닌, 구체적인 경험으로서의 일체 감각 역시 본래적으로 포함되어 있는 그 종자적(種子的)인 지각, 원초적인 식별의 사적(事的) 한정인 것이다. 현상[事]은 이치[理]에

---

13) "空と卽", 37.

근거해 있는 것이 아니라 바로 그 이치의 성기(性起)라는 말이다. 니시타니가 보건대 로고스의 '육화'도 바로 이런 맥락에 있다.[14]

이치가 자신을 일으킨 것이 현상이듯이, 그에게 '로고스'는 육으로서 자신을 한정한 바로 그것이다. 그리스도교에서는 '로고스'가 인간의 본질이지 인간이 로고스의 본질은 아니라고 보는 것과는 달리, 니시타니에게는 로고스와 육 간에 한치의 오차도 없다. 현상에 선행하던 이치가 현상 세계 안에 자신을 구현하는 것도 아니다. 현상 세계가 현상 세계인 곳에서 이치란 따로 없다[無理]. 현상이 바로 이치이다[事卽理]. 현상이 철저한 현상이 되는 것이다. 이치[理]와 현상[事]을 분리해 말하는 듯 하지만, 사실상 이치는 그대로 현상이고, 현상은 그대로 이치라는 말이다. 현상과 이치를 분리해 말하는 곳에서 이치는 더 이상 이치가 아니다[非理].[15]

이것은 공의 장에서 이루어지는 일이며, 공의 장에 설 때에만 만물은 만물로서 생생하게 살아나가는 것이다. "천지의 모든 것들은 스스로 신으로부터 창조되었다고 말하고 있다"(아우구스티누스, 「고백록」)고 할 때도, 허무를 돌파하고 신의 은총과 힘을 만남으로써 이루어지는 만물의 리얼한 자기 현전이라고 니시타니는 본다. 만물의 리얼한 자기현전이 이루어지는 장소인 '공'은 일체 사물, 차안의 깊이에 이미 이루어져 있는 원천적인 현실인 것이다.

그것[空]은 우리가 서 있는 발 밑에도 있고, 골짜기 바닥에도 있으며, 더 밑에도 있다. 마찬가지로 만일 신이 계시는 곳이 천국이라면 천국은 바닥 없는 지옥에 있으며, 다시 그 밑에도 있으리라. 그리고 천국은 지옥에 대한 하나의 심연일 것이다. 같은 의미로 공은 허무의 심연에 대한 심연이다. 더욱이 그것은 우리의 자아라든가 주체보다 더 깊은 차안에서 열리며

---

14) 이상 "空と卽", 32-33, 37-38, 40-41 참조.
15) "空と卽", 54.

더 직접적이다. 다만 우리는 하늘 속에서 움직이고 있으나 보통 때는 잊고 있다가 문득 머리 위의 하늘을 바라보는 것처럼, 우리 자신은 더 차안에 있으면서 그 사실을 자각하지 못하고 있을 뿐이다.[16]

우리 자신은 실존론적으로 이미 공 안에 있지만, 구체적으로 깨닫지는 못하고 있다. 원천적인 사실에 대한 구체적인 자각이 요청된다. 그 순간 우리는 삶 전체를 공이 사적(事的)으로 현전한 삶으로, 즉 일상사(事)를 바로 그 일상사로 살아가게 된다. 원천적인 진리를 실존적인 진리로 체현하게 되는 것이다. 실존적인 허무의 자각이 공의 장을 열어준다는 앞에서의 말도 정확히 이러한 맥락에 있는 것이다. 아베의 표현대로 무상(無相)의 상(相)을 살아가는 것이다.

'허무'가 실존적으로 자각되는 순간 '공'으로 전환한다. 그래서 허무는 공의 비유이다. 비유이되, 공을 가리키는 하나의 매개물로 그치는 것이 아니다. 만일 '영원무한'이 그 자체로 알려지지 않고 '비유'를 통해 알려진다면 비유야말로 영원을 알려주는 본원적 실재이다. "비유가 그대로 본원적 실재 또는 사실이다. 본원적 사실이면서 비유이고 비유이면서 본원적 사실이다."[17] 비유가 비유로서 드러나는 순간 허무는 공으로 전환한다. 공의 장에 서는 사건인 것이다.

공은 만물의 생생함(리얼리티) 바로 그것이다. 공은 형상을 지니지 않으면서도 일체 형상을 그대로 포괄한다. 허공/공중이 영원무한함의 비유이되, 더 나아가면 '형상 없는 것의 가시적인 형상'이라고 말한 것도 같은 이유이다. 허공/공중은 일상적인 현상/형상과는 달리 지금 부여되어 있기에 눈에 보이고, 눈에 보이는 것이 눈에 보이는 바로 그것으로 '리얼하게' 현성하기에 영원무한하다. 리얼하게 현성하는

---

16) 『종교란 무엇인가』, 152-53.
17) 『現代社會の諸問題と宗教』, 89.

곳에서 시간과 영원, 유한과 무한 간의 대립과 갈등은 없다. 허공이 '눈에 보이는 영원함'인 셈이다. 지금 눈에 보이는 모습 그대로 영원무한하다. 허공이 공 안에서만 참으로 허공이듯이, 우리의 구체적인 일상사도 공 안에서만 그 일상성을 생생하게 유지한다. 공의 장에서 성립된 그 일상성이 바로 우리의 본래 진면목인 것이다.

> 공이란 우리들이 구체적인 인간으로서, 즉 인격과 육체를 갖춘 한 인간으로서 여실히 현성하고 있는 곳이며, 동시에 우리를 에워싼 모든 사물에 여실히 현성해 있는 곳이다. 그것은 또한 앞서 말했듯이 '크게 한 번 죽으니 하늘과 땅이 새롭다'[大死一番乾坤新]라는 경지가 동시에 자기의 새로운 탄생을 의미하는 그러한 곳이라고 말할 수 있다. 다시 태어난다 해도 자기의 본래 면목이 그대로 나타난 것이다.[18]

공은 만물이 리얼하게 현성해 있는 장소이다. 만물의 생생함은 이 공의 장에서만 그 리얼리티를 획득한다. 하늘과 땅의 새로움은 질적 변화에 따른 것이 아니라, 언제나 그래왔던 그 생생함, 그 여실함이다. 언제나 그래왔던 이치[理]가 바로 그러한 현상[事]인 것이다. 일체 현상[事]은 그 현상을 현상되게 해주는 근본 이치[理]의 사적(事的) 현성이다. 현상에 선행하던 이치가 현상의 모습을 띠게 되는 것이 아니라, 현상이 현상으로 현성해 있는 그것이 이치라는 말이다. 니시타니에 의하면, 화엄철학에서 말하는 '이치[理]와 현상[事] 간에 막힘이 없다[理事無礙]'는 바로 이것이다. 막힘이 없다는 것은 오히려 하나의 현상이 철저하게 그 현상이 된다는 뜻이다. 현상이 바로 그 현상이 되는 곳에서 로고스나 이법 등의 독존(獨存)은 끊어지고 사실이 바로 그 사실로서 현성하는 장이 열린다. 이것이 전통적 화엄의 표현대로 현상과 현상 사이마저도 막힘이 없는 '사사무애'(事事無礙)의 장이며,

---

18) 『종교란 무엇인가』, 144.

종교의 장이다.[19] 이 막힘없음, 즉 '무애'를 설명하는 논리가 앞에서 살펴본 '즉비(卽非)의 논리'이다. 니시타니에 의하면, '무애(無礙)는 곧 즉(卽)이다.'[20] 그는 이런 식으로 현상과 이치 간에, 더 나아가 현상과 현상 간의 막힘 없음, 달리 말해 '즉'함을 논리적으로 설명하고 있는 것이다.

---

19) "空と卽", 42; 西谷啓治・八木誠一, 『直接經驗: 西洋精神史と宗敎』(東京: 春秋社, 1989), 100-106.
20) "空と卽", 49.

8
탈신화적 윤회론

1. 세계-내-존재

쿄토학파에 직·간접적으로 영향을 준 철학자 하이데거[1]는 인간을 "세계-내-존재"로 규정한다.[2] 인간은 이미 세계에 의해 조건지어지고 규정됨으로써 세계를 더 이상 대상적으로 파악할 수 없다는 말이다. 세계는 '내-존재'인간이 객체적으로 바라볼 수 있는 한 대상(Bild)이 아니다. 그것은 오히려 그렇게 바라보는 행위를 선행적으로 규정하고 있는 지평이다. 지각된 다양한 사물들의 통합이 아니라, 그러한 지각이 가능하도록 근원적으로 미리 앞서 주어져 있는 장(場)인 것이다.

따라서 "세계-내-존재"는 사람이 물리적 세계 안에 공간적으로 포함되어 있음을 뜻하는 것이라기 보다는 세계라는 지평 위에 철저하게 제한되어 있어서 그 세계로부터 독립된 하나의 주체일 수 없는 인간, 근원적으로 세계 안에 내던져져 있는 인간의 현 처지성을 나타내주는 말이다. 인간은 이미 세계 안에서 세계에 의해 규정되어 있고, 또 그렇게 규정되어 있음으로써만 비로소 인간일 수 있다는 것이다. 세계는 인간의 자기 이해의 총체적인 지평이며, 이해에 선행하면서 이해를 가능하게 해주는 장이다. 따라서 "세계-내-존재"인 인간은 미리

---
[1] 앞에서 본대로 타나베 하지메, 니시타니 케이지 등이 독일 유학을 하면서 하이데거 등과 교류했다.
[2] Martin Heidegger, *Sein und Zeit*(Gesamtausgabe Bd.2), Tübingen: Max Niemeyer Verlag, 1976, 63-88.

설계되고 미리 이해된 세계와의 총체적 연관성 속에서만 비로소 인간으로서의 자기 정체성을 획득한다. 그래서 "세계-내-존재"이다.

"세계-내-존재"란 그 어떤 것보다도 '더 본원적인' 관계 방식이다.[3] 떨어질래야 떨어질 수 없도록 원천적으로 관계맺어져 있음을 뜻한다. 이러한 관계 방식은 인간의 본질에 속한다. 인간은 본질적으로 세계와의 만남 혹은 관계에서만 인간일 수 있다는 뜻이다. 인간은 세계 안에서 세계와 만나고 있다. 이것이 세계와 인간의 '더 본원적인' 관계 방식이며, 더욱 본원적이라는 점에서 인간은 언제나 세계와 '이미' 만나고 있다. 이미 만나고 있기에 언제나 새로 만나고, 그럼으로써만 인간은 비로소 인간일 수 있다는 말이다.

세계는 인간을 인간으로 규정해주는 존재론적인 지평이다. 세계는 순환 구조 속에 놓인 이해의 전구조일 뿐 아니라, 인간에게 역사적으로 계시되는 존재 자체가 된다. 하이데거에게 세계는 존재의 공개성을 뜻한다. 존재가 세계로서 자신을 열어놓는 것이다. 그렇다면 "세계-내-존재"는 인간이 존재의 공개성 속으로 넘어가 서 있음을 뜻한다. 인간은 존재의 자기 열림 안에 있다. 존재의 자기 열림 안에 있음으로써, 즉 존재의 열림을 마중함으로써 인간은 비로소 인간일 수 있다. 바꾸어 말하면, 인간이 존재의 자기 열림 안에 들어서는 것은 자기 밖에 서는 것이다. 인간은 자기 밖에 섬으로써만 비로소 인간일 수 있다는 말이다. 그래서 하이데거는 인간을 '탈자적'(脫自的, ek-statisch) 실존이라 부른다. 인간은 존재의 열림을 마중함으로써 그 마중 속에 '탈자적으로' 서 있는 실존이라는 말이다.[4] 하이데거의 탈자적 실존은

---

[3] 하인리히 오트, 『사유와 존재 - 마르틴 하이데거의 길과 신학의 길』, 김광식 옮김, 연세대학교출판부, 1985, 64.
[4] 마르틴 하이데거, 『형이상학이란 무엇인가』, 최동희 옮김, 삼성출판사, 1985, 64.

인간을 인간으로 규정해주는 가장 근원적인 본질이다. 인간은 '탈존' (脫存, Ek-sistenz)하는 자인 한에서 비로소 인간일 수 있다. 인간이 비로소 인간일 수 있는 것은 탈자적 실존의 차원에 서 있을 때이다. 그런데 인간은 사실상 '실존론적으로' 이미 이러한 차원에 서 있다. 실존론적으로 인간은 이미 존재자를 넘어서 존재의 열림을 마중하고 있는, 즉 존재 자체를 향하고 있는 초월자인 것이다.

2. 윤회하는 중생

니시타니 케이지도 인간의 본질을 설명하고자 하이데거의 "세계-내-존재"를 하나의 소재로 끌어온다. 그는 '세계', '내', '존재' 그 각각의 근저를 용의주도하게 탐구하면서, 그것을 철저하게 실존적으로 해석한다.[5] 그는 세계를 추상화시키지 않고, 지금 눈에 보이고 몸으로 부딪히는 일상적 세계를 말하고자 한다. 그 한 예가 '윤회'의 의미에 대한 철저한 실존론적 해석이다.

일반적으로 윤회란 하나의 존재 형상에서 다른 존재 형상으로의 끝없는 전화(轉化)이다. 그리고 이 전화가 일어나는 장, 말하자면 육도(六道; 天上, 人間, 修羅, 餓鬼, 畜生, 地獄)를 포괄하는 장이 바로 '세계'이다.[6] 그렇다면 "세계-내-존재"는 일단 육도 안에 갇혀 사는 인간의 현처지성을 나타내는 말이다. 인간을 포함하여 일체 중생은 육도 사이에서 생(生)과 사(死)를 끝없이 반복한다. 생명있는 모든 것들이 전생(轉生)의 굴레 속에서, 즉 무한한 시간과 무한한 공간적 연관 속에서 끝없이 업(業)을 지으면서 고통스럽게 유지되고 있다는 말이다.

---

5) 『宗教とは 何か』, 189-99, 262-74; 『종교란 무엇인가』, 245-57, 332-348 참조.
6) 『종교란 무엇인가』, 245-46.

니시타니에 의하면, 인간의 기본 처지를 이렇게 보는 것은 고통스런 현실에 대한 '신화적인' 해석이며 표현이다. 그러면서 신화적 요소는 실존론적으로 비신화되어야 한다고 본다.[7] 윤회라고 하는 신화적 표상의 핵심과 의미를 실존론적으로 해석해보고자 "세계-내-존재"를 하나의 소재로 끌어오는 것이다. 중생은 왜 "세계-내-존재"인가?

3. 무한 즉 유한—업(業)에 대한 실존론적 비신화화

그가 보기에 중생이 육도에 윤회한다는 말 속에는 인간 존재에 대한 깊은 실존적 이해가 잠재되어 있다. 인간은 시·공간 안에서 성립되고 타자와 서로 결부되어 있다. 끝없이 세계와 연관을 지으면서 그 위에서 성립하고 있는 것이다. 특별히 시간 내 존재(Being-in-time)인 인간은 그 시간 속에서 존재(being)를 유지하기 위해 부단히 무언가를 행하며(doing), 그 행위를 통해 끝없이 무엇인가를 생성한다(becoming). 시·공간적 세계 연관 속에서 무언가 '한다'는 행위를 일종의 부채로 짊어지고 있으며, 그 부채를 보상하기 위한 끝없는 행동이 다시 새로운 부채를 낳는다. 이것이 윤회하는 중생의 존재 방식이다. 인간은 무언가 '하는'(doing)는 행위를 통해 '되는'(becoming) 자승자박적 존재(being)라는 말이다.

그 '나'라는 존재는 언제나 인연에 의해 서로 연결된 전체적인 연관 속에

---

[7] 니시타니는 '신화'를 실존론적으로 해석하는 신학자 불트만(Rudolf Bultmann)의 "실존론적 비신화화"에 원칙적으로 동의하면서, 신화 안에 내재되어 있는 적극적 의미를 찾아보고자 한다[니시타니 케이지, 앞의 책, 251-52; 西谷啓治, "佛敎とキリスト敎", 『西谷啓治著作集』, 第六卷(東京: 創文社, 1991), 257-86; "神話の問題", 『西谷啓治著作集』, 287-301]. 니시타니는 독일어 'Entmythologisierung'를 '非神話化'로 표현하고 있어서 본 논문에서도 이를 따랐으나, 제목에서만큼은 요즈음 사용 경향에 따라 '탈신화'라는 표현을 사용했다.

서 나타난다. 그 끝없는 연관은 나의 현존재(Dasein)를 그 현존재까지 한정하면서 그러한 인연의 끈으로 연결시킨다. 그 끝없는 인연의 끈이 인류 전체, 생물 전체, 세계 전체 등을 나의 존재와 행동과 더불어 '운명적으로' 엮어준다. 그 전체는 나의 현존재의 근본에서, 나의 행동 바로 아래에서 현존재를 존재하게 해준다. 결국 그 전체는 현존재를 한정하고 있는 것으로 작용하고 있는 것이다. 나의 여러 가지 행동은 언제라도 전체적인 연관 속에서 무시이래의 파동과 하나가 되어 그 모든 파동 가운데 하나의 초점으로 현성(現成)한다. 나의 행동은 그러한 한정없는 전체로부터 나타나온다. '세계-내-존재'로서의 '있다'는 무엇인가를 '한다'는 행위를 통하여 '된다'가 될 때 언제나 이와 같은 모양으로 성립한다.[8]

'나'라는 존재는 언제나 끝없는 인연의 끈에 얽힌 세계 연관 속에서만 존재한다. 인간은 세계를 대상적으로 바라볼 수 없는 '내존재'라고 말하듯이, 아무리 자의적으로 무언가를 '한다'고 해도, 인간의 그러한 자발적이고 의지적인 행위는 도리어 한없는 세계 연관에 의한 끝없는 인과(因果)의 그물을 짜가는 근본 원인으로 작용한다. 자신의 자유로운 의지라고 하는 것이 그대로 운명적이고 인과필연적인 것이라는 말이다. 의지라는 것이 인과필연적으로 얽힌 것인 까닭에 업(業)을 덜기 위한 자유로운 행위가 도리어 업을 만들어낸다. 이 업이 시작도 끝도 없는[無始無終] 시간적 연관 속에서 나 뿐 아니라 남까지도 몰아세우는 '무한충동'으로 작용하는 것이다. 인류 전체, 생물 전체, 세계 전체는 이러한 무한충동적 연관성 속에서 존재하는 것이다.

니시타니에 의하면, 이러한 무한충동의 대표적 표상이 바로 '의지'이다. 특별히 서양의 역사는 '의지'를 그 기초로 삼고 있다.[9] 그

---

8) 『종교란 무엇인가』, 336-37.
9) 니시타니는 그리스도교의 신중심적 역사관, 이에 대한 반동으로서의 근대 계몽주의의 인간중심적 역사관, 그리고 이들 두 가지 역사관에 대한 안티 테제로서 나타난 니체식의 영원회귀의 역사관에 대해 논하면서 이들 모두 '의지'

가 볼 때 이 의지란 자아중심적 인격성을 가지고 자아의 입장을 전제한, '자기 내 폐쇄'적인 것이다. 그것은 불교에서 오랫동안 '무명'(無明)이라고 불러왔던 것과 다르지 않다.[10] 무명이 끝없는 생사유전(生死流轉)의 원천이듯이, 의지는 자유를 추구하려는 본래의 의도에도 불구하고 언제나 인과적이고 필연적으로 인간은 윤회의 굴레 속에 얽어매는 원인이 된다. 자발적인 의지라고 하는 것이 사실상 인과필연적으로 타자에 의해 충동되고, 동시에 타자를 충동하면서 모든 살아있는 것들을 끝없는 윤회의 굴레 속으로 밀어넣는 것이다. 의지가 불교에서 말하는 업(業)과 같은 작용을 하는 셈이다. 역으로 말하면 업에도 의지적 측면이 있다는 것이다. 서양 역사의 기초에 '의지'가 놓여있다면, 동양(특히 불교권) 세계의 기초에는 '업'이 놓여있는 셈이다. 니시타니에 의하면, 업과 의지는 동서양 역사의 기초에서 끝없는 작업의 충동인으로 작용하고 있다.

니시타니는 "세계-내-존재"를 일단 이런 차원에서 '육도 내 윤회'와 관련하여 해석한다. 그러면서 윤회를 끝없이 이어가게 하는 업의 무한성, 윤회의 근본에 있는 무한충동으로서의 업이 그 업으로 현성(現成)하는 장소에 초점을 맞춘다. 유한한 업을 무한히 이어가게 하는 자리는 어디인가? 다음에서 보듯 그 장소는 바로 시간이다.[11] 그는 이렇게 말한다: "여기서 무엇보다 큰 문제점은 '무시이래(無始以來)의

를 역사의 기초로 삼고 있는 점을 예리하게 지적한다. 즉, 그리스도교의 경우에는 '하느님의 의지'가, 근대 계몽주의의 경우에는 '인간의 이성적 의지'가, 그리고 니체의 경우에는 '힘에의 의지'가 역사의 원리로서 각각 세워져 있다는 것이다. 특히 서양에서 "시간과 영원의 문제, 역사적인 것과 초역사적인 것의 문제는 결국 의지의 개념과 항상 결합된다." 이상, 니시타니 케이지, 앞의 책, 32, 330; 아베 마사오, "니시타니 케이지의 『종교란 무엇인가』에 대하여", 아베 마사오, 『禪과 종교철학』, 변선환 엮음, 대원정사, 1996, 153, 176 참조.

10) 『종교란 무엇인가』, 338.   11) 『종교란 무엇인가』, 331.

업'이라고 말하듯이, 업이 시작도 없고 끝도 없는 시간을 장으로 삼아 생각되고 있다는 사실이다." 업은 시작도 없는 때로부터 계속되어 끝도 없는 때까지 계속된다. 이른바 무시무종(無始無終). 그렇지만 업 자체는 구체적 '실존' [12]을 통해 작용하는 유한한 것이다. 아베(阿部正雄)의 말처럼 "업은 어느 때나 '나의' 업이다."[13] 업이 유한한 구체적 실존을 통해 작용하면서 그 실존과 하나되어 있다는 말이다. 그런데 과연 유한한 것이 무한히 작용할 수 있는가?

니시타니에 의하면, 오성(verstand)이나 이성(vernunft)의 입장에서는 '무한히 유한하다'든가 '유한이 무한히 계속된다'든가 하는 것은 논리적으로 모순이고 무의미하다. 그러나 인간 실존의 입장에서는 논리적으로 무의미하다며 간과할 수 없는 어떤 것이 내포되어 있다. 실존의 입장에서 유한한 것이 무한히 작용하고 형성된다는 말은 유한성이 '철저한 유한성'이 되는 것을 뜻한다. 유한성이 철저한 유한성이 된다는 것은 그 유한성을 유한성으로 직시하는 것이다. 니시타니는 이렇게 말한다.

> 유한성의 실존적 직시란 '세계 내 존재'로서의 현실재의 본질을 그 현실재 바로 밑, 저 탈자(脫自)의 장에서 인증하는 일이다. 다시 말해서 현실재와 그 유한성이 현실재 바로 밑에 이성의 차원마저 초월한 장에서 현성하는 것으로 직시된다. 바로 그것은 유한성의 본질적 개시에 지나지 않는다. 그러한 방법으로 열려진 본질은 이성의 차원에서 개념적으로 포착된 소위 본질과 전혀 다른 성격이며, 실존적으로만 규명될 수 밖에 없다.[14]

---

12) 이 때 니시타니가 생각하는 '실존' 개념은 하이데거와 구분되는, 실존 철학에서의 실존 개념에 가깝다. 하이데거로 치면 '현존재'에 접근하는 개념이라 하겠다.
13) 阿部正雄, "意志·空·歷史", 上田閑照 編, 『情意における空』(西谷啓治先生追悼, 東京: 創文社, 1992), 44.
14) 『종교란 무엇인가』, 249.

유한성의 본질을 꿰뚫는다는 것은 유한성을 직시하는 실존적 자각에 의해서만 가능하다. 그것은 사실상 유한성의 바닥없는 깊이[無底]로부터 열리는 것이다. 니시타니가 즐겨쓰는 이른바 '허무'에서 열리는 것이다. 바닥없는 깊이로부터 허무가 유한으로 현성하는 것이다. 바로 이 때 '무한한 유한성'이 등장한다. 개념적으로 보면 이것은 모순이지만, 실존적 자각의 차원에서 보면 모순이 아니다. 도리어 유한을 단순한 유한으로만 보면 그 유한에만 갇히게 된다. 거기서는 진실로 유한성을 열지 못한다. 그보다는 유한성의 근저에서 허무를 봄으로써, 유한이 근저에서부터 다른 것이 아닌 그 유한으로 보일 때, 유한은 더 이상 무한에 대립한 유한이 아니고 무한은 더 이상 유한에 대립한 무한이 아닌, 양자상통(兩者相通)의 세계가 열린다는 말이다.

양자상통이라 하지만, 이미 대립하고 있던 유한과 무한이 비로소 합일하게 된다는 뜻은 아니다. 유한한 업의 자리가 끝도 없는 바닥에서부터 현전하는 곳에서 유한은 철저한 유한이 되고, 그곳에서 유한과 무한간의 대립이란 애당초 없다. 이 때 '무한한 유한'이라고 하는 실존적 자각의 세계가 열린다. 이 '무한한 유한'은 허무적 근저에서만 가능하다. "무시이래의 업"에 담겨 있는 시간적 무한성과 업의 유한성이 실존적 자각 속에서 상즉(相卽)하게 되는 것이다. 니시타니는 이런 식으로 끝없이 계속된다는 신화적 윤회의 세계를 실존론적인 차원에서 '비신화화' 시키고, 그 신화의 핵심에 있는 '세계-내-존재'가 실존적으로 자각되는 '이치' [理]를 제시한다.

그 이치가 의미하는 것은 "인간이 오성과 이성의 입장마저도 돌파한 초월의 차원에서 자신의 유한성을 포착하는 것을 말한다. 그것은 현존재의 유한성이 또는 그 유한한 현존재 자체가 그러한 초월의 장에서 본질적으로 현성하고 있다는 자각, 다시 말해서 현존재의 탈자적(脫自的) 자각이다."[15] 유한한 현존재가 이성과 오성을 돌파한 자리에서 탈자적으로 자각됨으로써 유한과 무한의 일치, 유한한 업의 무한성이 성립된다는 말이다. 그러한 자각이 "세계-내-존재"로서의 현실재의 근본을 규정해준다. 이 이치는 유한성에 대한 개념적이고 표상적인 사유로는 불가능하며, 그러한 사유를 초월한 장에서 자신의 유한성을 직시하는 실존적 자각에 의해서만 가능하다.[16] '무한한 유한'은 그러한 초월의 장에서 현성한다. 업으로 인해 육도에 윤회한다는 "세계-내-존재"의 본질에는 바로 이러한 것이 놓여 있다.

4. 종교적 실존과 시간— '이미'와 '아직'의 상즉성

이처럼 "이러한 '무한한 유한성'은 '세계-내-존재'라는 생사의 본질에 나타나는 시간적 측면"이다.[17] 생사의 근저에서 허무가 탈은폐하면서 생사가 생사로 현전할 때, 달리 말해 인간 존재의 근저에서 끝없는 허무가 실존적으로 열릴 때 시간은 시간으로 숙성[時熟]한다. 시간은 실존 이전에 주어져 있는 것이 아니다. 시간은 실존과 하나되어 있을 때에 비로소 시간이 된다. 그는 이렇게 말한다.

우리는 시간 속에서 태어나고 죽는다. 시간 속에 있다는 것은 부단히 삶

---

15) 『종교란 무엇인가』, 249.
16) 니시타니에 의하면 지금까지의 종교철학에서는 오성이나 이성 혹은 감정과 같은 것에 기초를 두고서, 인간의 근본적인 문제를 탐구해 왔다. 하지만 니시타니에 의하면 "후기 쉘링, 쇼펜하우에르, 키에르케고르, 포이에르바하 혹은 마르크스의 사상", 그리고 무엇보다 "니체의 허무주의(니힐리즘)" 등에 의해 인간의 이성이나 감정 등이 얼마나 불확실한 것인가를 명확히 알게 된 현대의 상황을 감안한다면 기존의 종교 연구 태도는 재고되어야 한다. 니시타니는 이성이나 감정 등과 같이 인간에게 내재되어 있는 것을 가지고 종교의 공통된 본질을 찾으려던 18, 19세기의 종교철학을 모방하지 않는다. 그는 오히려 전통적 종교철학의 입장이 무너지고 이성이나 감정이 돌파된 그 자리에 촛점을 맞춘다. 이 자리가 탈자적 초월의 장, 즉 "공"이다.
17) 『종교란 무엇인가』, 250.

과 죽음 속에 있다는 말이다. 그러나 우리는 단순히 시간 속에 또는 삶과 죽음 속에 있기만 하는 것도 아니다. 우리 자신의 '근본'에 있어서 우리는 단순히 생사 속을 유전하고 있는 것이 아니라 삶과 죽음을 살고 죽고 한다. 단순히 시간 속에 있는 것이 아니라 시간을 살고 있다(시간을 살려 나가고 있는 것이다). 그때 그때에 순간을 순간답게 하며 시간을 '숙성' 시키고 있다.[18]

중생이 무시이래로 과거와 현재 '사이'를 떠돌아다니는 것이 아니다. '사이'가 아니라 과거와 현재를, 즉 시간을 사는 것이다. 생과 사 속을 유전하는 것이 아니라, 생과 사를 살고 죽는다. 실존이 시간을 열어주기 때문이다. 그래서 실존은 시간의 시작이다.

그 실존은 항상 흘러가는 시간 속에 있으면서 항상 시간의 시작이 된다. 부모로부터 태어난 삶이면서 부모가 태어나기 이전[父母未生以前]인 삶이다. 이 '이전'은 물론 단순히 시간적 발생상의 '이전'만을 일컫는 것은 아니다. 오히려 '시간' 발생 이전이요, '시간' 자체의 발생의 '처음'이라는 뜻이다.[19]

실존은 흘러가는 시간 속에 있으면서, 그 시간의 시작이다. 직선적 시간의 처음에 있는 것이 아니라 시간의 원천이라는 뜻이다. 이렇게 실존은 시간 안에 있으면서 시간을 낳는다. 그래서 실존을 일러 "부모로부터 태어난" 삶이면서 "부모가 태어나기 이전"의 삶이라 말하는 것이다. 이곳에서 직선적 시간관은 폐지된다. 아득한 과거, 요원한 미래라는 시간적 개념도 실존의 탈자적 자각에서 성립하는 까닭에, 일체의 시간, 일체의 사태는 모두 실존이라는 절대 현재에 방향

---

18) 『종교란 무엇인가』, 233; 여기서 말하는 '시간의 숙성'[時熟] 개념은 하이데거의 것과 거의 같다.
19) 『종교란 무엇인가』, 281.

지어진 것이다. 절대 현재에 방향지어졌다는 것은 절대 차안으로부터 비롯되는 일이라는 뜻이다. 절대 현재라는 시간적 개념과 절대 차안 이라는 공간적 개념은 이곳에서 하나가 된다. 실존 안에서 살아나는 시간은 단순히 시간성에만 머무는 것이 아니라, 공간성도 포함한다. "시작도 끝도 없는 시간과 그 속에서의 우리 존재는 세계라는 전체적 연관을 떠나서 생각할 수 없다." 니시타니는 말한다.

> 그 시간적 연관은 또한 끝없이 큰 공간적 연관과 하나가 되어 서로 결부하고 있다. 따라서 처음도 끝도 없는 시간 안에서의 행위는, 즉 시간 자신의 생성으로서 보여지는 매순간의 우리의 '유위'(有爲)는 결국 종적으로 우리의 배후에 있는 무시이래의 연관 속에서 생겨나며, 횡적으로 우리와 더불어 존재하는 모든 사물과 결부해있다. 끝없이 무언가를 행하고 있는 인간 존재는 끝없는 세계와 연관을 지으면서 그 위에서 성립한다. 20)

무시이래로 육도에 윤회한다는 말 속에는 시간성과 공간성이 하나로 녹아있다. "무한한 유한성이 '세계 내 존재'라는 생사의 본질에 나타나는 시간적 측면이라 한다면, 전체적 지평은 그 공간적 측면이다." 아울러 "육도 윤회를 배경으로 해서 '세계 내 존재'로서의 생사의 '고'를 '일체개고'(一切皆苦)로서 포착하는 길에도 시간성과 공간성이 같은 모습으로 상즉하고 있다."21)

이곳에서 시간적 '이미'와 '아직'은 상통한다. '이미'라는 과거적 표상과 '아직'이라는 미래적 표상 모두 원천적으로 실존에서 발생하는 것이기 때문이다. 실존 안에서는 '이미'와 '아직'으로 분리되고 대립되지 않는다. 지금 일상적으로 존재하는 바로 그것 뿐이기 때문이다. 과거와 미래가 상통하고 '이미'와 '아직'이 상즉한다. 이것은

---

20) 『종교란 무엇인가』, 333.
21) 『종교란 무엇인가』, 250.

니시타니가 말하듯이, "우리 자신의 '근본', 즉 우리 '자체'가 원래 그러한 존재"이기에 가능한 일이다.[22] 이미 그렇게 되어 있기에 지금 그럴 수 있다는 것이다. 애당초 "시간이 숙성해가는 처음, '시간' 자체의 처음에 있으므로 생사를 떠나 있고,"[23] 이미 무한한 윤회의 사슬을 벗어나 있는 것이다. 이것이 니시타니가 말하는 "종교적 실존"이다. 직접체험 안에서 성립되는 사실이다. 그래서 "근본적이고 체험적인 사실"이다.[24] 무한한 유한성이라는 말은 바로 이 '종교적 실존'에서 성립한다. 이성적 차원에서의 논리적인 모순이 실존의 차원에서 정당한 자각의 논리로 전환하는 것이다.

물론 이러한 전환은 전에는 그렇지 않았다가 비로소 이루어지는 일이 아니다. 비로소 이룬 듯한 모습은 사실상 '이미' 이루어져 있는 사실의 구체적 현전이다. 이미 이루어져 있기에 '비로소' 이룰 수 있으며, 비로소 이룬 것 역시 이미 이루어져 있는 사실과 조금도 다를 바 없는 것이다. 종교적 실존에서는 더 이상 '이미'와 '아직' 혹은 '비로소'가 대립적이지 않다. 실존적으로 '아직'인 곳에서는 유한성에 휩싸여 끝없이 육도에 윤회한다면, '이미'가 '비로소' 자각되는

---

22) 『종교란 무엇인가』, 233; 이상에서의 '실존'이란 하이데거가 말하듯, 탈자적 실존, 즉 탈존(脫存)이다. 그러나 그러한 탈자가 가능하려면 그 자리는 바닥없는 깊이, 즉 허무 위에 자리잡고 있어야 한다. 허무 위에 있음으로써만 유한이 바로 그 유한으로, 즉 무한한 유한으로 현성할 수 있는 것이다. 이것은 하이데거가 구분하는 '실존론적'(existential)과 '실존적'(existentielle)의 도식에 상응한다. '실존론적으로' 허무 위에 있기에 '실존적으로' 허무의 현성을 경험할 수 있게 되는 것이다. 그러나 이렇게만 말할 때는 하이데거의 탈존과 다를 바 없지만, 허무의 현성으로 인한 유한의 철저한 긍정, 허무와 유한 및 무한 사이에서 일체의 차별을 두지 않는 바로 이 곳에서 니시타니는 하이데거와 갈라진다.
23) 『종교란 무엇인가』, 282.
24) 齋藤義一, "西谷哲學に見られる'體驗と思惟の相卽性'について", 『情意における空』, 100.

곳에서는 그 유한의 허무적 근저가 현성하면서 생사를 여실하게 생사로서 살아가게 된다. 시간과 공간을 실존적 '리얼리티'의 체현 속에서 하나로 살아가는 것이다. 달리 말하면 사태의 본질을 '머리'만으로가 아닌, '온몸'으로 체득하게 되는 것이다.[25]

이런 식으로 니시타니는 시간과 공간을, '이미'와 '아직'을 철저하게 하나로 보는 종교적 실존을 밝히고자 한다. 그것은 이미 "우리 자신의 근본, 즉 우리 자체가 원래 그러한 존재"라는 사실을 밝히려는 것이기도 하다. 즉, '이미' 실존론적으로 윤회를 넘어서 있기에 이미와 아직, 시간과 공간을 하나로 살아가는 "종교적 실존"이 비로소 성립할 수 있다는 말인 것이다.

5. 윤회를 넘어선 보살의 길

이러한 종교적 실존은 보살의 삶이요 보살이 걷는 길이다. 보살은 중생의 원천적 현실, 즉 '부모가 태어나기 이전의 삶'을 직시한 까닭에 내재와 초월, 절대와 상대 등을 더 이상 차별적인 두 실재로 간주하지 않는다. 시간과 공간 안에 있으면서 시간과 공간으로부터, 인과필연성에 따르면서 그 인과필연성으로부터, 즉 '세계 연관'으로부터 절대 초월한다. 그러나 그 절대 초월은 '세계 연관'과 무관하기만 하다는 뜻은 아니다. 그것은 동시에 절대 내재이다. 그렇기에 보살은 세계를 떠나 있지 않고 세계 안에 있으면서 세계로부터 자유롭다. 절대 차안, 즉 모든 일상적 삶 안에 있으면서 그 일상으로부터 자유롭다. 그저 세계 '안'에 갇혀 있는 것이 아니라, 세계와 하나되어 세계를 넘어서는 방식이다. 이른바 초불월조(超佛越祖), 살불살조(殺佛殺祖)

---

25) 西谷啓治, "佛敎における向上の立場", 南山宗敎文化硏究所 編, 『絶對無と神: 西田・田邊哲學の傳統とキリスト敎』(東京: 春秋社, 1981), 164.

의 삶인 것이다.

초불월조, 살불살조의 삶은 이미 그렇게 넘어서고[超/越] 죽일[殺] 부처[佛]나 조사[祖]란 따로 없음을 뜻하는 것이다. 니시타니의 표현대로, '절대무', 즉 '공(空)의 장(場)'에 서 있다는 뜻이다. 이러한 장에 서는 것은 그 장으로서의 존재 방식에 자신을 내어맡기는 것이고, 임제(臨濟)가 말한 '자기를 믿는 것'[自信]이라고도 할 수 있다. 그 '자신'(自信)은 자기를 이롭게 하는 '자리'(自利)이고, 동시에 본질적으로 이타적(利他的) '자신'(自信)이다. 일체의 "한다"고 하는 행위는 모두 '자타불이적' 행위이다, 즉 "타자중심 즉(卽) 자기중심", "자기중심 즉(卽) 타자중심"인 것이다. 이러한 현존재의 본래상은 사홍서원(四弘誓願)에서도 잘 드러난다.

> 중생이 가없지만 모두 건지오리다(衆生無邊誓願度)
> 번뇌가 끝없지만 모두 끊으오리다(煩惱無盡誓願斷)
> 법문이 한없지만 모두 배우오리다(法門無量誓願學)
> 불도가 위없지만 모두 이루오리다(佛道無上誓願成)

니시타니에 의하면, 사홍서원은 "무한한 사물에 대한 무한의 서원을 표현하고 있다." 이러한 서원은 절대무, 즉 '공의 장'에서 성기(性起)하는 현존재의 본래상 그 자체에 서 있기에 실현될 수 있는 것이며,[26] 무한한 사물에 대한 무한의 서원은 개개 사물을 본래 그러한 자리에 세워두는 자리에서만 가능하다. 이것이 절대무의 자리에 서는 일이며, 그럴 때 개개 유한한 것이 그 근저로부터 '유한 대 무한'의 대립을 끊고 바로 그 유한으로 현성하는, 즉 '무한한 유한'이 성립되는 것이다.

무한한 유한이 성립되는 곳에서 '가없는' 중생을 건지고, '끝없는'

---
26)『종교란 무엇인가』, 375, 376.

번뇌를 끊는다. 마찬가지로 '한없는' 법문을 배우고, '위 없는' 불도를 이룰 수 있는 것이다. 무한은 유한의 끝없는 연장이 아니다. 유한이 바로 그 유한이 되어, 유한과 무한 간 대립적 차별이 사라지는 것이다. 바로 이곳에서 가없는 중생을 제도하려는 '타자지향적 서원'과, 끝없는 번뇌를 끊고 한없는 법문을 배우며 위없는 불도를 성취하는 '자기지향적 서원'이 동시에 이루어진다. '아래로 중생을 구제하는 것'[下化衆生]과 '위로 깨달음을 구하는 것'[上求菩提]은 본질적으로 서로 의존하는, 동시적인 것이다. 이것이 보살도이다. 현존재의 무한한 생명을 자각하고 나와 너를 바로 나와 너의 자리에 세워둠으로써 현존재의 무한한 생명을 바로 그 생명으로 살려나가는 것이다. 이것이 니시타니가 해설하는, 업을 꿰뚫고 윤회를 넘어선 종교적 실존의 길이다.

제3부

불교와 그리스도교, 깊이에서 만나다

9
종교들을 비교한다는 것

1. 비교의 정의와 태도

비교한다는 것은 무엇인가? 사전적인 의미로 "비교"란 "두 개 이상의 사물을 견주어 서로간의 유사점, 차이점 따위를 고찰하는 일"이다.[1] 이 때 비교되는 둘 이상의 사물은 서로 다른 것들이다. 그런데 서로 다른 것들을 한 자리에 가져와 견준다고 하는 것은 이들이 전적으로 다른 것이기만 하지 않고, 공통되는 그 무엇이 있다는 뜻이기도 하다. 애당초 서로 다르기만 했다면, 비교의 대상조차 되지 못했을 터이다. 가령 "코끼리와 돌멩이의 비교", 문학적인 접근이 아닌 다음에야 비교 대상들 간 거리가 워낙 멀어 애당초 한 자리에 놓일 일이 거의 없는 것들이다.

물론 처음부터 확연히 같은 것이라고 간주되더라도 비교는 이루어지지 않을 것이다. "돌멩이와 돌덩이의 비교", 그게 그놈이라 비교의 가치가 느껴지지 않는 것들이다. 무언가를 비교하고자 하는 행위는 대상들 간에 차별성과 상통성이 공존하고 있으되, 아직 그 관계가 모호할 때 이루어진다. 그리고 무엇보다 외견상 뚜렷한 차별성 속에서 느껴지던, 아직은 모호한 상통성 내지는 유사성이 대립과 갈등으로 아파하고 있는 우리의 삶에 조화와 일치라는 유용한 의미를 던져줄 수 있겠다고 판단되었을 때 비교 행위가 이루어질 수 있는 것이다.

---
1) 이희승 감수, 『에센스 국어사전』, 민중서림, 1990.

또한, 하나의 사물이나 현상일지라도 서로 다른 시대와 상황 속에 처해 있으면서 이들 시대 사이의 연속성과 불연속성의 관계가 불분명하게 느껴질 때도 비교 행위가 이루어질 수 있다. 굳은 선입견 속에 갇혀서 동일성만 볼 뿐 끝없이 변화하는 사물의 다양한 측면을 제대로 읽지 못하고 있을 때, 이들 간의 차별성을 밝히는 일도 중요한 비교 행위인 것이다. 한 예로 역사적인 예수와 21세기 일반 한국인이 느끼는 막연한 그리스도 도그마는 결코 똑같지 않다. 역사적 예수와 저 하늘 높은 곳에서 '상제'(上帝)처럼 내려다보고 있는 예수를 비교함으로써 동일존재인 듯한 이들 간에도 차별성이 있음을 밝히는 작업 역시 적절한 종교간 비교 행위이며, 원시 인도 불교와 한국 혹은 일본적으로 토착화한 민간 불교 사이의 비교 역시 긴요한 일이 된다는 말이다.

그렇다면 비교는 무엇보다 비교되는 두 사물 내지는 현상 간의 유사점과 차이점을 제대로 보고서, 차별적인 것은 차별적인 그대로, 유사한 것은 유사한 그대로 드러내고 정리하는 작업이어야 한다. 무엇이 비슷하고 무엇이 다른지, 무엇이 공통적이고 무엇이 개별적인지, 그 개별성을 손상시키지 않은 채 공통성을 찾아 정리하는 작업, 더 나아가 그 공통성과 개별성에 담긴 중요한 의미까지 드러내고 정리하는 작업이 비교 행위라고 할 수 있다.

공통점을 드러낸다며 비교 대상들이 지닌 기존의 독특성과 차별성을 상실시켜버린다면 그것은 적절한 비교가 아니다. 공통점을 드러내면서도 개개의 독자성을 끝없이 유지해나가는 것이어야 한다. 아니 비교라는 작업 자체가 비교 대상들의 본래적인 모습을 유지하고 가장 잘 드러나도록 해야 한다는 전제를 지니는 행위이다. 비교철학자 라쥬(P.T.Raju)가 비교 연구의 의미를 주로 인간의 공통적인 본성, 공통분모, 동질성 등을 밝히는 데서 찾고 있지만,[2] 이것은 자칫 비교 대상들의 개별적 독특성을 희석시켜버릴 위험성을 안고 있다. 공통되고 유사한 그 무엇이 있을 때 비교 행위가 이루어지는 것이기는 해도, 반드시 비교되는 사물을 그 사물되게 해주는 독특성과 차별성을 견지하는 가운데 그렇게 해야 하는 것이다. 결론을 미리 의도한 짜맞추기식 비교 작업은 비교 대상을 기만하고, 그 개체성을 파괴시키는 행위이다. 비교 대상은 사라지고 독단적 비교 주체의 오만한 의도만이 남게 되기 때문이다. 종교들의 비교에서 흔히 벌어질 수 있는 자세인, 배타적 호교론의 차원에서 행해지는 자기 우월적 비교는 이미 비교가 아닌 것이다.[3]

2. 비교 대상과 비교 주체

물론 비교 대상이 하는 말은 비교 주체 안에서 들린다. 그런 점에서 비교 행위에는 이미 어떤 유사점과 차이점을 그 유사점과 차이점으로 진단하는 비교 주체가 포함되어 있다. 이런 점에서 유사하고 저런 점에서 상이하다고 판단한 비교 주체의 시각이 있음으로써만 이것과 저것을 비교하는 행위가 가능해진다는 말이다. 바꾸어 말하면 비교 행위는, 가다머(Hans-Georg Gadamer)의 표현을 따르건대, 비교하는 주체의 '선입견'이 이미 개입된 사건이라는 뜻이다. 비교하는 행위에는 언제나 비교 대상들은 물론 비교 주체까지 포함되고, 따라서 비교 주체가 누구냐에 따라 비교의 과정과 결과가 달라지기도 한다. 비교

---

2) P.T. 라쥬, 『비교철학이란 무엇인가』, 최흥순 옮김, 서광사, 1989, 48, 104 등 참조.
3) 배타적 호교론으로 인한 타종교 몰이해의 실질적인 예들에 대해서는 이찬수, 『생각나야 생각하지: 사유, 주체, 관계 그리고 종교』, 다산글방, 2002, 제13장 (262-290)을 참조할 것.

주체 역시 홀로 순수하게 있지 않고 기존의 지평 안에 제한되어 있기 때문이다.

그러나 역설적이게도 진정한 비교는 비교 주체의 이러한 제한성, 그의 '선입견'을 통해서만 이루어진다. 기존의 사회-문화적 지평에 제한되어 있는 곳에서만 바로 그 제한성을 통해 비교가 이루어지고, 그 결과가 독자 혹은 청자는 물론 비교 주체 자신을 변화시키며, 그렇게 변화하면서 비교 주체와 그가 속한 사회의 정체성도 유지되어 나간다. 이것이 비교되는 대상들로부터 나오는 목소리가 살아 움직이고 있는 현장이다. 인도의 불교가 '격의적'(格義的)으로 중국화하면서, 다시 말해 인도 불교의 '공'(空)이 노장(老莊) 사상의 '무'(無)와 같은 것으로 '오역'되면서, 불교가 중국 안에 자리잡을 수 있었다는 역설이 그 한 예이다. 노장 사상식 지평에 익숙한 중국인 번역자가 인도의 공과 노장의 무를 비교하면서 오해된 도교적 불교로 인해 인도의 불교는 비로소 중국 안에 이해되고 소개될 수 있었다는 말이다.[4]

사회-문화적 진공 속에서 영원불변하게 존재하는 자기동일적 본질이란 없다. 순수 중립적인 비교의 주체, 공평무사하고 순수 객관적인 비교란 것도 있을 수 없다. 보편성을 주장하려 해도 특수성 안에서만 할 수밖에 없고, 공평하고자 하지만 이미 공평할 수 없는 자리에 서 있기 때문이다. 이것은 분명히 비교하는 작업의 한계이다. 그러나 동시에 그러한 작업의 출발점이기도 하다. 특정 입장에서 비교되지 않고서는 영원히 비교할 수 없다. 우리의 모든 사유가 바로 나와 다른 것, 이것과 저것의 차이를 비교하고 나의 것으로 동화시키는 데서 오는 것이다.

그렇다고 해서 독단적이고 편파적인 비교가 되어서도 물론 안 된

---

4) Donald S. Lopez, Jr. ed., *Buddhist Hermeneutics* (Honolulu: University of Hawaii Press, 1988), 177-78 참조.

다. 중립적이고 순수한 비교가 없다 하여 모든 결론이 정당화되는 것은 아니다. 가다머가 타자에 개방적이지 못한 독단적 권위를 경계했듯이, 비교 주체의 지평을 절대시하는 데서 오는 결론은 정당화될 수 없다. 특정 입장에서 비교되더라도 내려진 결론이 정당성을 획득하기 위해서는 몇 가지 원칙을 지켜져야 한다.

첫째, 비교 주체의 유한하고 제한된 지평을 남에게 강요해서 인위적이고 예정된 결론을 이끌어내려 해서는 안 된다. 앞에서 말한대로 배타적 호교론의 차원에서 행해지는 비교는 이미 비교가 아니기 때문이다.

둘째, 비교의 결과 앞에 개방적이어야 한다. 그 결과 앞에서 비교 주체의 선입견도 달라질 수 있어야 한다. 이것은 비교 대상 자체를 존중할 때에만 가능한 일이다. 비교 대상 앞에서 진지할 때에만 그 대상의 차별성과 유사성이 자연스럽게 도출된다. 텍스트가 하고자 하는 말에 귀 기울이고, 그것이 스스로 말을 할 수 있도록 해야 한다. 비교 대상들 간의 관계가 밝혀지면서 새로운 의미도 발생하고, 그로 인해 비교 주체도 변화될 수 있는 것이다.

주체는 변화하지 않고 대상의 변화만 바라고 고집하는 것은 독단이다. 저마다의 독자성, 드러난 차이를 그 차이로서 긍정하고, 자신 안에 포용할 수 있어야 한다. 그렇게 해서 자신이 변화할 때 이러한 변화가 자신이 속한 전통에게 영향을 끼치고 그 전통으로부터 다시 영향을 받으면서 그 전통의 역사를 이루어나가는 것이다. 그리고 그와 똑같은 방식으로 전체 역사가 되는 것이다—이 점에서는 스미스(Wilfred Cantwell Smith)의 종교 전통 이론과 다르지 않다.[5] 비교 주체의 선입견이 전제되어 있다고 해서 비교 대상이 왜곡되고 마는 것은 아

---

5) 윌프레드 켄트웰 스미스, 『종교의 의미와 목적』, 길희성 옮김, 분도출판사, 1991.

니다. 비교 주체가 참으로 열린 자세를 견지할 때 그 선입견은 편견이 아니라 창조적 전이해로 작용한다. 그 때 그 대상을 가장 잘 보고 들을 수 있게 되는 것이다.

3. 불교와 그리스도교의 구조적 유사성

가령 그리스도교와 불교를 비교한다고 할 때, 그리스도교는 그리스도교적인 말을 할 수 있도록 하고 불교는 불교적인 말을 할 수 있도록 해야 한다. 그리스도교와 불교 간에 유사점을 밝히기 위한 작업도 각각의 차별적인 언어를 중시하는 가운데 이루어져야 한다는 것이다. 그리스도교와 불교의 유사성은 그리스도교가 그리스도교적인 말을 하고 불교가 불교적인 말을 하는 곳, 그리스도교는 그리스도교로 불교는 불교로 유지되어 가는 곳에서 드러난다. 이렇게 드러나는 유사성은 차별성을 담지한 유사성이다. 차별성을 담지한 유사성이기에 그 차별성과 유사성은 서로 대립적이지 않다.

가령 모든 인간은 미세한 지문조차 서로 다르지만, 그럼에도 불구하고 인간이라 불리는 그 무엇을 공유한다는 점에서 서로 유사하거나 한편 동일하다고까지 할 수 있다. 무엇이 인간을 인간되게 하는가에 대해 철학적으로 생물학적으로 사회학적으로, 또 기타 여러 가지로 규정해볼 수 있겠으나, 그것이 이번 글의 관심사는 아니다. 다만 인간을 인간되게 해주는 그 무엇이 있기 때문에 인간이라면 대번에 인간을 알아볼 수 있는 것이듯, '인간 현상'에는 공통점이 있게 마련이다. 물론 생물학적으로, 더 좁혀 세포학적으로 인간과 원숭이를 구별하기는 쉽지 않은 일이다. 더욱이 인간 중에는 간혹 원숭이만 못한 사람도 있고, 또 유전적 이유로 인해 원숭이처럼 태어나는 경우도 있다. 이럴 경우 적어도 생물학적으로 인간만의 고유한 본질을 말하기는 쉽지 않은 일이다. 그런 점에서 인간이 공유하는 그 무엇은 어떤 특정 차원에서 획일적으로 규정될 수 있을 성질의 것이 아니다. 더욱이 체세포 복제 기술이 발전하고 있는 오늘날 인간과 동물의 경계가 모호해질 경우는 더욱 늘어날 전망이다.

이 글은 이러한 경계를 분석하거나 명확히 하자는 데 목적을 두고 있지 않다. 종교들의 비교 문제를 다루는 이 글의 언어는 일단 일반적인 언어 습관을 중시한다. 한 가족의 구성원이라면 다른 가족 구성원에 비해 가족끼리의 유사성을 공유할 가능성이 크면서도 구성원 개인별로 차별성도 있다는 것을 이해하는 정도면 충분하다. 구성원 간 '가족 유사성'이 있음에도 불구하고 동시에 구체적인 성격이나 생김새에서는 차별성도 있다. 확대해 보자면, 인종과 종족은 다를 수 있겠으나 그러면서도 인간으로서의 공통성도 있다는 것이다. 모두 다 차별성 속에 유사성 내지는 공통성이 마련되어 있는 것이다.

전술한대로 이 때의 유사성과 차별성은 대립적이지 않다. 너와 나가 서로 다르면서도 늘 붙들고 싸우기만 하는 것은 아니듯이, 나와 너는 서로 다르면서도 대화를 통해 서로의 내면을 더욱 잘 이해할 수 있게 되듯이, 차별성 속에 담겨있는 공감의 세계가 인간 사회를 유지해가게 하는 기초인 것이다. 종교 현상도 다르지 않다. 종교들 역시 다양하면서도 이와 같은 인간 안에서 벌어지는 현상이라는 점에서 서로 대립적이지만은 않은 유사성을 지닌다. 이 유사성이 있기 때문에 아직 서로를 명확하게 알지는 못하면서도 대립과 갈등으로만 치닫지 않게 되는 것이다. 종교들의 비교는 저마다의 고유성을 중시하는 가운데 서로를 더 잘 이해하도록 해주는 이런 근거를 찾아 정리하는 작업이다.

그런데 과연 그리스도교와 불교를 비교할 수 있을 것인가? 겉보기에는 그리스도교적 언어와 불교적 언어가 상이하고, 지향하는 세계관이 현저하게 달라서, 이들은 비교 대상이 될 수 없으리라 생각하기 십상이다. 논의의 여지는 있지만 불교(동양)는 직관적이고 그리스도교 (서양)는 지성적인 경향이 있다는 일반적인 주장 외에도[6] 이들은 다음과 같은 점에서 분명한 차이를 보여준다.

> 그리스도교는 이 세계의 기원과 근거를 인격적 유일신에게서 보는 반면 불교는 존재하는 세계를 그 자체로 긍정하면서 일체의 기원적 존재, 인격적 신을 거부한다. 그리스도교가 신과 인간 사이에서 신의 주도권을 보고 신과 인간 간의 불가역성(不可逆性)을 주로 말한다면, 불교는 주도권을 쥔 어떤 궁극적 실재를 인정하지 않은 채 사물을 있는 그대로 통일적이고 우주적으로 파악하고자 한다. 궁극적 실재와 인간 사이에서 주로 가역성(可逆性)을 본다. 인간이 아무리 신을 깊게 체험한다고 해도 신은 신이고 인간은 인간일 뿐 신과 동일하다고 말할 수 없는 반면, 불교에서는 원천적으로 인간과 부처의 동일성에 대해 말한다. 이런 점에서 그리스도교와 불교는 분명히 갈라진다.[7]

불교와 그리스도교를 비교하여 이러한 차별성을 밝히고 정리하는 것도 중요한 작업이다. 그러나 이러한 외적 차이점들에도 불구하고, 이들은 기본적으로 지금 벌어지고 있는 세상사 그것이 전부가 아니라 이 세상을 세상 되게 해주는 근본 원리 내지는 가르침을 선포하면서, 그 근본 원리를 체현한 새로운 인간상을 제시하고자 한다는 큰 테두리에서 서로 만난다는 사실 또한 중요하다. 이들은 각박하고 이기적인 세상사에 찌들려 있는 인간들에게 자기를 내어주는 이타적 삶의 전형을 제시하고 그 근거에 대해 말한다. 한 마디로 "구원의 소식을 전하고 구원의 길을 제시한 구원의 종교라는 점에서 이들은 근본적인 형식적 일치를 보인다."[8] 구원 자체에 대한 해석상의 차이는 있겠으

---

6) 김하태, 『동서철학의 만남』, 종로서적, 1993, 9-18 참조.
7) 다음 장의 내용을 미리 당겨서 인용했다.

나 그리스도교와 불교는,

"모두 세상으로부터의 초월과 자유를 추구"하며, "눈에 보이는 현실에 종속되어 이기적 탐욕에 몰두하는 비본래적 삶을 거부하고 하나의 새로운 존재, 본래적 인간상을 되찾으려는 동일한 관심을 소유하는" 종교들이다.[9]

이타적 인간상, 세속 안에 살면서도 그로부터 초월해 살아가는 삶을 이상으로 제시하고 그것을 실현하고자 노력한다는 점에서 그리스도교와 불교는 '구조적 유사성'을 보이고 있는 것이다. 앞 표현에서처럼, 큰 틀에서 '형식상의 일치'를 보이고 있다고도 하겠다. 그리스도교와 불교 만이던가? 유대교, 이슬람은 물론, 유교, 도교 등 동·서양 대표적 종교들, 천도교, 원불교 등 한국에서 자생한 종교들도 원칙적으로는 대부분 그곳에서 만난다. 이들 모두 현재 드러나 있는 일상적 현실은 그 일상을 일상되게 해주는 원천적 진리와 사실에 근거해 있음을 선포하면서 인간으로 하여금 이러한 원천적 진리와 사실을 주체적으로 수납할 것을 요청하고 있다는 데서 '구조적' 유사성을 지니고 있는 것이다.[10]

예를 들어 보자. 앞에서 본대로 선불교적 입각점에서 동·서양의 창조적 융합을 모색하는 철학자 니시타니는 원래 깨달아 있고 일체의 대립과 차별을 초월해있는 인간의 "본래 진면목"을 중시한다. 대승불교의 기본 입장에 따라 그도 신분이나 종파에 관계없이 본래 깨달아 있는 인간의 기본 처지를 철학의 중심 주제로 삼는다. 만물은 모두 "공(空)의 장(場)" 안에서 근원적으로 통일되어 있으며, 따라서 외적으

---

8) 길희성, 『포스트모던 사회와 열린 종교』, 민음사, 1994, 157.
9) 위의 책, 같은 쪽.
10) 이런 시각으로 쓴 글에는 위의 책, 121-180, 292-404; 이찬수, 『인간은 신의 암호』, 분도출판사, 1999, 185-233; 본서의 다음 장에서 비슷한 내용을 다루고 있다.

로 드러나는 다양하고 차별적인 모습들에 집착하지 않고서 일체 사물을 그 자체로 긍정하는 새로운 인간상이 성립될 수 있다고 본다. 그는 이 공의 입장에서 만물의 근원적 자기동일성을 본다. 그러면서 그 근원적 동일성을 구체적으로 실현할 것을 요청한다. 불교적 전통에 어울리는 니시타니적 인간 규정이라 할 것이다.

구조적으로 보면 마찬가지이다. 20세기 최대의 가톨릭 신학자인 라너(Karl Rahner)는 은총의 보편성에 대해 말하면서, 모든 이가 하느님의 은총으로 들어 높여져 있음을 신학의 출발점이자 결론으로 삼는다. 인간 전체에 보편적으로 적용되는 원천적인 측면, 신의 은총으로 고양된 인간의 본래적 양심에 대해 말한다. 그러면서 그 양심의 빛에 따라 신실하게 살아가는 사람들을 "익명의 그리스도인"이라 부르며 창의적으로 규정한다. 누구든 하느님으로부터 울려나오는 이 깊은 양심의 세계를 현실의 삶 안에서도 구체화해내야 한다고 말한다. 선불교식으로 말하면, 부처로서의 자신의 본 모습을 깨닫고[頓悟], 구체적으로 그에 어울리는 삶을 살아가야 한다[漸修]는 것이다. 이들을 통해 보건대 그리스도교와 불교는 인간에게 원천적으로 부여되어 있는 진리와 그 진리의 구체화라고 하는, 구원론적 구조에서 유사성을 띠고 있는 것이다.

그러나 그것은 구조상의 유사성, 형식상의 공통성이지, 진리 자체의 동일성은 아니다. 진리 자체 혹은 내용상의 동일성이라고까지 말하기는 힘들다. 여전히 '유사성'의 차원에 머물러 있을 수밖에 없다. 인간을 인간되게 해주는 그 무엇이 있고, 가족을 가족으로 보게 만드는 유사성도 있지만, 온 식구가 다 똑같은 사람은 아닌 것처럼⋯ 세계의 대 종교 전통들 역시 동일한 내용을 지닌다고 말하기는 힘들다. 굳이 내용이라는 말을 쓴다면, 진리를 표현하는 형식상의 유사성 안에서 내용적 유사성을 추측할 수 있을 뿐이다.

이 때 내용적 유사성이라 함은 저마다 개인적으로 공감된 유사성(similarity)이지 객관적이고 보편적으로 확인된 동일성(sameness)이 아니다. 이 유사성은 온갖 차별적 언어들로 포장되어 있다. 이 포장은 양파 껍질과 같다. 포장을 뜯어 대번에 확인할 수 있는 내용물이 따로 있는 것이 아니다. 계속 껍질뿐이다. 그럼에도 그 껍질들이 모여 양파라는 실체를 이루듯이, 종교라는 알맹이는 일정한 의미를 지닌 다양한 표현들의 체계, 즉 구조로만 드러나고 있는 것이다. 이 다양한 표현들의 일정 체계에서 그리스도교와 불교는 유사성을 보여주고 있는 것이다. 불교와 그리스도교를 비교할 때는 이런 입장을 견지해야 한다. 그럴 때 그리스도인이 불교를 보는 관점은 물론 불자가 그리스도교를 관점도 충실해진다. 이들 사이의 차이는 바로 그 차이로 충분히 살려야 한다. 차이에 우열을 두거나 어느 한 쪽을 무시 또는 배타해서는 안 된다. 차이를 차이로 볼 수 있어야 서로를 제대로 보는 것이다.

4. 이해의 제한성과 비교의 한계

다시 말하건대, 구조적으로 유사하다고 해서 내용적으로 동일하다는 결론으로 바로 이어지지는 않는다. 내용적 동일성을 판단해줄 제3의 근거는 없다. 내용은 외적 표현 내지는 그 표현들의 일정한 의미 체계를 통해서만 전달되는데, 많은 경우 그 표현들이 차별적이라는 사실은 부인할 수 없는 일이기 때문이다. 누군가 불교와 그리스도교의 깊이의 세계에 동시에 들어가 탐구한 뒤 이 두 종교는 동일한 내용을 가지고 있다는 결론을 내린다 해도, 그 말을 알아듣는 이 역시 저마다 다양하게 제한된 지평 안에 있으며, 그 지평을 통해서만 제한적으로 알아듣기 때문에, 내용의 동일성이란 어찌 보면 지극히 개인적이고 주관적인 느낌 속에서만 존재하는 것이라고 할 수 있다. 이

마당에 내용이 유사하는 주장들은 동일 수준에서 보편적인 공감대를 가지기가 쉽지 않은 일이다.

가령 아무리 니시타니가 모든 인간은 어떠한 형편과 처지에 있든지 상관없이 이미 깨달을 것도 없이 완성되어 있다고 하는, 인간의 본래적인 측면, 본래적 자기에 대해 강조한다 해도 공, 깨달음 등의 표현을 써서 하는 한, 그것 역시 불교적 깊이에 어울리고 불교 안에 적용되는 인간 규정일 수밖에 없다. 흔히 이런 입장을 두고서 대승불교 전통에 입각하고 서양사상에 개방함으로써 동양과 서양 간에 "차이를 넘어선 일치"를 추구한다는 평가를 하기도 하지만,[11] 이 때의 "일치"란 여전히 니시타니적 시각에서의 일치, 더 나아가 불교 철학적 시각에서의 일치일 수밖에 없다. 그의 입장에 동의하는 사람들이 많아질 수는 있겠으나, 동·서양 사상가 모두, 더욱이 대다수 그리스도인까지 동의하는 일치가 아니다. 그런 점에서 니시타니가 동·서양 사상 간의 일치, 한 걸음 물러서서 동·서양 사상의 융합 및 조화를 도모한다고 해도 그것은 역시 불교철학적 입장에서 그렇게 하는 것이다. 그런 까닭에 니시타니는 역시 불교 철학을 강하게 대변하며, 불교 안에서 더욱 설득력을 얻는 입장일 수밖에 없다.

마찬가지로 라너가 본래 들어 높여져 있는 모든 인간의 은총적 현실에 대해 말하고, 양심의 빛에 따라 사는 신실한 이들을 "익명의 그리스도인"이라며 창의적으로 규정한다고 해도, 그가 하느님, 은총 등의 표현을 써서 할 수밖에 없다면, 그것 역시 그리스도교 안에서만 적용되는 그리도교적 인간 규정일 수밖에 없다. 그리스도교 안에서 그리스도교인에게 적용되는 타종교인 규정이다. 라너나 니시타니의 언어는 결국 각각 그리스도교와 불교적 깊이 안에서 주로 적용되는

---

11) Frederick Franck ed., *The Buddha Eye: An Anthology of the Kyoto School* (New York: Crossroad, 1982), 2.

언어, 주로 그리스도교와 불교 안에 들어가 있는 사람에게 체험을 발생시킬 수 있는 언어이지, 양쪽 모두에 보편적으로 동일하게 적용되는 언어가 아니다. 그 누군가 이러한 깊이를 탐구하고서 이들은 결국 동일한 것이라는 결론을 내린다 하더라도 그러한 결론이 참으로 정당하다고 판단되는 지평은 그리스도교적이든 불교적이든 특정한 언어를 사용하는 지평이기 때문이다. 그리스도교와 불교라는 당면한 지평을 떠나, 라너와 니시타니가 말하는 종교적인 내용이 동일한 것이라고 말할 제3의 지평은 없는 것이다.

이런 상황을 염두에 둔다면, 과연 종교들을 비교하는 것이 가능하겠느냐며 의심하는 이들의 뜻을 이해 못할 일은 아니다. 가령 오다가키(小田垣雅也) 같은 이는 기본적으로 종교들간 비교란 불가능한 과제라는 입장을 천명한다. 비교란 기본적으로 주관-객관 도식 하에서만 가능한 반면, 종교의 세계는 주-객 도식을 넘어서 있는 것이라는 이유에서이다. 구체적으로 말하면, 오다가키가 보는 비교란 그리스도교와 불교라는 지평을 떠난 제3의 입장에 설 때에만 가능한 것이며, 이 제3의 입장에서 그리스도교와 불교를 대상화해서 보는 까닭에 정작 그리스도교와 불교의 신앙 자체는 사라지고 이들의 신앙을 대상논리적으로 판단하는 비교 주체의 입장만이 남게 되기 때문이라는 것이다.[12]

이러한 입장은 한편 설득력이 있다. 그러나 그것은 주로 내용 비교와 같은 것을 전제할 때 그렇다. 그리스도교와 불교의 종교적 내용을 대상화시키려 의도하다 보면, 오다가키가 걱정하는 대로 신앙 주체의 모습은 사라지고 비교자가 이들의 주인으로 등장할 위험성이 커진다. 내용(內容)은 어떻든 '안에 담긴 것'이며, 따라서 어떤 이의 어떤 그릇 안에 담겼느냐에 따라 사실상 달라질 수 있는 것이다. 어떤

---

12) 小田垣雅也, 『哲學的 神學』(東京: 創文社, 昭和, 58), 96, 89-90.

것을 내용으로 판단하고 받아들이는 이의 주관적 입장에 상당한 영향을 받는 것이 내용이다. 니시다(西田幾多郎)가 말하는 '순수경험'의 세계처럼 '내용'이라는 것은 개인의 내적 체험 안에 있는 것이다. 그것이 공표되는 순간 본 모습은 어느 정도 위축되고 희석된다. 그 마당에 종교들의 비교에서는 자칫 비교 주체의 의도만이 수면 위에 떠다니고 정작 종교들 자체는 사라져버릴 위험성도 크다는 오다가키의 우려는 한편 옳다.

동시에 모든 비교에 이러한 위험성이 상존하고 있다는 것도 사실이다. 이러한 위험성을 읽지 못한 채 주관적 이해만을 판단의 잣대로 들이대는 것은 당연히 옳은 비교의 태도가 아니다. 그러나 그럼에도 불구하고 이러한 위험성을 감수하지 않고서는 결코 비교라는 작업이 이루어지지 않는 것도 적나라한 현실이다. 그렇다면 위험을 감수하고, 그 위험을 통과하되, 그 위험이 줄 수 있는 왜곡을 최소화하면서 창조적 이해로 나아갈 수 있도록 노력할 밖에 다른 도리가 없는 것이다.

그러려면 무엇보다 비교 대상 앞에 진지해야 한다. 다양한 표현들이 지시하는 너머의 세계에 대한 성급한 속단을 피하고 표현 자체에 중심을 두는 것이다. 훗설(E. Husserl)이 제시하듯, 현상(phenomena)이 말하도록 해야 하는 것이다. 물론 현상이 하는 말을 듣는 귀 역시 이미 제한적 지평 위에 있다. 그런 점에서 '순수 현상'이란 가능하기는 하지만 공허한 개념이다. 제한적 지평 안에 단순히 제한되도록 하지 않고, 그 현상이 제대로 더 분명하게 말하도록 다양한 표현들의 체계를 잡는 일이 필요하다. 그것이 현상의 구조를 살피는 일이다.

그런데 앞서 말한대로 그곳에 이미 비교 주체의 선입견이 개입되어 있다. 그럼에도 불구하고 다양한 외적 표현들의 체계, 즉 구조에 초점을 두면 비교적 그러한 위험성으로부터 어느 정도 거리를 둘 수 있게 된다. 가령 니시타니의 철학과 라너의 신학은 모두 표피적인 일상으로부터의 초월과 다시 진정한 일상으로의 복귀를 이상적 인간상의 핵심으로 제시하고 있다는 점에서 이들 사상은 동·서양 종교의 대표 주자인 불교와 그리스도교라는 상이한 전통에 속해 있음에도 불구하고 서로 구조적 유사성을 지닌다는 결론을 내릴 수 있는 것이다. 이러한 과정을 통해서만 비교 주체가 지닌 주객도식적 선입견의 영향으로부터 비교적 자유로워진 비교 행위가 가능해지는 것이다.

5. 깊이의 비교

이러한 구조적 비교가 적절히 이루어지기 위해서는, 그리고 불교와 그리스도교 사이의 관계를 적절히 드러내려면, 무엇보다 그리스도교적 삶의 '깊이'와 불교적 삶의 '깊이'를 조명하고, 저마다의 삶의 깊이가 현실 안에서 구체화하는 모습에 관심을 기울일 필요가 있다. 어느 한편의 손을 들어주는 심판자로서의 기능은, 불가능한 일은 아니지만, 거의 예외적으로나 있을 수 있는 일이다. 또 양쪽 모두에 동의를 얻을 수 없을 제3의 결론으로 이어지는 것이어서도 안 된다. 모두의 고유한 종교적 깊이를 충실히 드러낼 수 있어야 하는 것이다.

여기서 말하는 '깊이'는 이른바 종교 전통이 지닌 횡적이고 종적인 측면 가운데 주로 종적인 측면에 대응하는 말이다. 전통의 횡적인 측면이 상이한 언어들 및 종교적 내용의 외적인 표현들을 포괄하는 현상적이고 수평적인 넓이의 차원을 말한다면, 종적인 측면은 그 상이한 언어들을 통해서만 드러나면서도 그 언어들에 가치와 생명력을 주면서 그 언어들을 언어되게 해주는 원천적이고 실존론적(existential) 근거다. 이 근거는 구체적인 역사의 주인이다. 일체의 역사적 다양성을 포괄할 수 있을 만큼 깊다. 그것은 일체의 상이한 언어들조차 수용하고서 자신의 것으로 삼을 수 있는 원천적인 능력인 것이다.

불교든 그리스도교든 원천적으로 이러한 깊이의 종교이다. 극단적인 고행자든 신비가든 자신의 세계 해석의 기초 내지는 수행의 근거를 이렇게 바닥 모를 만큼 깊은 진리의 세계에서 찾는다. 자신을 받쳐주는 진리는 세상 모든 것을 포괄하고도 남을 만큼 깊다는 믿음에 따라 그렇게 사는 것이다. 이것이 구체적인 역사의 주인이면서도 말 그대로 '주인'이기에 그 구체적인 역사에 매이지 않는다고 믿는다. 역사로 표현되면서 그 역사적 차원을 넘어선다는 것이다. 역사적 차원과 불연속적이면서 불연속적인 방식으로 연속되는, 역사적인 차원의 실존론적인 근거로 작용하고 있는 것이다.

가령 고타마 붓다의 깨달음은 역사 안에 벌어진 역사적 사실이다. 그러나 그 역사적 사실이 어떻게 해서 가능했을까? 「열반경」의 표현대로 모든 중생에는 불성이 있다(一切衆生悉有佛性)고 한다면, 그리고 바로 그 불성이 고타마 싯달타에게서 전적으로 구체화되었다고 한다면, 그 때 모든 중생에 부여되어 있는 불성의 세계, 그것이 불교적 깊이의 차원이다. 그 불성이야말로 역사를 불교적으로 보게 하는 근거이다. 일체중생을 일체중생되게 해준 실존론적인 근거인 것이다.[13]

그리스도교적으로 하면 하느님께서 원천적으로 인간과 함께 하신다(Immanuel)는 근원적인 사실의 세계이다. 타키자와(瀧澤克己)의 표현대로 하면, 신과 인간의 "제일의 접촉"의 세계이다.[14] 다른 이에 의해 긍정되든 부정되든 인간은 하느님의 형상대로 창조되었다고 할 때의 그 근원적인 세계, 이미 마련되어 있는 선행적인 사실이다. 인간이 인간을 존중해야 하는 근거도 여기에 있다. 긍정하든 부정하든 인

---

13) 이찬수, 앞의 책, 167-171.
14) 瀧澤克己의 다음 책들, 『佛教とキリスト教』(東京: 法藏館, 昭和 46), 79-87; 『日本人の精神構造』(東京: 三一書房, 1982), 192; 『自由の原点: インマヌエル』(東京: 新教出版社, 1970), 12-34 등 참조.

간은 하느님의 형상을 닮은 고귀한 존재이며, 따라서 어떤 인간에게도 다른 인간을 억압할 권리가 원칙적으로 없다. 그 반대로 서로 존중하며 살아야 하는 것이다. 인간이 소아적 자기중심주의를 넘어 새로운 자기를 발견하고자 하고, 또 실제로 그렇게 될 수 있는 근거도 이러한 원천적 사실에서 비롯된다. 무한하고 영원한 하느님이 인간과 늘 같이 한다는 사실이 인간 본연의 모습의 핵심을 이루고 있으며, 인간은 그러한 본연의 모습에 어울리게 살아가야 한다. 이렇게 이미 주어져 있는 본래의 세계가 은총의 세계이다. 이 은총의 세계는 그리스도교를 세계의 보편적인 종교가 되게 해주는, 깊이의 차원이다. 이 은총이야말로 일체 역사의 그리스도교적 근거다.

이러한 깊이는 불교나 그리스도교라고 이름 붙여진 세계에만 있는 것은 아니다. 사람 사는 곳에는 어디나 있다. 가령 한국의 종교적 현실을 보자. 한국은 전 세계에서 유일무이하다고 할 정도의 종교백화점 국가이다. 전 세계의 대 종교전통이 거의 다 들어와 있다. 그러나 의외로 그 종교들로 인한 충돌은 상대적으로 미미한 편이다. 왜인가? 여러 가지로 말할 수 있겠지만, 기본적으로는, 다양한 종교들이 공존하고 있음에도 불구하고 "그 저변에는 다양한 종교들을 수렴시키면서 한 언어를 사용하며 살게 하는 통일적이고 심층적인 근거가 작용하고 있기 때문이다."[15] 그 근거가 앞의 표현대로 하면 한국적 정신의 깊이다. 다양한 종교들이 겉으로는 상충되는 듯 하지만, 그럼에도 불구하고 이 깊이 위에 서 있기에 서로 조화하고 있는 것이기도 하다는 말이다.

이러한 세계는 워낙 깊다. 그것은 저마다 세상을 해석하게 해주는 근거이다. 한국인이라면 이 깊이 위에서 세상을 진단한다. 그 중에서

---

15) 이찬수, 『생각나야 생각하지』, 237.

도 그리스도인에게 이 깊이는 불교를 보면서 불교 역시 인간 구원의 종교임을 이해할 수 있게 해주는 그리스도교적 근거로 작용한다. 마찬가지로 불자에게는 그리스도교를 보고서 그리스도교 역시 인간을 해탈의 길로 인도하는 구제의 종교일 수 있음을 인정할 수 있게 해주는 불교적 근거로 작용한다. 이 깊이가 단순히 다른 것인지 같은 것인지 묻는 것은 본 논문의 관심사가 아니다. 다만 불교든 그리스도교든 이러한 근거 위에서 저마다의 생명력을 유지해나간다는 사실, 그 구조적 유사성에 초점을 두고 있을 뿐이다. 상이한 언어들을 비교 고찰하면서도 그 다른 언어 안에서 탈은폐되는 인간의 구원론적 구조는 비슷한 깊이의 것이 아니겠는가 하며 느끼게 해주는 이런 식의 작업을 '깊이의 비교'라고 할 수 있을 것이다.

6. 비교의 예들

깊이의 비교에서는 비슷한 깊이를 드러낸다고 판단되는 경우에는 서로 다른 언어들도 비교의 주제로 삼을 수 있다. 가령 그리스도교의 '신'과 불교의 '공'을 비교할 수도 있고,[16] '하느님 나라'와 '열반'을 비교할 수도 있으며,[17] '예수'와 '보살'을 비교할 수도 있고,[18] 다음 장에서 보듯, 각 종교 전통의 주요 문헌들이나 '그리스도의 몸'과 '보신불'(報身佛) 같은 핵심적 개념 내지는 신앙의 근거들을 비교할 수도 있을 것이다. 또한 성인호칭기도와 불보살들에게 대한 기도를 비교할 수도 있다.

가령 미사 중 "저희를 위하여 빌어주소서" 하는 가톨릭 성인호칭

---

16) 길희성, 앞의 책, 121-180; 이찬수, 앞의 책, 205-233.
17) 폴 틸리히, 『기독교와 세계종교』, 정진홍 옮김, 대한기독교서회, 1987.
18) 길희성, 앞의 책, 291-357.

기도의 일차적인 기도 대상은 여러 성인들이지만, 궁극적으로 하느님에 대한 기도와 그 깊이에서는 다르지 않다. 하느님께는 간절히 기도하고 성인들에게는 대충대충 기도하는 것이 아니다. 어디를 향해 어떻게 하든 진지해야 기도라고 할 수 있기 때문이다. 마찬가지로 이러한 성인호칭 기도와 여러 불보살들에게 드리는 기도는 그 대상은 다른 듯 하지만, 바라는 마음의 깊이는 그다지 차별적으로 보이지 않는다. 불보살들과 가톨릭 성인들의 이름은 다르지만, 염원의 마음, 자세에서야 뭐 그리 다르겠는가. 이렇게 그다지 다르게 느껴지지 않을 뿐 아니라 서로 상통하고 있는 것으로 볼 수 있게 해주는 것이 어떻든 이들을 포용할 수 있게 만드는 종교인의 신앙적 깊이다. 그리스도인은 그것을 하느님의 세계로, 불자는 불성의 세계로 받아들이면서 세계 해석의 기초로 삼는다. 표현에서는 문화적 다양성과 차별성이 드러나고, 교의적 표현 내지는 세계관에서는 상반되는 듯한 그리스도교와 불교가 인간 구원의 차원에서는 저마다 비슷한 깊이를 지닌, 동·서양의 대표적 종교 전통임을 드러낼 수 있게 되는 것이다.

이러한 구조적 유사성, 깊이의 비교는 불교와 그리스도교에게서 각각 보이는 내용적 차이성을 단순한 차이로만 남겨놓지 않고 이 세상 안에서 드러나는 궁극적 실재에 대한 상보적(相補的)이고 상관적(相關的)인 이해로 이끌어준다. 이 깊이에서 종교들은 만난다. 그래서 하나의 깊이에 제대로 들어가면 다른 깊이도 이해할 수 있게 되는 것이다. 깊이의 비교의 결과가 비교 주체는 물론 그가 속한 전통까지 변화시켜준다. 단순한 변화가 아니라 풍요롭게 해준다. 저마다 고유성이 유지되면서도 그리스도교에게 불교는 더 이상 '타' 종교로서 대립하지 않고, 불교에게 그리스도교가 더 이상 '타' 종교로서 대립하지 않게 된다면, 그것이야말로 사태의 본질을 꿰뚫은 것이 될 터이기 때문이다.

이제부터는 이런 맥락에서 니시타니의 사상을 중심으로 '불자는 그리스도교를 어떻게 보아야 할지'를, 그리고 한국에서 그리스도교와 불교간 대화의 선두주자라고 할 수 있을 변선환의 사상을 중심으로 '그리스도인은 불교를 어떻게 보아야 할지'를 정리해보겠다. 이를 통해 먼저 서로를 긍정적으로 받아들이게 해주는 각 전통의 능력과 근거를 살펴본 뒤, 그리스도교와 불교의 핵심이 되는 '그리스도'와 '불'이 각각의 종교 전통 안에서 초월적, 초형상적 차원으로 전개해 간 과정과 각 신자들에게 주는 의미의 유사성을 '그리스도의 몸'과 '보신불' 개념을 중심으로 비교 고찰하겠다. 그런 뒤 좀 더 세부적인 주제로 들어가, 「요한복음」과 「대승기신론」이라는 양 전통의 영향력 있는 문헌에서 드러나는 인간 구원의 '구조적 유사성'을 각 종교 전통의 '깊이'가 잘 드러날 수 있도록 구체적으로 정리해보고자 한다. 이를 통해 외견상의 차이에서 오는 대립과 갈등이 조화와 일치라는 성숙한 차원으로 전환될 수 있기를 바라는 마음으로 …

10
불자는 그리스도교를 어떻게 보아야 할까
―니시타니의 그리스도교관

불자는 그리스도교[1]를 어떻게 보아야 할까? 겉보기에는 그리스도교적 언어와 불교적 언어가 상이하고, 지향하는 세계관도 현저하게 달라서, 서로를 이해하려는 노력을 기울일 필요조차 느끼지 못하기 십상이다. 노력은 고사하고, 무시하거나 경시하는 경우도 다반사다. 하지만 가만히 살펴보면 불자가 불자로서의 자기 입장을 견지하면서도 그리스도교를 제대로 이해하지 못할 것도 없다. 불교와 그리스도교는 지극히 상이한 듯 하면서도 서로 공통되는 차원도 가지고 있기 때문이다. 이 공통 차원은 상대를 자신의 깊이 못지 않게 이해하고 존중할 수 있게 해주는 근거이다. 물론 공통 차원에 근거해 자신의 깊이만큼 이해한다고 해서 상대의 독특하고 고유한 입장을 무시하거나 자기 것으로 쉽사리 환원시켜버려서는 안 된다. 도리어 자신과의 차이를, 즉 상대의 고유한 모습 그대로를 긍정할 수 있어야 한다. 자

---
1) 이 때 말하는 '그리스도교'란 물론 가톨릭과 개신교를 모두 포함하는 말이다. 우리나라에서는 흔히 개신교를 일컫는 말로 '기독교'라는 용어를 사용하지만, '기독교'(基督敎)란 '그리스도교'의 한자식 표현일 뿐, 어원상으로나 종교학적으로나 '개신교'(프로테스탄트)라는 종파만을 지칭하는 용어는 아니다. 굳이 종파를 구분해서 나타내고자 한다면, '가톨릭'(천주교), '개신교'(프로테스탄트)와 같은 표현을 쓰는 것이 좋겠고, 가능하다면 이들이 결국 하나의 종교 전통이라는 점을 염두에 둔 '그리스도교'라는 표현을 상용하는 것이 더욱 좋겠다.

기 정체성을 유지하면서도 상대의 모습은 상대의 모습 그대로 인정해야 하는 것이다.

상대의 고유한 모습을 살리지 않고서 상대를 이해한다 말할 수 없고, 상대를 이해하지 못하는 한 그는 영원한 '남'일 뿐이다. 또 상대를 영원히 '남'으로 남겨두는 것은 성숙한 종교인의 자세라고 할 수도 없을 것이다. 공통점을 통해 상대를 나의 깊이만큼 이해하고, 동시에 차이점도 긍정함으로써 나의 정체성을 유지하는 가운데 상대를 상대의 모습 그대로 남겨두어야 한다. 이것이 상대를 보는 출발점이자 도착점이고, 진정한 의미의 종교간 대화이다. 물론 이런 정도의 종교간 대화를 한다는 것은 결코 쉬운 일이 아니다. 상대를 적극적으로 이해하려는 부단한 노력을 필요로 하며, 또 그 부단한 노력의 결과이기도 하다. 그렇게 노력했던 사람의 입장과 태도를 배우는 것도 크게 유용할 것이다. 상이성과 유사성의 문제부터 간단히 살펴보자.

1. 불교[2]와 그리스도교의 상이성과 유사성

(1) 상이성

주지하다시피 그리스도교는 이 세계의 기원과 근거를 인격적 유일신에게서 보는 반면 불교는 존재하는 세계를 그 자체로 긍정하면서 일체의 기원적 존재, 인격적 신을 거부한다. 그리스도교가 신과 인간 사이에서 신의 주도권을 보고 신과 인간 간의 불가역성을 주로 말한다면, 불교는 주도권을 쥔 어떤 궁극적 실재를 인정하지 않은 채 사물을 있는 그대로 통일적이고 우주적으로 파악하고자 한다. 궁극적 실재와 인간 사이에서 주로 가역을 본다. 인간이 아무리 신을 깊게 체험

---

[2] 여기서는 선(禪)의 입장을 주로 다루었다.

한다고 해도 신은 신이고 인간은 인간일 뿐 신과 인간이 동일하다고 말할 수 없는 반면, 불교에서는 원천적으로 인간과 부처의 동일성에 대해 말한다. 이런 점에서 그리스도교와 불교는 분명히 갈라진다.

(2) 유사성

그러나 이러한 외적 차이점들에도 불구하고, 이들은 기본적으로 지금 벌어지고 있는 세상사에 제한되지 않으면서 이 세상을 세상되게 해주는 근본 원리를 가르치고 선포한다. 이러한 근본 원리는 인간이 긍정하든 부정하든 인간의 구체적인 경험 이전에 이미 주어져 있고 완성되어 있는 것이다. 인간이 어느 시점에 만들어낸 것이 아니라 무시이래(無時以來) 한결같이 그래왔던 것이다. 가령 피조물은 모두 하느님 보시기에 "좋은" 것이고(창세기 1장), "하느님은 세상을 극진히 사랑하신다"든지(요한복음 3,16), "하느님이 우리와 함께 하신다"고 하는 것과 같은 선포는 긍정하든 부정하든 이미 이루어져 있고 모두에게 적용되는 원천적이고 객관적인 그리스도교적 사실이다.[3] 이미 원천적이고 객관적으로 그렇게 되어 있으니, 그러한 사실을 깨닫고 구체적으로 실현하라는 것이다. 아니, 이 원천적이고 보편적인 사실이 있기에 그에 근거해 그러한 사실을 깨닫고 구체적으로 실현할 수 있다는 것이다.

마찬가지로 "중생이 부처"라는 사실도 긍정하든 부정하든, 눈 어두워 보지 못하는 중생의 현실과 상관없이 선포되고 있는 근원적인 사실이다. 근원적으로 "중생이 부처"이기에 이러한 원천적인 현실을 구체화하라는 요청이 있게 되고, 또 실제로 구체화될 수 있는 것이다. 가장 고전적이고 대표적인 '대승불교통론'이라 할만한 「대승기신

---

[3] 김승혜 · 서종범 · 길희성, 『선불교와 그리스도교』, 바오로딸, 1996, 220-21; 길희성, 『포스트모던 사회와 열린 종교』, 민음사, 1995, 154-80.

론」(大乘起信論)에서의 "본각"(本覺)과 "시각"(始覺)의 구조가 전형적으로 여기에 해당한다.4) 본각과 시각이라는 깨달음의 구조가 말해주는 것은 여래께서 이미 이루어놓으신 평등한 법신으로 인해 일체 중생은 '본래 깨달아 있으며'[本覺], 그렇기 때문에 그에 근거해 인간이 '비로소 깨닫게 된다'[始覺]는 것이다. 그리스도교적으로 표현한다면, 인간을 자유롭게 해주는 것은 인간이 아닌 진리이며(요한복음 8,32), 하느님이 자신을 내어주는 사랑으로 인간을 '이미 구원하셨기에' 인간은 '비로소 구원될 수 있다'는 것이다(에페소서 2,4-5; 요한복음 3,16). 모두 다 진리란 그 자체로 완성되어 있고 주어져 있는 것이지, 인간이 만들어낸 것이 아니라는 뜻을 담고 있다. 불교와 그리스도교의 구원관은 전반적으로 이러한 구조에 따른다. 인간은 원천적으로 이미 완성되어 있는 고귀한 존재들이니, 어서 무명의 어두움을 씻고 그 원천적인 모습에 눈뜨라며 요청하고 있는 것이다.

(3) 상이성과 유사성을 모두 살린다

이런 식으로 불교와 그리스도교의 구원관은 '구조적으로 유사'하다. 그리스도교적 삶의 체험과 불교적 삶의 체험에 각각 접근해가는 양상과 그 체험을 드러내는 '구조' 혹은 '형식'이 비슷하다는 것이다. 결코 불교와 그리스도교가 내용적으로 동일하다는 뜻은 아니다. 그렇다면 '종교는 다 똑같애!' 하는 결론을 함부로 내려서도 안 된다. 상이한 언어와 세계관이 반영하듯, "불교는 불교이고 그리스도교는 그리스도교이다!" 특별히 인간에 대한 신의 존재론적 주도권을 인정하는 그리스도교와 일체의 이원론적 주객도식적 흔적을 일소하고자 하는 불교는 사뭇 다르다. 이것을 어찌해야 할 것인가? 다르다고

---

4) 본서의 마지막 장 "요한복음의 불교적 해석" 부분을 참조.

방관만 할 것인가? 아니면 이해하지도 못한 채 무시하거나 배타하기만 할 것인가? 이러한 물음에 대해 앞에서 본 니시타니 케이지의 실존적 고백은 적절한 답이 된다.

니시타니는 불자가 참으로 불자의 입장을 견지하면서도 그리스도교를 제대로 볼 수 있는 적절한 시각을 제공해준다. 물론 니시타니 자신이 호교적 불교학자로 자처했던 적은 없다. 다만 그가 자신의 사유를 정리하고 천착해 들어가면 갈수록 그것은 불교의 가르침과 다르지 않다는 사실을 거듭 확인했을 뿐이다.[5] 이러한 그에게는 애당초 불교와 그리스도교 등을 구분해 보려는 의도도 없었다. 그럼에도 불구하고 불교냐 그리스도교냐 하며 종교들을 분리해서 보는 일반적 현실 안에서 자신의 정체성과 관련한 답을 하고자 할 때는 자신이 확증한 선적 입장에서 타종교, 특별히 그리스도교를 평가하기도 한다. 그의 입장을 좀 더 구체적으로 살펴보자.

2. 종교적 본래상

(1) 공의 장

니시타니 철학의 출발점은, 앞에서 본 바와 같이, 이미 깨달아 있

---

[5] 니시타니 철학은 후기로 갈수록 불교적 색채가 더욱 짙어진다. 그의 나이 30대 초반까지는 그의 스승인 니시다 철학의 '순수경험'이나 '순수절대의지' 등과 같은 것을 궁극적인 입장으로 삼아 문제를 해결하고자 했으나, 30대 후반부터는 '기사구명'(己事究明)과 같은 선(禪)의 입장을 따르고자 하는 모습이 두드러지기 시작한다. 가령 그는 이렇게 고백한다: "나는 점점 더 불교적 사유 범주를 가지고 사태를 생각하게 되었다 … 나는 점점 더 불교적 사유 방식에 접근하게 되었다"(西谷啓治, "私の哲學的 發足點", 田中美知太郎 編, 『講座哲學大系』, 1卷(東京: 人文書院, 1963), 221). 니시타니와 불교의 전반적인 관계는 ヤン ヴアン ブラフト, "預言者たる 西谷啓治", 上田閑照 編, 『情意における空』(西谷啓治先生追悼)(東京: 創文社, 1992), 183-90 참조.

고 일체의 대립과 차별을 초월해 있는 인간의 원천적인 모습이다. 그에 의하면, 인간은 그 원천적 차원에서 이미 깨달아 있다. 그는 인간의 이러한 차원을 '본래진면목', '본래인', '참 자기' 등의 표현을 써서 나타낸다. 본래 진면목은 여러 수행 단계를 거쳐 도달되는 최종 단계가 아니다. 도리어 그것은 수행 이전부터 원천적으로 주어져 있는 인간의 본 모습이다. 그런 점에서 일체 수행의 근저에 있는 것이고, 하나 하나의 수행을 바로 그 수행되게 해주는, 일체 수행의 실존론적인 것(das Existential)이라는 말이다. 실존을 실존되게 해주는 근원적인 것이다. 인간은 원천적으로 이런 장(場) 위에 있다. 그의 표현대로 인간은 "공의 장"(空の場)에 있는 것이다.

"공의 장"이란 어떤 사물이 바로 그 사물되도록 해주는 장소이자, "그 사물이 본래 있는 그대로의 존재방식이다." 이 공의 장에 있기에 인간은 원칙적으로 있는 그대로에 아무 것도 덧입히지 않은 채 인간의 있는 그대로가 긍정될 수 있는 것이다. 새가 참으로 새다운[如] 것은 하늘을 훨훨 날 때이다. 하늘을 나는 새는 참으로 새답다. 새가 새답게 하늘을 날 수 있는 것은 본래 하늘을 날게 되어 있기 때문이다. 본래 그렇게 되어 있기에 새가 새답게 날고 눈이 눈답게 보고 귀가 귀답게 들을 수 있는 것이다. '본래'[本] 이루어져 있는 일을 '비로소'[始] 이루는 것이 참으로 자신의 원천적인 모습을 충실히 구체화하는 것이다. 일체 행위의 '깊이'를 실천하는 것이며, 그래서 이른바 "종교적 실천"이다.

(2) 종교적 실천

이 때 종교적 실천이란 특정 종파의 교리나 가르침을 믿고 따르는 정도를 뜻하는 것이 아니다. 그것은 "일상적 자기라는 존재 방식에 포함된 문제에 대한 실존적 적발"이고, 더 적극적으로 표현하면 지금까지 본대로 본래 그렇게 되어 있는 원천적인 측면을 현실 안에서 구체화하는 것이다. 그렇게 되도록 이미 이루어져 있는 이곳에는 신분이나 종파가 따로 없다. 니시타니는 이렇게 말한다.

> 참선이라든가 불도(佛道)를 행한다고 말했다 해도, 존재 자체가 '행'으로서의 본래상(本來相)을 나타내는 것은 불교에만 한정되지 않는다.[6]

그에 의하면 선(禪)과는 달리 절대 '타력'(他力)을 말하는 정토진종의 염불(念佛)에도 그 본래상이 드러날 뿐 아니라, 불교 밖으로 눈을 돌리더라도 마찬가지이다. 이러한 본래적인 모습(본래상)은 "진정한 종교적 생활에는 모두 포함되어 있다. 어떤 특정의 종교나 철학에 입각하지 않는다." 아니 본래적 모습을 드러내는 것이 진정한 종교적 생활이라고 바꾸어 말할 수 있다. 그가 "불교, 특히 선불교의 입장을 자주 다룬 것은 이러한 본래의 상(相)이 그곳에서 가장 평이하고 뚜렷하게 드러나 있다고 생각했기 때문"이지만,[7] 그렇다고 해서 여타의 가능성을 무시했던 것은 아니다.

그는 앞에서 본대로 특히 그리스도교사 최대의 신비주의자라 할 수 있을 에크하르트나 철저하게 무신적 입장을 편 니체에게서 선과의 상통성을 본다.[8] 이들은 드러나는 사태를 제대로 보는 눈을 가졌다는 것이다. 드러나는 사태를 제대로 보는 것이 견성(見性)이라면, 그리스도인인 에크하르트나 '반' 그리스도인인 니체 모두 '견성'에 가까운

---

6) 『종교란 무엇인가』, 363.
7) 이상 『종교란 무엇인가』 363; 『西谷啓治著作集』, 第十一卷, 8.
8) 이들을 굳이 비교하자면, 에크하르트가 니체보다 선에 더 가깝다고 그는 판단한다(『종교』, 110; Ueda Shizuteru, "'Nothingness' in Meister Eckhart and Zen Buddhism", Franck, Frederick ed., *The Buddha Eye: An Anthology of the Kyoto School*, New York: Crossroad, 1982. 158; 佐木撤, 『西谷啓治 - その思索への道標』(京都: 法藏館, 1986), 163-65 등 참조.

체험을 한 사람들이다. 이러한 일은 선이든 정토든, 유신론적 전통이든 무신론적 전통이든, 어떤 특정 종파에 갇혀 있는 것이 아니다. 에노미야 라쌀이 "깨달음이란 그 자체로서는 불교적인 것도, 그리스도교적인 것도, 또 어떤 다른 종교적 신앙과 필연적으로 결합된 것도 아니다"[9]라고 말할 때의 깨달음도 같은 맥락이다. 모두 '본래상'의 측면을 일컫는 것이다. 이러한 본래상은 깨달음이라는 말을 쓴다 하더라도 "이미 불교 이전부터 존재했다. 요가나 선에서처럼 독립되어 방법적으로 추구되지는 않았다 해도 깨달음은 이슬람이나 그리스도교에서도 있다. 어느 특정한 종교와의 결합은 논리적으로 따지자면 제이의적(第二義的) 현상이다."[10] 종교사학자 스미스도 이렇게 뒷받침한다.

> 붓다의 가르침은 서기전 6세기에 시작되었지만, 법(Dharma)은 그 때 시작되었던 것이 아니라 항상 있어 왔다. 그가 가르친 법의 타당성이나 권위는 그가 현명하고 위대한 사람이었다는 사실에 의존하지 않는다. 오히려 그는 선재하는 진리를 깨달았기 때문에 현명하고 위대한 사람이 되었다.[11]

스미스는 계속 말한다: "만일 영원한 법이 없다면 사람은 스스로를 구원할 수 없을 것이다 … 구원하는 것은 선재하는 법, 곧 다르마에 따라 사는 것이다."[12] 종교역사학자로서 일단은 구체적이고 유형적인 외적 전통을 먼저 관찰할 수밖에 없던 스미스도 이런 식으로 법의 실존론적 완성(영원한 법, 선재하는 진리)의 측면을 중시한다. 앞

---

9) 에노미야 라쌀, 『禪道-깨달음에로의 길』, 이남영 외 옮김, 분도출판사, 1987, 46.
10) 에노미야 라쌀, 앞의 책, 46-47.
11) Wilfred Cantwell Smith, *Faith and Belief* (Princeton University Press, 1979), 27.
12) Ibid., 28.

의 표현대로 하면, 인간의 실존 안에 이미 이루어져 있는 본래상의 측면이다. 본래적으로 이미 이루어져 있어 모두에게 적용되는 원천적 진리가 없이 사람은 비로소 주체적인 구원/해탈을 이룰 수 없다는 함축적인 지적이다. 원천적이고 객관적 사실은, 인간이 그것을 받아들이든 거부하든, 이미 이루어져 있고 모두에게 적용되고 있는 본원적 사실이다. 그런 까닭에 그것은 우리의 종교적이고 주체적인 실천의 출발점이다. 출발점이지만, 이미 그렇게 되어 있고 비로소 이루어야 할 목표이기도 하다는 점에서는 도착점이기도 하다. 출발점과 도착점은 같다. 비로소 도달한 도착점은 애당초 출발했던 그곳이다. 이미 이루어져 있는 까닭에 비로소 이룰 수 있으며, 하이데거의 통찰을 이용해 표현하면, "실존론적으로" 그렇게 되어 있기에 "실존적으로" 그렇게 된다는 말이다.[13]

(3) 0°와 360°

물론 이렇게 비로소 도달된 곳에서 도달 이전과 이후는 철저하게 같다. 니시타니의 표현대로 "본원적 사실"은 일상적 사실이다. 그렇되 0°에서의 일상(깨침 이전의 평범한 일상)이 아니라 360°에서의 일상(깨침 이후에 긍정되는 일상)이다. 사태의 본성을 깨달아[見性] 왜곡 없이 여실하게 보이는 그러한 현사실을 말한다. 때로는 니시타니 자신도 '불각'(不覺,「대승기신론」)의 상태에 빠져 있는 중생의 현실을 전제하고서, 이러한 현실로부터 벗어나야 할 것을 자연스럽게 요청하

---

13) '실존론적인 것'(das Existentiale)이 일단 실존을 실존되게 해주는 근원적인 구조의 '존재론적'(ontologisch) 측면이라면, '실존적인 것'(das Existentielle)이란 인간의 구체적인 실존 안에 나타나는, 이미 주어져 있는 근원적인 구조의 '존재적'(ontisch) 측면이다. 하나의 존재자 안에 이미 주어져 있는 근원적인 구조가 그저 공허한 가능성으로만 머물지 않고, 실존의 핵심적 구성 요소로서 현실화하는 것을 가리키기 위해 사용한 말이다.

고 있다는 점에서 '본원적 사실'과 구체적인 경험의 세계를 분리해 말하기도 한다. 그러나 이러한 구분은 어디까지나 자각, 체현 이전에 있는 사람에게 그러한 구분이란 사실상 없다고 말하기 위한, 일종의 '방편적인' 구분이다. 사태를 제대로 적확하게 보는 이에게는 실제로 중생과 부처 간에, 주체와 객체 간에 차별이란 없다. 아니 중생을 바로 그 중생으로 보고, 부처를 바로 그 부처로 본다고 해도 맞다. 그에게 선험적 진리와 경험적 진리, 실존론적 진리와 실존적 진리, 이 두 가지 진리는 별개로 구분되지 않는다. 실존적 진리는 곧[卽] 실존론적 진리이며, 거꾸로 실존론적 진리는 바로[卽] 일상 그 자체인 실존적 진리이다. 모두가 융섭하여 하나의 자연스러운 삶으로 나타나는 것이다. 니시타니에 의하면, 이렇게 나타난 삶이 바로 애당초 그러했던 우리의 본래상, 본래 진면목이다.

3. 되어가는 그리스도인

그런데 이러한 본래진면목은 단순히 '선험적인' 사실이 아니다. 그것은 구체적인 경험'으로서' 드러났기에 더 이상 선험·후험, 객관·주관 등으로 분리되지 않는, 명백한 '리얼리티'[實在]이다. 이러한 '리얼리티'의 추구는 선(禪)의 지속적인 입장이기도 하지만, 선에만 갇혀있는 것도 아니다. 그것은 "특정 종교와 철학의 입장 그리고 자력과 타력이라는 교문(敎門)의 구별을 떠나" 있다. 그것은 "불교에만 한정된 교리가 아니다." 참으로 리얼리티를 드러내는 그곳이 어디나 종교의 영역이기 때문이다.[14]

"불자는 그리스도교를 어떻게 보아야 할까" 하는 처음의 물음에

---

14) 西谷啓治, 『日本に於ける宗教意識』(東京: 創文社, 1963), 254.

대한 니시타니적 답도 이곳에서 드러난다. 불교의 본래 정신에 충실하면 된다는 것이 일차적인 답변이다. 불교의 본래 정신은 불교 안에서만이 아니라 불교 밖에서도 보이기 때문이다. 불교 밖에서, 구체적으로 그리스도교 안에서 불교적 정신을 본다고 해서 불자로서의 자기 정체성이 훼손되는 것은 아니다. 또 그리스도교 안에서 불교적 정신을 본다고 해서 그리스도교의 고유성을 무시하고 불교로 환원시켜버리는 것도 아니다. 오히려 그리스도교를 그리스도교로 남겨두는 것이다. 그럴 때 불교적 정신은 더욱 살아난다. 불교적 정신을 살려주는 것이 불교 밖, 즉 그리스도교 안에도 있다는 말이다. 불교 밖의 세계도 살릴 때 불자로서의 자기 정체성도 충실히 유지되고 따라서 진정한 불자로 남게 되는 것이다. 다음과 같은 니시타니의 실존적 고백은 이런 입장을 적절히 보여준다.

> 오랫동안 주저하다가 마음을 결정한 지금은 '되어가는 불교인'(werdender Buddhist)이 되었다. 그러나 그렇게 된 중요한 동기 중의 하나는, 묘한 말인지도 모르겠지만, 현재의 그리스도교 신앙에는 들어가지 않으면서도 그렇다고 그리스도교를 버릴 수도 없었기 때문이었다. 그리스도교에 대해서 말한다면, 나는 … '되어가는 그리스도인'(werdender Christ) 밖에는 될 수 없을 것이다. 왜냐하면 불교를 이교(異敎)시 할 수 없기 때문이다. 그러나 불교라고 한다면 … 나는 되어가면서 이미 된 불교인(werdend gewordener Buddhist)으로서, 불교에 들어가 그 입장에 서 있으면서도 동시에 '되어가는'('이미 된'이 아님) 그리스도인(werdend Christ)이 될 수 있을 것이다. 나는 불교인인 한 이미 된 그리스도인(gewordener Christ)은 아니다. 그러나 (그리스도교를) 외도(外道)로 보지도 않는다.[15]

요약하자면 그 자신은 '되어가는 불교인' 이자 '되어가는 그리스도

---

15) 西谷啓治 外, 『戰後日本精神史』, 194.

인'이기도 하다. 불교는 물론 그리스도교에서도 끊임없이 배우고 변화되어 나간다는 뜻이다. 다만 불교에 대해서는 그리스도교에 대해서보다 한 걸음 더 나아간다. 즉, 그리스도교와 관련하여 그는 '되어가는 그리스도인'일 뿐 '이미 된 그리스도인'은 아니라고 규정하는 데 반해, 불교에 대해서는 '되어가는 불교인'이면서 동시에 '이미 된 불교인'이기도 하다고 말한다. 공간적 표상을 빌리면 다음과 같이 설명할 수도 있겠다.

그는 불교 '안'에, 그리스도교 '밖'에 있다. 그러나 불교 '안'에 있다고 해서 불자로서 완성되어 있다는 뜻도 아니고, 그리스도교 '밖'에 있다고 해서 전적인 비그리스도인이라는 뜻도 아니다. 불교에 입각한 종교 철학자로서 불교는 그를 떠받쳐주고 규정해주는 근거이다. 그가 불교 '안'에 있고 불교가 그 '안'에 있다. 그러나 불교적 이상이 그 안에 갇혀 있기만 하는 것은 아니다. 불교는 끝없는 목표이자 대상이기도 하다. 그래서 그는 자신을 "되어가는 불교인"이라 부른다. 불교에게서 끊임없이 배우며 끊임없이 변화되어 간다는 뜻이다. 물론 니시타니에게도 불교가 그 자체로 '완벽한' 종교는 아니다. 그에게도 일반적으로 지적되는 불교의 단점이 보이고, 그리스도교의 장점도 보인다.[16] 그럼에도 불구하고 그는 어디까지나 불교 안에서 사태를 해결하려고 노력한다는 입장을 견지한다. 그러기에 '되어가는 불교인'이면서도 '이미 된 불교인'이라 규정하는 것이다. 불교 안에서 끝없이 배움과 깨달음을 추구하면서도, '되어가는 그리스도인'이라 규정한 데서 드러나듯이, 그리스도교 안에서도 끝없이 배우고 깨달음을 추구한다는 뜻이다.

이렇게 그는 "되어가면서 이미 된 불교인"이다. 이곳에서 '아직'과

---

16) 『戰後日本精神史』, 194.

'이미'는 동시적이다. 끝없이 배우고 변화되어야 한다는 점에서는 '아직' 완전한 불자는 아니지만, 불교가 그 자신을 실존적으로 규정짓고 있다는 점에서는 '이미' 제대로 된 불자라는 것이다.[17] 그러나 그리스도교와 관련짓는 경우는 사정이 좀 다르다. 다시 공간적 표상을 이용하면, 그에게 그리스도교는 자기 '밖'에서 끝없이 도전해오면서 자신을 변화시키는 종교이다. 그리스도교에 의해 변화된다는 뜻은 '밖'에 있는 그리스도교가 그의 주체 '안'에 들어와서 그를 규정해주는 그의 일부가 된다는 뜻이다. 그리스도교가 그의 '안'에 있지만, 그가 그리스도교 '안'에 있는 것은 아니라고 풀 수 있겠다. 그래서 그는 그리스도교와의 관계를 두고서 "되어가는 그리스도인 밖에는 될 수 없다"고 쓴 것이다. 그러나 '그리스도인'이라는 말을 쓰는 한, '이미 된 그리스도인'은 아니지만, 적어도 그리스도교에서 끝없이 배우고 변화되어 간다는 뜻은 함축하고 있다.[18] 그리스도교로 인해 변화하는 한, 그는 그리스도교적 '깊이'를 몸과 마음으로 실천하고자 하는 사람이라 해도 틀리지 않다. 그리스도교의 '깊이'를 그리스도인 이상으로 실천한다면, 그곳에서 불교적 깊이가 솟아오른다고 보기 때문이다.

이상과 같은 '되어가는 그리스도인'이란 표현은 그에게 닥친 실존적 물음 앞에서 불교와 그리스도교라는 틀을 전제로 한 불교적 입장에서의 답이다. 그러나 본래상의 차원에서 보면 불자와 그리스도인 사이의 구별이란 없다. 그리스도교적으로 표현하면 인간은 "부모로부터 태어난 육체적 탄생 이전에 더 근본적으로는 하느님으로부터 태어난 자"이다.[19] 그리스도교식으로, 예수 그리스도를 맞아들이는 이는

---

17) Joseph J. Spae, *Buddhist-Christian Empathy*(Chicago · Tokyo: The Chicago Institute of Theology and Culture · Oriens Institute for Religious Research, 1980), 36-37.
18) 『戰後日本精神史』, 191-92.
19) 武藤一雄, "西谷宗教哲學とキリスト敎", 『情意における空』, 23.

이러한 자신의 고향을 명시적으로 드러내는 셈이다: "그들은 혈육으로나 육정으로나 사람의 욕망에서 난 것이 아니라 하느님에게서 난 것이다"(요한복음 1,13). 니시타니에게서 배운 신학자이자 종교철학자인 무토 가즈오(武藤一雄)는 '하느님에게서 난 자'를 불교의 '진인'(眞人) 내지는 '무위진인'(無位眞人, 臨濟)에 대응하는 개념으로 본다.[20] 불교의 '진인'이 '본래 그러한 모습'의 자기구현이듯이, '하느님에게서 나는 것' 역시 하느님의 작용이 아니어서는 안 된다. 하느님 스스로 인간을 당신의 자녀로 삼으시는 것이다. 이른바 성령의 작용이다. 그런 점에서 니시타니가 보는 그리스도교는 무토의 표현에 따르건대 "성령론적 이해"에 근거한 것으로 볼 수 있다.[21]

무토는 니시타니의 그리스도교 이해를 두고 "구미 신학자들의 학문적 수준을 능가"할 뿐 아니라 "현대 그리스도교인 내지는 신학자에 대해 그리스도교가 본래 그래야 할 참된 모습을 호소하면서 어떤 점에서는 그 자신이 그 길을 걷고 있다"고 평가하기도 한다.[22] 니시타니는 본래 그래야 할 그리스도교의 참된 모습을 가리는 일체 이원론적이고 주객 대립적인 행위를 거부한다. 자신과 타자 사이에 벽을 세우는 그리스도교의 자기중심성, 우월성을 비판한다.[23] 이것이 종종 그리스도교 자체에 대한 그의 반대 내지는 비판으로 비춰지기도 한다.[24] 그렇지만 사실상 그리스도교 자체에 대한 비판이라기 보다는 신을 가리는 자기중심적이고 자기목적적인 인식에 대한 철학적 차원에서의 비판이라 보아야 옳겠다. 행여라도 불교라는 이름으로 원천적

---

20) 武藤一雄, "西谷宗教哲學とキリスト教", 23.
21) 武藤一雄, "西谷宗教哲學とキリスト教", 21-25.
22) 武藤一雄, "西谷宗教哲學とキリスト教", 6, 8.
23) Joseph J. Spae, iIbid., 37.
24) 한스 발덴펠스, 『불교의 空과 하나님』, 김승철 옮김, 대원정사, 1993, 129-34.

깨달음의 현실을 가려버린다면, 이것도 그의 비판 대상일 것이다. 그런 점에서 니시타니의 불교관은 기존 제도 종교로서의 불교에 있지 않다. 불교를 불교되게 해주는 '본래진면목'에서 불교의 본질을 찾는다. 본래진면목에서는 불교든 그리스도교든 종파간 구별과 대립이 없다. 만일 그리스도교에서도 이 깊이, 본래진면목이 실천된다면, 그때 그리스도교는 바로 불교 그것과 다름없는 것이 될 것이라 보기 때문이다.

그러나 그가 사용하는 언어는 결국 불교에 가까운 것이며, 따라서 불교적 언어 안에서 그가 말하고자 하는 바를 가장 가깝게, 가장 설득력있고 영향력있게 표현할 수 있다고 그는 본다. 이것은 그가 '이미 된 불교인'의 처지에 있기 때문이다. 그래서 니시타니는 불자로서의 자기 정체성을 가지고 불교적 기준에 따라 일체 사상을 평가하기도 한다. "여전히 불교인으로서, 더욱이 불교를 변증하고 어디까지나 불교 가운데로부터 사태를 해결하기 위해 노력한다."[25] 그러나 완성된 불자로서가 아니라, '아직 되지 않은 불교인'으로서이다. 그런 점에서는 불자로서의 자기 정체성을 유지하면서도 여타의 다른 가능성에 대해서도 언제나 열려 있다. '이미 된 불교인'이면서도 한편에서는 '아직 되지 않은 그리스도'으로서, 그리스도교에 대해서도 지속적인 가능성을 열어놓고 있는 것이다.

4. 불교와 그리스도교의 만남

그는 그리스도교에 대한 이러한 시각을 가지고서 불교와 그리스도교간의 "영적 교류"를 하고자 한다.[26] 물론 니시타니가 불교학과 그

---

25) 西谷啓治 外, 『戰後日本精神史』, 194; ハンス ヴァルデンフェルス, "佛敎とキリスト敎の出會い", 『情意における空』, 207.

리스도교 신학 자체의 교류를 하고자 하는 것은 아니다. 서양의 그리스도교와 동양의 불교를 조화시키고, 더 나아가 창조적으로 근저적 통일을 이루고자 한 것이다. 이러한 통일은 어느 한 쪽이 흡수하거나 다른 한 쪽이 희생함으로써가 아닌, "동양과 서양 문화가 저마다 지닌 고유한 특징을 살려나가면서도 저마다 새롭게 전개되어갈 수 있는 방법"으로만 가능하다고 그는 본다. 새롭게 전개되어갈 수 있는 방법이란 양자의 고유한 특징을 살려나가면서도 "양 방향의 어떤 통일을 추구하는 방향"을 따르는 것이다. 니시타니에 의하면, 이것은 "필연적인 것이며, 현대의 상황이 포함하고 있는 과제는 이 이외의 방법으로는 대답될 수 없다."[27] 그리스도교의 핵심, 근본 정신을 살릴 때 참으로 불교도 불교로서 살아난다는 말이다. 그리고 그리스도교의 핵심, 고유한 특징을 살려주는 이 정신이야말로 그리스도교와 불교를 근저적으로 통일시켜줄 수 있는 불교적 방법이라는 것이다.[28] 주로 그리스도교권에서 제기되기 시작한 이른바 "종교다원주의"에 대한 불교적 답도 이러한 입장을 견지할 때 드러난다. 물론 종교다원주의라는 이름으로 지금까지의 종교와 다른 그 무엇을 만들어내자는 것이 아니다. 도리어 종교를 참으로 종교로서 제대로 보자는 것이다. 이것이 선(禪)의 입장이다. 니시타니는 일체를 그 자체로 긍정하는 이러한 선의 입장을 중시하면서, 거기서 양쪽 모두 살리는 논리를 찾아내고자 하는 것이다. 그는 말한다.

---

26) 武藤一雄, "西谷宗教哲學とキリスト教", 35; 니시타니가 보는 불교와 그리스도교간 만남에 대한 좀 더 구체적인 문제는 西谷啓治, "キリスト教と禪", 『西谷啓治著作集』第十八卷, 44-120; "キリスト教と哲學と禪", 『西谷啓治著作集』第十一卷, 207-25; "佛教とキリスト教", 『西谷啓治著作集』第六卷, 257-86을 볼 것.
27) "キリスト教と哲學と禪", 210.
28) 이찬수, 『인간은 신의 암호』제8장 "문화-신학간 대화의 禪的 구조"에서 이러한 입장을 구체적으로 다루었다.

선에서는 고상(高遠)한 것이든 비근(卑近)한 것이든 모든 것을 어디까지나 자기의 생활과 경험으로 바꿈으로써 이것을 스스로 깨닫고[自證], 그러한 깨달음으로써 실증(實證)하는 방법을 따르고자 한다. 이러한 방식으로 일체의 것을 '자득'(自得)하고자 한다 … 이렇게 일체를 자득할 때 고상한 것을 고상한 것 그대로 비근하게 파악하고, 비근한 것을 비근한 것 그대로 고상하게 파악하게 되는 것이다 … 이것이 사물 본래의 도리와 논리를 표시하는 것이다.[29]

사물 본래의 도리는 그 사물을 자기의 삶 안에서 자기의 삶으로 바꿀 때 드러난다. 그 사물이 한낱 대상으로 머물지 않고 자기 삶이 되는 것이다. 이것이 사물 그 자체를 보는 것이다. 종교라는 이름으로 자기만의 철옹성을 쌓아서는 안 된다. 행여라도 학문이라는 이름으로 이러한 입장과 태도를 가려서는 안 된다. 니시타니는 사물 그 자체를 보지 못하고 개념적으로 대상화하기만 할 뿐인 학문 태도를 경계한다. "학(學)으로서의 철학"과 "생(生)으로서의 철학"을 분리하지 않는 선의 입장을 따르면서,[30] 성(聖)과 속(俗)이 상호융통하고 학문과 삶이 분리되지 않는 사물 본래의 도리와 논리를 중시하려는 것이다.

이제까지의 철학이나 신학도 달을 가리켜 보여주는 데 머물고는 달 바로 그것의 빛을 결여하고 있다 … 그렇다면 종교와 마찬가지로 철학도 지금까지의 기본적인 입장으로부터 다시 한 걸음, 즉 위에서 말한 선(禪)과 친연(親緣)해지는 방향으로 나아가는 한 걸음을 내디뎌야만 하지 않을까.[31]

물론 선이라는 이름으로 종교를 철학과 분리시킨다든지 지금까지의 입장에 새로운 어떤 개념을 추가하려는 것은 아니다. 그는 이렇게

---
29) "キリスト敎と哲學と禪", 223-24.
30) 西谷啓治, 『西田幾多郎 - その人と思想』, iii-viii; "キリスト敎と哲學と禪", 222.
31) "キリスト敎と哲學と禪", 221-23.

말한다: "지금까지의 노선과 다른 하나의 새로운 노선을 열어주는 것이 아니라 이들 노선이 모두 위에서 전제되었던 장면 그것을 돌파해서 새로운 장면을 여는"것이다.[32] 이 새로운 장면은 이미 있던 곳의 근저가 탈은폐(disclose)될 때 열린다. 그곳에서 "고상한 것을 고상한 그대로 비근하게 보고, 비근한 것을 비근한 그대로 고상하게" 볼 수 있게 된다. 그리스도교는 그리스도교대로, 불교는 불교대로 저마다의 특징을 살려나가면서, 불교를 그리스도교적으로도 보고 동시에 그리스도교를 불교적으로도 볼 수 있게 되는 것이다. 이것이 그 깊이에서 이루어지는 진정한 '교류', 실존론적 차원에서의 교류, 무토가 말하는대로 "영적 교류"이다. 참으로 선적 교류인 것이다.

실존론적 차원이야말로 그리스도교를 그리스도교로 살려주고 불교를 불교로 살려주는 그 근저적 깊이이다. 앞에서 본대로 니시타니에게 실존론적 인간 규정은 '본래인', '본래진면목', '진인' 내지는 '본래적 자기'이다. 본래진면목은 불교적 깊이를 살리면서 인류의 원천적 모습과 구조를 나타내주는 실존론적 규정이다. 니시타니는 이러한 원천적 모습에서 일체 존재의 무차별성을 본다. 그러나 "되어가는 그리스도인"이나 "되어가면서 이미 된 불교인"과 같은 표현을 통해 자신의 정체성을 그리스도인과 구별지을 수밖에 없었던 것도 현실이다. 자기 자신은 불자로서의 정체성을 지니고 있지만, 스스로를 "되어가는 그리스도인"이라 표현함으로써 그리스도교에서도 끝없이 배우고 변화되어간다는 입장을 견지하고자 했던 것이다. 보살도의 차원에서 보면, 모두 원천적 무차별성 속에 있는 한 이웃 사랑은 '당위'이지만, 현실적 차별성을 인정하고 존중하는 한 이웃 사랑은 '의무'이고 '과제'라는 말로 바꾸어 볼 수도 있다. 니시타니는 이런 당위와

---

32) "キリスト敎と哲學と禪", 223.

의무를 때로는 구별하고 때로는 동일시하면서 자신의 철학적 깊이 안에서 그리스도교와 대화하는 가운데 이웃 사랑이라는 대명제를 실천해야 한다는 논리를 현대 세계 안에 제시하고자 했던 것이다.

다음 장에서는 한국 신학자이면서 불교와의 대화에 선구자적인 인물인 변선환의 불교관을 중심으로 한국 그리스도교가 불교를 수용하고 있는 정도를 가늠해보겠다.

11
그리스도인은 불교를 어떻게 보아야 할까
―변선환의 불교관

1. 그리스도교에서는 불교를 어떻게 보는가

그리스도교에서는 불교를 어떻게 보는가? 간단하게 대답하기 힘든 물음이다. 그것은 무엇보다 동·서양 종교의 양대 산맥인 불교와 그리스도교에 대한 이해가 워낙 다양해, 무엇을 일러 불교라 하고 무엇을 일러 그리스도교라 할 것인지조차 규정하기 힘든 작업이기 때문이다. 불교라 말하지만, 초기불교의 모습과 현대불교의 모습이 다르고, 상좌불교와 대승불교가 다르며, 선불교와 정토불교가 다르다. 한편에서 보면 철저한 무신론일 수도 있지만 다른 한편에서는 유신론일 수도 있는 것이 불교이며, '엘리트' 선승의 신앙과 대중적 민간신앙이 이질적일만큼 서로 다른 모습을 하고 있는 것이 불교인 까닭이기도 하다.

그리스도교 역시 세련된 신학자와 일반 신자 사이의 거리가 너무 멀어서, 어디까지를 그리스도교라고 규정해야 할지 기준을 정하기 힘들다. 그런데다가 그리스도교 신자 개개인의 불교에 대한 이해 자체도 극단적이라고 할 정도로 다양하다. 어떤 그리스도인은, 아직 소수이기는 하지만, 불교에서 친근감을 느낄 뿐만 아니라, 불교와 그리스도교는 사실상 동일한 종교경험에 기초하고 있다고까지 자신있게 규정하는가 하면, 어떤 그리스도인들은 이른바 '우상숭배'의 전형으로 불교를 지목하기도 한다. 게다가 같은 그리스도교 전통 안에 속한다고 하지만, 가톨릭과 개신교, 정교회 등 교파에 따라서도 이른바 '타종교'에 대한 자세가 같지만은 않다.[1] 문화적인 차이는 물론 심지어 교리적인 차이마저 있으며, 각 교파의 신학자들끼리도 입장 차이가 제법 드러나고 있는 실정이다.

이 마당에 "그리스도교에서 보는 불교"라는 주제로 글을 풀어나가는 일은 접근조차 하기 힘든 험산준령을 속속들이 살피며 종주하는 일과도 같다. 이 글에서는 이런 어려움을 감안하여 한국 그리스도교 안에 있으면서 불교와의 사이에 다리를 놓은 대표적인 신학자 중 한 사람인 변선환(邊鮮煥) 목사(1927-1994)의 불교관을 살펴보고자 한다. 변선환은 신학자이자 목사이지만, 다른 종교인들과의 교류를 활발히 펼치면서 한국 종교신학의 방향을 새로 잡아가는 데 족적이 큰 인물이다. 특히 불자들과의 친분이 두터웠으며, 그의 종교신학적 시각에도 불교적 논리가 많이 반영되어 있다. 불교에서 영향을 받으면서 형성된 그의 신학을 정리해 보면, 그리스도인이 불자를 어떻게 보아야 할지, 그 그리스도교적 기초도 알 수 있게 된다.[2] 이 글에서는 그의

---

1) 한국갤럽의 조사에 따르면, 전반적으로는 타종교에 대한 태도가 비교적 포용적인 시각으로 바뀌어가고 있다. 이를 종파별로 보면, 1997년 현재 타종교에 대한 수용적인 태도의 비율이 불교 87%, 가톨릭 85.4% 무종교인 84.2%, 개신교 61.7%의 순서로 나타나고 있고, 비종교인의 구원가능성을 묻는 좀 더 구체적인 질문에 대해서는 무종교인 79.5%, 불교 79.1%, 가톨릭 73.2%, 개신교 31.6% 정도가 긍정적인 평가를 한 것으로 나타난다. 같은 그리스도교 전통 안에 속하지만, 타종교에 대한 가톨릭과 개신교의 입장에는 비교적 현격한 차이가 있음을 알 수 있다. 이원규, "한국갤럽의 '1997년 한국의 종교와 종교의식' 한국 종교 어떻게 변하고 있는가: 한국종교의 현실과 전망(2)", 『기독교사상』 제477호, 1998, 186-209를 참조할 것.
2) 주지하다시피 일아(一雅) 변선환(邊鮮煥) 목사는 우리 나라에 종교다원주의에 대한 논의를 불러일으킨 선두주자다. 그 이전에 우리 나라에 다원주의적 사고

시각 내지는 신학을 통해, 그리스도교인은 불교를 어떻게 '보는지' 그 일단을 가늠해보고, "그리스도교에서 보는 불교"라는 주제를 들여다보는 하나의 창문으로 삼고자 한다. 아니, 좀 더 정확히 말해, 그리스도교인은 불교를 어떻게 '보아야 하는지' 그 적절한 시각을 탐색해보는 시간을 가지고자 한다. 물론 변선환의 불교관에 초점을 둔 이 글은 그리스도교 가운데서도 비교적 개방적이고 진보적인 입장을 대변해준다고 하겠다.

2. 변선환의 불교이해 과정

변선환이 다른 종교를 수용하는 신학을 전개해나갈 때 늘 염두에 두었으며, 가장 큰 자극을 받았던 것은 불교이다. 그의 신학 안에서 보건대 불교는 그의 실존과 상관없는 단순한 '타' 종교가 아니다. 그는 불교를 가능한 한 불교로 남겨두고자 하며, 그리스도교적 잣대로 함부로 재려 하지 않는다. 불교적 가치를 살리고자 한다. 그는 불교를 보면서 더 그리스도인다워진다. 그런 점에서 불교는 그에게 그리스도교를 더 그리스도교답게 만들어주는 "불가결의 보충"(야스퍼스)이다. 이런 시각이 변선환의 신학과 불교관의 기초에 놓여있다. 그는 어떤 궤적을 따라 이러한 불교관을 갖게 되었는가? 그가 보는 불교는 어떤 것인가?

방식이나 논의가 없었던 것은 아니지만, 종교다원주의 논의가 진작된 데는 "교회 밖에도 구원이 있다"는 변선환의 주장이 그리스도교 안에 파장을 불러일으키면서부터였다고 하겠다. 그가 소속되어 있던 감리교회에서는, 비록 여러 가지 정치적 의도도 개입되어 있었지만, 이러한 주장을 문제삼아 1992년 그를 출교시키기에 이르렀고, 이로 인해 그리스도교인은 이른바 '타종교'를 어떻게 보아야 하는지에 대한 논의가 일반 신자들에게까지 이르게 되었다. 어찌되었든 이 사건은 일반 신자들이 그리스도교 이외의 종교에 대한 입장을 정리하게 해준 좋은 계기가 되었다.

변선환은 고향인 평양 외항 진남포에서 신앙생활을 하던 젊은 시절부터 이미 동양의 정신 세계에 친숙했다고 스스로 밝히고 있다.[3] 그러다가 미국 드루대학교 유학시절(1962-63, 1966-67), 드루에 초청교수로 와있던 바젤대학의 프리츠 부리(F. Buri)를 통해 야스퍼스의 철학을 만나면서 대승불교가 보이기 시작했고, 바젤 유학 시절(1971-75)에는 부리 교수와 함께 선불교 고전들을 읽으면서 "동양 사람이라는 아이덴티티를 실존적으로 실감"했다고 한다. 그러던 중 "나는 좋은 크리스챤이 되기 위해 불교를 배우고 좋은 불교도가 되기 위해 그리스도교를 공부하고 있다"는 군데르트의 말에 마음이 움직였다고 한다. 그러면서 그가 늘 자문한 것은 "불교로 특징화할 수 있는 동양이라는 문화적 풍토 속에서 기독교 신학자가 된다는 것은 무엇을 뜻하는 것일까?" 하는 것이었다.[4]

그 후 변선환은 불교와의 만남을 지속하면서 늘 다음과 같은 문제의식을 놓지 않았다: "아시아의 기독교가 아시아화되어야 한다는 지상과제 앞에서 동양의 신비종교가 열어준 끝없는 정적 속에서 명상에 침잠하고 있는 불교도 형제들과의 열려진 대화가 가장 절실한 문제가 된다고 본다."[5] 한국의 그리스도교가 더욱 한국의 그리스도교가 되는데 불교가 좋은 동반자 역할을 할 수 있다고 본 것이다.

이러한 그의 자세는 바젤에서 박사학위 논문을 쓰면서 일차적인 결실을 맺게 된다(1975). 그는 학위논문에서 자신과 동시대 사람인 일본의 신학자 야기 세이이치(八木誠一, 1932 -)의 신학을 소개한다. 야기는 니시다 기타로(西田幾多郎, 1870-1945)의 절대무(絶對無)에서 신학적

---
3) 변선환, "나의 신학수업", 『현대신학과 문학』(『변선환 전집』 6)(이하 『전집』), 한국신학연구소, 1999, 347.
4) "나의 신학수업", 『전집 6』, .356-359.
5) "불교와 기독교의 대화", 『전집 2』, 118.

근거를 보는, 이른바 "불교적 신학자"라고 할만한 분이다. 학위논문에서 변선환은 야기의 신학을 정리하며 소개하되, 결국은 그의 지도 교수인 부리의 시각에서 비판하는 작업을 한다. 변선환은 "인간 실존(신앙)의 보편적 가능 근거는 공(空)이나 절대무라는 비행접시에 있지 않고 인간 실존의 자기 이해에 있으며, 이 자기 실존은 내 구체적인 생의 상황, 곧 기독교 전통에서만 가능하다"고 말한다.[6] 그 자신이 "그리스도 속에서 진리와 생명에 이르는 길을 찾은"[7] "그리스도인"임을 고백하는 가운데, 인간 실존을 추상화시키지 않으려는 자세를 견지하고 있는 것이다.

역으로 말하면 이것은 공(空)이라는 불교적 실재로는 모순으로 가득찬 역사적 현실을 적절히 설명해내기 힘들다는, 불교에 대한 비판이기도 하다. 그가 니시다에 근거를 둔 야기의 '장소' 개념에 대해서 비판하는 것도 비슷한 이유에서이다. 그는 "장소/근저가 인간 실존에 선행한다"고 보는 야기의 입장이 "인간 실존의 무제약적 자유와 책임이라는 것을 알지 못한 채" 인간 실존을 추상화시킨다고 간주한다. 그러면서 "무제약적 책임성이라는 이름밖에 천하 인간이 구원을 얻을 만한 다른 이름을 우리에게 주신 일이 없다"[8]고 강조한다. 모순적 현실을 극복해내는 무제약적 책임자로서의 자각 위에서 그리스도의 계시를 보는, 이른바 "실존 그리스도론"을 강하게 견지하고 있는 것이다. 구체적 상황 안에 처해 있는 그리스도교적 실존을 중시하면서 1970년대의 변선환은 자신의 박사학위논문의 제목에서처럼 "그리스도의 궁극성"을 밝히고자 했던 '정통적' 의미의 신학자였음을 보여준다. 이 시기 그는 불교와의 열린 대화를 통해 그리스도교의 탈서구

---

6) "야기 세이이치의 장소적 기독론", 『전집 5』, 179.
7) "불교와 기독교의 대화", 『전집 2』, 119.
8) "나의 신학수업", 『전집 6』, 363.

화를 이루어려는 노력을 기울였지만, 불교는 그에게 아직까지 그리스도교를 풍요롭게 해주는 일종의 '수단'으로서의 기능을 한 것으로 보인다. 불교가 그의 신학의 '내용'으로 들어오기 시작한 것은 그 이후이다.

3. 불교와 그리스도교는 '불가결의 보충'

불교에 대한 그리스도교적 편견을 완전히 벗어버리지는 못했지만, 변선환의 불교관은 이기영의 불교-기독교의 대화론을 중심으로 소개하고 있는 "해방 후 기독교와 불교의 수용형태"(1978)에서 좀 더 분명하게 드러나기 시작한다. 물론 그는 오랫동안 서경수, 김삼룡, 유병덕 등 불교 또는 원불교 학자들과 교류했지만, 그의 불교 이해의 폭은 이기영으로 인해 더욱 심화되었던 것으로 보인다. 앞 글도 이기영과의 대화의 산물이다. 그러나 이기영의 그리스도교관에 대해서는 비판적으로 평가한다. 가령 "그(이기영)는 정신적인 것과 인격적인 것, 존재론적인 것과 신비적인 것과 윤리적인 것이 반드시 대립적인 것이 아니고 상호 보충하여 공존할 수 있을 뿐 아니라, 하나의 종교 속에 두 요소가 함께 공존할 수 있다는 데까지는 논리를 발전시켜 나가지 못했다"[9]고 그는 본다. 이기영을 비롯 불교권 학자들이 그리스도교의 인격 개념을 여전히 이원론적 시각에 머물러 있는 것으로만 오해하고 있기도 하지만, 변선환에 의하면 그것을 넘어서 볼 수 있어야 한다는 것이다. 물론 그리스도교적 신관의 특징인 인격은 대승불교적인 시각에서만 보면 아직 불교적 진리에 미치지 못한 것으로 볼 수 있을 것이다. 이에 대해 변선환은 일단 동의한다.

---

9) "해방 후 기독교와 불교의 수용형태", 『전집 2』, 92.

'無理之理'라는 절대모순의 자기동일의 경지, 절대무로서의 인식의 형이상학에서 본다면, 인격존재로서의 신에는 아직 그의 의지와 선택의 대상으로서 거기에 대립하고 있는 이원론적 구별이 있다. 기독교에서는 나와 타자, 창조자와 피조물 사이에 있는 이원성이 극복되지 않고 있기 때문에 신은 참된 의미에서 절대자가 아니라고 보겠다. 一心의 입장에서 보면, 인격성은 다만 절대무의 가면으로 보일 뿐이겠다.[10]

그러나 변선환에 의하면 이것은 오해이다. 그는 본심을 이렇게 밝힌다.

인격 개념을 무의 한정과 특수화라고만 한정시켜서 이해하지 말고, 존재 자체를 근원적으로 인격적인 것이라고 이해할 수도 있을 것이다. 틸리히에게 있어서 '신을 초월한 신'(God above God)으로서의 존재 자체의 신이 인격적인 살아 계신 신을 부정하는 것은 아니었던 것처럼, 인격과 순수일자인 존재의 초월적 근거는 다함께 상대적 이원성을 초월한 것이며, 분할 불가능한 것이다. 인격 존재로서의 신 개념은 절대무가 동양적 사유의 근저에 있듯이, 기독교 서구에 있어서 의미있는 근원적인 체험에서 나온 것이다 … 불교도와 달리 기독교는 초월자의 가장 깊은 핵, 존재의 핵에서 인격을 체험하고 있기 때문에 동서의 두 종교는 열려진 대화를 통하여 서로 새로운 사유방법을 익혀나가야 할 것이다.[11]

변선환이 하고 싶은 말은 존재와 인격·윤리는 상호 대립적인 것이 아니라는 것이다. 공, 절대무의 차원에서 그리스도교를 비판적으로 평가할 것이 아니라, 신의 인격 개념을 존재 자체의 근원적 성격으로 이해해야 한다는 주문이다. 그리스도교가 불교를 오해해서 안되듯이, 불교도 마찬가지라는 충고가 들어 있는 셈이다. 신의 인격 개념은 불교적 시각에서 비판되어야 할 것이 아니라, 그리스도교의 핵

---

10) "해방 후 기독교와 불교의 수용 형태", 『전집 2』, 92.
11) "해방 후 기독교와 불교의 수용 형태", 『전집 2』, 92-93.

심으로 긍정되어야 한다는 것이다. 변선환은 늘 이런 식으로 그리스도교를 살리고자 한다. 잘 보면 그리스도교의 인격 개념이 그다지 불교와 상충되는 것만은 아니라고 보기 때문이다. 물론 '인격' 개념에서만 그런 것은 아니다. 변선환이 야스퍼스의 말을 빌어 사용하는 데 따르면, 불교는 기본적으로 그리스도교와 "불가결의 보충" 관계에 있다. 보충되는 그 지점에서 이들은 서로 만난다는 뜻이며, 서로가 서로를 풍요롭게 해주는 관계에 있다. 불교와 그리스도교는 서로 "사랑하면서의 투쟁"(야스퍼스)의 상대로 보아야 한다고 그는 말한다.

> '사랑하면서의 투쟁'은 종교체험의 표현인 로고스, 곧 도그마 사이의 알력이 아니라, 종교의 근원적인 것을 얼마나 풍부하게 표현하고 있는가 라고 하는 근원적인 물음 사이의 알력일 것이다. 일원론적인 불교가 우수한 종교인가 이원론적인 기독교가 우월한 종교인가를 가름하는 유일한 표준은 도그마에 있지 않고 프락시스 곧 사랑의 실천에 있다. 종교가 낼 수 있는 가장 아름다운 노래는 사랑이다. [12]

불교와 그리스도교는 사랑의 실천에 있어서 서로를 보충해준다. 불교와 그리스도교는 단순히 양자택일의 가르침이 아니다. 그는 말한다: "불교냐 기독교냐는 물음, '이것이냐 저것이냐'는 서구적인 너무나도 서구적인 사고에서 나온 것이다. 진리를 찾아가는 겸손한 길손은 '이것이냐 저것이냐'가 아니라, '이것도 저것도'의 논리를 배우며 상호보완의 길을 택하여야 할 것이다."[13] 그는 구체적인 예를 이렇게 든다.

> 기독교 행동주의자들의 예언자적 정신은 불교의 명상체험에서 신비체험의 지혜를 배우며, 에고(ego)에서 벗어나는 초탈의 훈련을 할 필요가 있다.

---

12) "해방 후 기독교와 불교의 수용 형태", 『전집 2』, 106-107.
13) "불교와 기독교의 대화", 『전집 2』, 106-107.

기독교의 사랑행은 끝없이 에고를 부정하고 또 부정하는 무의 체험을 통해 세계를 향하여 나서는 대승불교의 보살도주의에 나타난 대자비심에서 배우며 보완되어야 할 것이다.[14]

불교는 그리스도교를 보충해주는 불가결한 상대라고 보는 자세가 잘 드러난다. 마찬가지로 불자는 그리스도교를 불교에 대한 불가결의 보충으로 보아주기를 바라는 마음이 들어있다고도 할 수 있다. 서로를 좀 더 총체적으로 보면서, 자신에게 부족한 부분을 배우는 대화의 길을 가자는 제안인 것이다.[15] 그는 말한다: "기독교와 불교는 앞으로 한국의 미래, 인류의 미래를 위하여 사랑의 휴머니즘의 영역에서 사이없는 대화와 협동을 이룩할 수 있는 새로운 신학적인 노력을 계속하여야 할 것이다."[16]

이러한 미래지향적 제안에는 불교적 도전이 반영되어 있고, 이 도전이 그의 신학을 새롭게 만들어주는 주요 자극제로 작용한 것이다. 아울러 이러한 입장은 오늘날 비교적 진보적인 신학자들 및 신자들의 불교에 대한 입장을 앞서서 대변해준 것이라고도 할 수 있다. 이렇게 형성되어간 그의 신학의 모습은 구체적으로 어떤 것인가? 불교와 같은 이른바 타종교의 도전 앞에서 그리스도교 신학의 모습은 스스로를

---

14) "불교와 기독교의 대화", 『전집 2』, 131.
15) 그러나 변선환에 의하면, 불교권 안에서 그리스도교를 비교적 잘 아는 한 사람인 이기영의 그리스도교관에도 일단의 문제점이 있다. 변선환은 이렇게 비판한다: "이기영의 대승불교 휴머니즘은 그의 기독교와의 대화에서는 극히 일방적으로 일심의 신비주의, 절대무의 존재론만을 전면에 내세우고 있다. 그런 의미에서 한국불교와 기독교의 만남은 그 일방성 때문에 만남의 지평을 잃고 있다"("해방 후 기독교와 불교의 수용 형태", 『전집 2』, 101). 즉, 이기영이 불교와의 대화 파트너로서 그리스도교를 지나치게 부정적 신비주의 신학, 신의 신비와만 연결지으려 하다 보니, "대승불교의 보살주의는 숨겨지고 일심의 신비주의만 전면에 나타나게 되었다"는 것이다.
16) "해방 후 기독교와 불교의 수용 형태", 『전집 2』, 103.

어떤 식으로 드러낼 수 있겠는지 변선환의 신학이 가장 적절한 예일 듯 싶다.

4. 불교를 수용해낸 신학의 모습―타종교의 신학

한국의 신학자들에게는 어느 정도 알려졌다시피, 변선환 신학의 핵심은 '종교신학'과 '해방적 민중신학'이 결합된 "해방적 종교신학"으로 정리해 볼 수 있다. 그는 해방적 종교신학의 차원에서 종교다원주의를 주장한다. 그의 신학은 아시아적 종교성의 기초 위에서 한국인 및 아시아인 빈곤과 고난에 참여하고, 그로부터의 해방을 추구하는, 실천적 구원론 중심의 신학이다. 다양한 종교들은 인간 해방의 실천에서 만나며, 그 만남 및 인간 해방의 기초를 정치적 이데올로기 같은 것이 아닌, 아시아적 종교성에서 찾고 있는 것이다.

이러한 그의 사유를 잘 보여주는 논문이 "타종교와 신학"(1984)이다. 제목은 논문을 의뢰한 주최측의 요청에 따라 "타종교와 신학"으로 되어 있지만, 그가 여기서 말하려는 것은 "타종교의 신학"이다. 그에 의하면, "타종교의 신학"이란 "타종교를 주체로 하는 신학"이다. 특별히 그는 아시아의 종교적 현실을 그리스도교의 내부로까지 받아들이면서, 그로 인해 달라졌고, 또 달라질 수밖에 없는 한국신학을 탐구하며 정립하고자 한다. 신학이라면 응당 그리스도교적 주체성 위에서 성립된 것이겠으나, 그는 서구 신학에의 종속성을 극복하고 아시아적 신학의 주체성을 강조한다. 아시아적 주체성이란 서구적 주체성이라는 '정통'의 길이 아니라, 도리어 그것을 벗어버린 '비정통'의 길을 갈 때 성립되는 주체성이다. 서양 신학의 포로에서 벗어나 아시아적 종교성과 빈곤의 문제를 주제이자 주체로 하는 신학의 길을 가야 한다는 것이다. 그는 말한다.

아시아 신학자들은 아시아적 상황 속에서 살아있는 신학을 형성해야 한다는 과제를 위하여 기독교 신앙의 비정통적인 아시아적 해석학을 지향하려는 모험에 나서야 하게 되었다.[17]

그리스도교 신학이 아시아에서도 정말 살아 있고자 한다면, 스스로 비정통의 길을 가야 한다. 아시아의 다양한 종교적 풍토 안으로 스스로를 변화시키면서 들어가고, 아시아인의 빈곤과 더불어 살면서, 빈곤으로부터 해방을 추구하는 신학, 앞에서 말한대로 "해방적 종교신학"을 이루어가야 한다는 것이다. 이것은 그리스도교를 주체로 하고서 다른 종교를 이분법적으로 대상화하고 사물화할 줄만 알았던 서양의 이른바 '정통' 신학과는 다른, 다양한 종교들이 결코 대상화할 수 없도록 녹아있는 아시아에서 이루어지는 해석학적 '비정통'의 길이다. 이러한 비정통적 해석학에 충실할 때에야 그리스도교는 오랫동안의 정통의 길을 이어간다는 것이 그의 아시아적 해석학의 입장이다. 말하자면, 타종교를 사물적으로만 바라보던 기존의 입장이 타종교 안에서 부정될 때 타종교를 그 자체로 바라볼 수 있게 될 뿐 아니라, 그렇게 얻어진 새로운 이해야말로 그리스도교적 새로운 질서의 핵심에 속하는 것이라는 말이다. 그는 피에리스(A. Pieris)의 시각을 빌려 "타종교의 신학"을 이렇게 요약한다.

> 타종교의 신학은 타종교 속에 그리스도가 계시는가 안 계시는가를 논하는 그리스도론도 아니고, 타종교가 어떻게 신을 알고 있는가를 밝히려고 하는 God-talk나 God's-talk로서의 신-학(theo-logy)도 아니며, 새 휴머니티의 회복을 위한 아시아인들의 민중해방운동을 촉발시키는 구원의 신비, 해방의 신비를 밝히는 구원론에 근거되어야 한다.[18]

---

17) "아시아교회의 신학적 과제", 『전집 1』, 102.
18) "타종교와 신학", 『전집 1』, 208.

타종교의 신학은 타종교 안에서 그리스도교와 유사한 사상을 찾아내려는 신학이 아니다. 그것은 인간 구원론에서 출발하여 궁극적으로 인간의 해방을 지향하는, 일종의 해방신학이다. 그리스도교는 타종교의 인간 구원론, 타종교의 해방적 전통과 만나서, 인간의 구원을 중시하는 신학을 해야 한다. 이것이 타종교 신학의 요체이기도 하다. 타종교와의 이념적 토론에 머물지 말고, 타종교가 어루만져온 인간의 고통, 이루어온 인간의 해방을 그리스도교 신학의 핵심으로 삼자는 것이다.

이런 시각에서 그는 아시아, 특히 한국에서의 타종교란 신학의 대상이면서 동시에 신학을 신학되게 해주는 주체이기도 하다고 본다. 그에게 타종교는 그저 '다른 것'[他]으로 대상화되지 않는다. 이미 그것이 그리스도교 '안'에 들어와 있기 때문이다. 따라서 타종교는 신학의 중심 내용이 된다.

> 타종교는 서구 신학의 관점에서 보게 되는 신학의 수단이 아니라, 오히려 목적이며 신학의 객체가 아니라 오히려 주체가 되게 된다.[19]

'모두가 이런 자세를 가질 수 있다면 얼마나 좋겠는가!' 아마도 이것이 그리스도인들에 바라는 변선환의 심정이었을 것이다. 동시에 이른바 타종교인들도 그리스도교를 그렇게 봐주기를 바랐을 것이다. 그는 이러한 바람을 가지고 서로 함께 만나 대화하고 명상하고 몸으로 부딪히면서 진정한 종교간 대화의 분위기를 조성해나가자고 제안했다. 그가 "한국 기독교 100년 기념 신학자대회 한국 신학 심포지엄"(1984)에서 토로한 소망은 그러한 심정을 잘 반영해준다.

> 내가 얘기하는 것은 우리들이 책을 통해서 서로 배우고 서로 좋은 점을

---

19) "타종교와 신학", 『전집 1』, 181.

받아들이고 하는, 말하자면 경전을 기초로 한 그와 같은 대화를 넘어서, '종교경험', 이 속에서 우리 서로 같이 만나자, 그래서 같이 기도하고 같이 명상하고 같이 참선하고 이렇게 하자, 이렇게 하지 않는 한 그건 진정한 대화가 아니다, 이런 걸 내가 마지막 카드로 내놓으려고 그러는 거야.[20]

도그마적 원리보다는 인간의 실존적 구도심 자체를 중시하면서 그곳에서 신학의 핵심을 보고자 하는 것이다. 이런 식으로 변선환은 그리스도교 신학의 목적을 이른바 타종교 대상적 '정통신학'으로부터 신학을 해방시킴으로써 인간을 해방시키는 곳에서 찾는다고 할 수 있다.

5. 불교를 긍정하는 신학적 근거—신중심적 다원주의

그가 그리스도교 이외의 종교를 이렇게 적극적으로 포용할 수 있는 자세는 어떤 신학적 근거 위에서 나오는 것일까? 아무래도 그의 '신론'에서 찾아야 할 것이다. 주지하다시피, 그의 "타종교의 신학"은 다른 한편에서 보면 "신 중심적 다원주의 신학"과 통한다. 이는 사실상 힉(J. Hick)이나 니터(P.F. Knitter), 파니카(R. Panikkar)나 피에리스 같은 신학자들의 견해와 맥을 같이 하는 것이다. 변선환도 이들에게 배우면서, 그리스도교에만 고유한 것으로 받아들여질 법한 그리스도론보다는, 이 그리스도론을 포괄하는 신론에 무게중심을 두고자 했다. 그는 특별히 신 중심적 혹은 실재 중심적 신학을 견지했다. 힉이 말하듯이, "여러 신앙들의 우주의 중심은 그리스도교나 다른 어떤 종교가 아니라, 신(God)이라는 사실을 깨닫고서" "모든 종교들은 각기 다른 방식으로 신을 반영하는 것"으로 인정해야 한다는 입장이다.[21] 이런 입

---

20) 주재용·서광선편, 『역사와 신학』, 한국신학연구소, 1985, 258-259.
21) "종교간의 대화 백년과 전망", 『전집 1』, 41.

장을 이어받아 변선환은 말한다: "아세아의 기독교는 과감하게 서구신학이라는 프톨레미우스적 시각(지구중심)에서 아세아 신학의 관점(태양중심)에로의 급격한 전환이 요청되는 전환기에 살고 있다. 우리는 아주 새로운 신학의 새 파라다임이 필요하게 된 것이다."[22]

여기서 변선환이 말하는 신(태양)이란 그리스도교 안에서 교리화한 신이 아니라, 힉이 말하는 궁극적 실재(Ultimate Reality), 영원한 일자(Eternal One)에 가까운 개념이다. 힉에 의하면, 신은 그 어떤 것에 의해서도 독점될 수 없는 초월적 실재이다. 힌두교의 '니르구나 브라흐만'처럼, 아무런 속성이 부여되지 않는 순수실재, 칸트의 '물자체'에 해당하는 개념이라고 할 수 있다. 이것이 다양한 문화적 풍토 속에서 다양한 형태로, 즉 '사구나 브라흐만'(쉬바 혹은 이쉬바라, 야훼, 알라, 道 등)과 같은 현상세계의 모습으로 알려진다는 것이다.

변선환도 이러한 힉의 입장에 동의하며 신을 '궁극적 실재'의 차원에서 파악한다. 그렇지만 그 실재가 '하나'라는 수량에 집착하는 것은 아니다. 그는 전형적인 인격신론을 재고되어야 한다고 보면서, 이기영의 견해를 빌려 신이 '한 분'이라고 하는 그리스도교의 수량적 집착을 비판한다.

> 기독교의 신(Deus)과 오직 하나뿐인 님(unum Deum)은 산스크리트어 데바(deva)와 같은 어원에서 나왔다. 기독교는 deva를 대문자 Deus로 쓰면서 객관적, 인격적 실재로 이해하고 '하나'를 수량적으로 읽었다. 그러나 본래 '오직 하나의 님'은 광대한 포괄성이며, 「대승기신론」이 말하는 초월적, 내재적인 '일심'이나 화엄경이 말하는 '순수불이'의 궁극적 실재[離言絶慮]의 근원적인 실재인 '一'인 것이다. 그 '하나의 님'은 원효의 사상으로 표현한다면, '마음의 인격적 표현'일 뿐이다.[23]

---

22) "불교와 기독교의 대화", 『전집 2』, 111.
23) "불교와 기독교의 대화", 『전집 2』, 121.

그간의 철저한 단일신론은 다양성이나 '무'를 용납하지 못하고 '하나' 내지는 '유'에 대해 지나치게 집착해왔다. 그러다 보니 지배적인 독재자, 도덕적 심판자로서의 신 표상 및 신 죽음의 신학이나 허무주의와 같은 것을 낳았다. 이것은 '존재'로 시작한 신학의 필연일지 모른다. 존재 중심의 신학은 필연적으로 시작과 끝을 보고자 한다. 서구 그리스도교의 직선적 역사관이 사회 변혁적 힘으로 작용했던 것은 사실이지만, 동시에 진리 독점적이고 유일회적 사고방식을 강요하는 경향도 컸다. 송천성(C.S. Song)의 말마따나 직선적 시간관은 모든 것을 "단순화시키고 규칙에 맞지 않는 것은 절단해버린다. 만나는 것들은 모두 심지어 하느님이나 하느님께서 하신 일까지도 기하학적으로 처리해버린다." 늘 '이거냐 저거냐' 식의, 선택적인 물음을 던질 뿐이며, 선택된 것 이외의 것에 대해서는 배타한다. 이것과 저것의 그 '중간'[中]을 보지 못하는 것이다. 한 마디로 중도(中道)가 용납될 수 없는 배중률(排中律)적 태도에 머물고 만 것이 이른바 정통 신학이었다.

'중'을 배타하는 배중률은 다원론을 담지 못한다. 적어도 다원론에는 이것 저것을 모두 용납하려는 논리가 들어있기 때문이다. 변선환은 존재 중심의 논리, 그리고 로고스로부터 출발한 논리는 아무리 해도 배중률을 벗어나지 못한다고 본다. 그는 생전에는 출판하지 않았던 논문에서 불교적 공, 쿄토학파의 절대무를 포괄시키는 신론, 로고스적 논리를 벗어나는 렘마적 논리를 전개하고자 했다.[24] '렘마'란 "직관적으로 파악한다"는 뜻이다. 그 어떤 것'에 대한 말', 즉 로고스가 필연적으로 주체와 대상을 분리시킨다면, 렘마는 통일적으로 포섭한다. 그에 의하면, 신은 로고스적 논리로는 충분히 설명되지 못하

---

24) "연꽃과 십자가, 렘마와 로고스, 우주론과 종말론", 『전집 2』, 138-139, 143-145.

며, 렘마적 구조로만 설명된다. 그러한 신은 배중률의 신이 아닌, 이른바 용중률(容中律)의 신이다. 비록 이러한 신학을 구체적으로 완결짓지는 못한 채 타계하고 말았지만, 신을 절대무의 논리, 렘마적 구조로 파악하고자 한 것은 상당히 '급진적인' 접근법이었다. 그리스도교의 신학 자체를 불교적 구조에 맞추려는 시도를 벌인 셈이다. 이러한 시각을 가지고 그는 불교와 그리스도교의 종교 경험을 동일한 경험으로까지 보고자 한다: "동일한 신에 대한 서로 다른 경험 안에서 타종교들의 초월자 체험은 우리를 신의 신비를 향하여 보다 가까이 나가게 하여준다. 신비는 궁극적으로 동일한 것이다."[25]

변선환은 신을 '공'이나 '무'에서 출발하여 연기적(緣起的)으로 표현될 수 있는 궁극적 실재, 포괄자라는 입장으로 전개시켜 나간다. 여기서 말하는 신이란 일(一)과 다(多)를 용납하고, 유와 무를 상통시키는 궁극적 실재이다. 그는 이렇게 신관의 변화를 요청하면서, 그것을 불교와 같은 동양종교를 제대로 볼 수 있기 위한 출발점으로 삼는다. 그러면서 그것은 동시에 동양의 종교들을 만나서 자기 정체성을 유지해나가는 그리스도교 자신의 해석학적 변용이기도 하다. 그리고 그가 추구하던 그리스도교 신학의 결론이기도 하다. 그리스도교 자신이 불교적 세계관과 만나는 순간 그리스도교의 하느님은 불교적 세계관 안에서 불교적 세계관에 어울리게 스스로의 모습을 탈은폐시킨다. 이렇게 보면 그리스도교의 타종교에 대한 배타성이란 자가당착이자 자기모순이다. 그리스도교가 타종교 안으로 들어가는 순간 이미 그리스도교는 그 타종교에 의해 변화된 그리스도교일 수밖에 없으며, 타종교는 더 이상 '타' 종교로 남아 있지 않고, 그리스도교의 중심부에 앉아있는, 그리스도교의 주인이 되어 있는 셈이기 때문이다.

---

25) "타종교의 신학", 『전집 1』, 192.

그런 점에서 "기독교와 타종교" 혹은 "기독교와 불교"식의 표현은 적절치 못하다. 이들 사이의 그 '와'(and)는 이들을 대립적으로 보게 만들기 때문이다. 그는 그리스도교'와' 힌두교의 문제를 두고 씨름하는 파니카의 입장에 동의하면서, 이들을 상호 대립적이거나 어느 하나에 의해 다른 것이 완성되어야 하는 성취론의 자리에서 보아서는 안 된다고 말한다. 그리스도교와 타종교는 '종자와 열매'라는 정적 관계에 있지 않고, '자연과 초자연'이라는 자연신학적 성취설의 입장에서 파악될 수 있는 것도 아니다. 그에 의하면, 그리스도교와 타종교는 궁극적 실재를 중심으로 도는 저마다 고귀하고 대등한 신의 자녀들이다. 야스퍼스가 동양과 서양의 관계를 "불가결의 보충"이라고 말했던 것처럼, 진리는 특정인의 독점물이 아니라 서로에 의해 보충되어야 할 열려진 것이다: "길은 종착점이라는 것을 알지 못한다. 숲길(하이데거)은 제각기 뻗어나고 있기는 하나 결국 같은 숲 속에 있다. 길은 결코 그리스도교나 불교의 독점물이 아니다."[26] 파니카가 말하듯이, 이러한 신학적 파라다임 안에서의 종교간 대화는 더 이상 '종교간'(interreligious) 대화가 아니라 '종교내'(intrareligious) 대화이다. '나'는 '너'가 있음으로써 '나'가 되며, 그런 점에서 '너'는 '나' 안에 있기 때문이다.

변선환은 말년으로 가면서 더욱 이런 신학을 추구했다. 물론 이런 접근은 그리스도교의 전체적인 입장은 분명히 아니다. 아직은 소수 학자들에 의해서만 시도되고 있는, 여전히 앞선 자세이다. 그러나 분명한 것은, 그리스도교의 입장에서 보건대, 앞으로 더욱 열심히 걸어가야 할 길이자 추구해야 할 목표이기도 하다는 것이다. 변선환의 신학은 불교라는 거대한 흐름을 수용하는 가운데 정통신학이기를 거부

---

26) "동서지성의 대화", 『금강』(1986.1), 35.

하면서 비정통의 길—사실상 새로운 정통의 길—을 이루어가는 선구자적인 것이었던 셈이다.

6. 변선환 불교관에서 아쉬운 점

그러나 아쉬움이 남는다면, 그가 비록 "타종교의 신학"과 같은 것을 제안했지만, 그의 신학이 정말 타종교를 주체로 하는 신학이었는지는 약간 의심스럽다는 것이다. 타종교를 객체가 아닌 주체로 보려면, 그렇게 보는 그리스도교적 주체의 부정이 전제된다. 그리스도교의 부정이란 타자를 그저 대상으로 조작해버리고 마는 주체의 해체이다. 그러나 변선환은 불교를 전반적으로 "불가결의 보충" 차원에서, "사랑하면서의 투쟁" 차원에서 보면서, 끝까지 그리스도교적 최후의 보루를 붙들었다. 물론 한편에서 보면 그것은 지극히 정당한 자세일 뿐더러, 그의 신학을 소화하지 못하고 있는 한국 그리스도교 현실 안에서 보면 여전히 선구자적이다. 그러나 다른 한편에서 보면 그의 "타종교의 신학"은 그저 구호에 그치고 말았으며, 불교는 신학을 풍요롭게 해주는 '수단'에 머물고 만 것이 아닌가 하는 인상을 지울 수가 없다. 자신이 철저하게 부정됨으로써 다시 긍정되는 360°의 신학으로까지는 나아가지 못한 것으로 보인다. 무수한 불교학자, 경전들을 거론하면서 불교적 도전 앞에 그리스도교 신학이 자기변화하는 모습을 보여주는 데는 성공했지만, 공/절대무로서의 신까지 적극적으로 말하지는 못했으며, 결국 교회를 사랑하는 그리스도교 신학자, 그리고 그가 속한 감리교회의 신학자로 스스로를 자리매김하는 데 그치고만 것이 아닌가 싶다.[27]

---

27) 여기에는 그가 속한 감리교회의 창시자 존 웨슬리의 정신이 아시아의 구원론적 신학 형성을 위해 중요한 토대가 될 수 있다는 사실을 자긍심을 가지고 밝

물론 그럼에도 불구하고 "그리스도교에서는 불교를 어떻게 보는가" 하는 물음 앞에서 변선환의 불교관은 충분히 자랑스럽게 내놓을 수 있는 한 개방적인 그리스도인의 답이다. 그리스도인이 불교를 이만큼 자신 안에 소화하기까지 얼마나 처절하게 고뇌했을까? 그리스도인은 물론 불자들이 더욱 알아주었으면 하는 바램이다. 가톨릭, 개신교를 막론하고 한국 그리스도교에서 이만한 신학이 자연스럽게 느껴지기까지는 아직도 요원하기 때문이다. 그의 이러한 자세를 여전히 소화하지 못하고 있는 한국 그리스도교가 도그마적이고 형식적인 자세를 극복하고 진정한 삶의 실천에서 불교를 참으로 만날 수 있게 되는 날을 고대해본다. 이런 희망을 가지고 다음 두 장에서는 구체적으로 불교와 그리스도교의 비교 작업을 진행해보고자 한다.

히고자 했던 그의 감리교적 에토스가 크게 작용하고 있는 것으로 보인다. 그는 웨슬리 신학 사상이 18세기 영국이라는 제한된 시공간 안에서 나온 신학적 산물임을 부정하지 않으면서도, 웨슬리의 신학이 그리스도교 중심의 포괄적 성취론을 넘어서 신중심적 종교다원주의로 나아가는 데 중요한 단서를 제공해주며, 자신이 이러한 감리교 신학자라는 데 강한 자부심을 가지고 있었다(이정배, "변선환 박사의 신학적 실존", 『변선환 종교신학』, 한국신학연구소, 1996, 34-38 참조).

12
그리스도의 몸과 보신불

그리스도인을 그리스도인되게 해주는 근거가 '그리스도'라면, 불자를 불자되게 해주는 근거는 '불'(佛)이라고 할 수 있다. '그리스도'와 '불'은 각각 무엇인가? 이러한 물음은 기본적이고 필수적인 물음임에도 불구하고 그에 대해 답하는 건 그만큼 간단한 일도 아니다. 여기서도 '그리스도'와 '불' 자체에 대한 탐구를 하려는 것은 아니다. 그보다는 그리스도인에게 지니는 '그리스도'의 의미와 불자, 특히 대승불교도들에게 지니는 '불'의 의미는 서로 비슷한 '깊이'를 지니고 있는 것이 아니겠는가 하는 것을 '그리스도의 몸'과 '보신불'(報身佛) 개념이 탄생되고 전개되어 가는 과정을 비교하면서 드러내보려는 것이다. 몸 자체에 대한 분석보다는[1], 주로 역사적 예수가 초월적인 그리스도 차원으로 확대되고 붓다의 영역이 고타마에 제한되지 않고 보신불이라는 초형상적인 세계로 전개되어 나가는 과정을 비교하면서 이들 종교들의 대중적 전개 양상의 유사성을 밝히고, 더 나아가 이를 통해 인간 종교심성의 구조적 유사성을 드러내려는 이차적 의도도 가지고 있다.

---

[1] 불교 전통의 몸 개념에 대해서는 Steven Collins, "The Body in Theravada Buddhist monasticism", Sarah Coakley ed., *Religion and Body*, Cambridge University Press, 1997, 185-204; Paul Williams, "Some Mahayana Buddhist perspectives on the body", ibid., 205-230을 참조할 것.

1. 하느님-예수, 법-붓다

주지하다시피, 그리스도교는 예수로 인해 생겨났다. 물론 역사적 예수는 철저하게 신을 믿고 의지하며 그의 뜻대로 살고자 하는 자였다. 그는 스스로를 신의 차원까지 높이려고 하지 않았다. 그러나 예수 사후 제자들은 예수 선포의 확실성을 위해 예수 자신까지 선포하기 시작했다. 그리하여 예수는 하느님의 아들로, 그것도 "외아들"로 불리게 되었다: "일찍이 아무도 하느님을 보지 못했다. 아버지의 품 안에 계시는 외아들 하느님이신 그분이 알려주셨다"(요한복음 1,18). 이 말의 기본적인 의미인즉, 한 집안의 아들을 보면 그 아버지가 연상되듯이, 보이는 예수가 보이지 않는 신을 쏙 빼 닮았다는 뜻이다. 제자들이 스승 예수를 통해 하느님을 새롭고도 결정적으로 보기 시작했다는 뜻이다. 그러는 가운데 "나의 아버지께서는 내게 모든 것을 넘겨주셨다"(마태복음 11,27) 내지는 "나를 본 사람은 이미 아버지를 보았다"(요한복음 14,9)는 전승도 생겨났다.

이와 비슷하게 고타마 싯달타는 깊은 수행과 명상 속에서 인생의 원리, 세상 돌아가는 이치(法)를 깨달았고, 그것을 가르치고 실천하며 살았다. 그는 "법이 나의 스승"(『장아함 1』,「大本經」)[2]이라 말했고, 그가 최후로 남긴 유언도 "자기 자신을 등불로 삼고, 법을 등불로 삼으라"[自燈明 法燈明]는 것이었다. "내가 열반하더라도 법신은 영원히 멸하지 않는다"면서, 자신이 설한 율(律)과 법(法)을 그의 사후(死後) 스승으로 삼아야 한다고 가르쳤다(「대반열반경」). 그는 제자들에게 깨달은 이, 즉 '붓다'로 불리게 되었다. 물론 붓다 자신은 스스로를 신

---

2) 金子大榮, 『불교교리개론』, 고명석 옮김, 불교시대사, 1993, 295에서 인용.

격화하거나 숭배의 대상으로 간주하지 않았다. 하지만 제자들은 그가 가르친 법이 그의 인격을 통해 드러났다고 믿었다. 예수 선포의 확실성을 위해 예수 자신까지 높이기 시작했던 그리스도교 전통에서처럼, 이것은 고타마 붓다에 대한 존중과 숭배로 이어졌다. 법이란 무시이래 주어져 있고 돌아가고 있는 보편적인 진리이지만, 제자들은 그 진리를 붓다가 보여준 진리, 붓다 안에서 드러난 진리로 알아들었다. 그리스도교의 경우와 비슷하게, 이것은 남전(南傳) 니카야에서 "법을 보는 자는 나를 보는 것이며, 나를 보는 자는 법을 보는 것이다"라는 표현으로 드러나고 있다.

2. 예수-그리스도, 색신-법신

예수와 고타마 붓다는 분명히 역사 내적 존재다. 그런데 제자들에게 예수와 고타마 붓다는 모두 그들이 전하고 실천한 하느님의 말씀 혹은 법을 구체적으로 드러내주는 존재로 받아들여졌다. 역사적 예수 및 고타마 붓다가 하느님 말씀의 구체화 및 영원한 법의 구체화로 고양된 것이다: "말씀이 육신이 되시어 우리 가운데 거처하셨다. 우리는 그분의 영광을 보았다"(요한복음 1,14); "법은 세존을 근본으로 하고 세존에 의해 이끌리며 세존에게 의존한다"(남전 「니카야」, 북전 「아함경」). 보편적이고 영원한 하느님의 말씀, 법을 역사적 존재인 예수, 붓다에게서 보는 것이다. '육신(사륵스)이 된 말씀', '붓다에게서 결정적으로 드러난 법'의 도식으로 이들을 설명하면서, 점차 예수와 붓다를 각각 예수와 붓다되게 해준 그 선행적 원리를 강조하기 시작했다.

그러다가 예수의 말씀과 붓다의 깨달음에서 세상을 다시 보게 된 제자들 중 일부는 이들 사후 각각 예수야말로 본래 영원한 하느님의 모습을 지니신 분이셨는데 낮고 천한 인간의 모습으로 오셨다가 다시 본래 위치만큼 들어 높여지셨다(필립보서 2,6-11)는 예수 선재(先在)신앙을 발생시켰고, 고타마 싯달타가 붓다가 된 것은 금생에 6년 동안 고행해서 얻은 결과였다기보다는 수많은 생애를 거듭하면서 끝없이 수행하고 선행을 쌓은 결과라는 신앙을 낳았다. 그 결과 붓다의 전생 이야기(자타카)도 만들어지게 되었다. 둘 다 존재의 기원을 현재 이전의 자리에서 찾고 있는 것이다. 즉, 역사적인 예수는 선재하는 하느님 말씀의 육화이듯, 고타마 붓다는 세상 돌아가는 근원적이며 선행적인 이치를 결정적으로 드러내준 구체적 존재로 받아들여지게 된 것이다. 역사적 예수는 본래 하느님의 모습을 한, 하느님과 같은 분이셨는데, 인간의 모습으로 태어나셨으며, 고타마 붓다는 이미 수도 없이 되풀이된 전생 속에서 무시이래 돌아가고 있는 세상의 이치를 비로소 진작에 깨닫도록 되어 있었던 분이라는 견해가 형성되기 시작한 것이다. 경험적인 차원에서는 예수/붓다 속에서 하느님의 말씀/법을 알아들었지만, 논리적으로는 하느님의 말씀/법이 예수/붓다를 예수/붓다되게 해준 근거가 된다는 식으로 풀어나간 셈이다.

이런 식으로 그리스도교에서 영원한 하느님의 말씀과 그 육화 도식으로 하느님과 예수를 이해하기 시작했다면, 불교에서는 영원한 진리로서의 법신(法身, dharmakāya)과 그 구체화로서의 색신(色身, rupakāya) 도식[二身說]으로 법과 붓다를 이해하기 시작했다.

3. 붓다의 몸

물론 그리스도교에서든 불교에서든 이러한 구분 혹은 몸 개념은 명확하게 설명될 수 있는 것이 아니다. 특히 불교에서는 더욱 그렇게 보인다. 불교적 몸(kāya)은 크게 두 가지 의미가 있는데, 첫째가 물리적 혹은 생물학적인 몸이라면, 둘째는 본질 혹은 주요 부분[實]이라는 의미에서의 몸이다.³⁾ 그런데 중생은 흔히 오온(五蘊)의 집합에 지나지 않는 생물학적인 몸에 매인다. 그 몸을 불변하는 실체처럼 여기고 그 욕구에 집착한다. 이것을 신견(身見)이라 한다. 물론 신견은 극복과 타파의 대상이다. 이 몸뚱아리가 오온의 집합에 지나지 않는다는 것을 알고, 몸에 대한 집착이 제거될 때 진여를 보게 되는데, 그 진여를 제대로 본 근원적인 주체가 바로 법신인 것이다. 앞의 표현대로 하면, 세존에 의해 이끌린 법, 즉 붓다에게 결정적으로 드러난 법이 바로 법신인 것이다.

'법 자체'는 구체적 상상의 범위를 넘어서지만, 역사적 존재인 붓다에 의해 알려진 법에는 상상 가능한 어떤 형식이 있다. 법 자체에 '몸'이라는 구체적인 표현을 더한 이유도 어찌되었든 역사적 붓다에 의해 상상가능한 어떤 것이 말해졌다는 것을 의미한다. 이렇게 발생한 '법신'은 구체적 존재인 고타마 붓다의 깨달음과 그 깨달음에 근거한 구체적 가르침들[法]을 가능하게 해주는 근본 요소들의 집합과 같다.⁴⁾ 그리고 그것이 가능하려면, 깨달음 자체가 완벽한 것이어야

---

3) Paul Williams, ibid., 207.
4) 법신 개념을 구체화했던 세친의 〈섭대승론석〉에는 몸을 두 부분으로 나누어 설명하고 있는데, 첫째가 태어나면서 얻어진 생물학적인 몸이라면, 둘째는 공능(功能), 즉 어떤 작용의 능력으로 얻어진 것이다. 풀어 말해 두 번째 의미의 몸은 무명에 의해 마음의 움직임이 일어나고 그 움직임, 즉 업에 따라 받은 과보라는 의미이다: "미혹(無明)에 의거하여 선업과 악업과 부동업을 일으키고 업으로 말미암아 일곱 가지 인식의 결과를 얻으며 인식의 결과에 의거하여 다시 미혹을 생하는 것을 사람의 공능으로 얻어지는 것이라고 한다"(『大正藏』 31卷, 254 下). 그러니까 공능으로 얻어진 몸이란 업을 받아 다른 작용을 일으키도록 전해주는 주체인 셈이다. 그런데 법신은 무명에 의한 업의 연결고리를 끊은 인식주체이다. 이와 관련하여 「섭대승론석」에서는 이렇게 말한다: "번뇌를 끊는 도를 일으켜 닦을 때 인식주체의 허구적이고 비실제적인 부분을 떠나 인식주체의 본질적이고 실제적인 부분과 더불어 상응하기 때문에 전의(轉依)라고 이름한다. 이 전의로 말미암아 금강도 뒤에 법신을 증득하는 것이다"(앞의 글, 같은 쪽). 여기서 '전의'는 유가행파의 핵심 개념이다. 허망한 연기(緣起)의 세계가

하고, 완벽한 깨달음이란 '진여에 대한' 깨달음이자 동시에 '진여에 의한' 깨달음을 말한다. 이런 식으로 법을 법되게 해주는 근본 요소들이 고타마 붓다에게서 드러났다고 보았다. 바꾸어 말하면 고타마 붓다는 법을 법되게 해준 근본 요소들을 드러낸 존재이다. '법신'을 구체적으로 드러낸 '색신'인 것이다. 색신과 법신을 총칭하여 불신(佛身)이라고 부른다.

그런데 이러한 색신과 법신 도식은 초기부터 확립되어 있던 교리가 아니다. '이신설'(二身說)이라는 표현을 쓰기도 하지만, 원시 불교 단계에서의 이신설과 대승불교 초기경전에서의 이신설의 개념은 서로 다르다. 원시불교에서 이따금씩 등장하는 법신이라는 용어는 어디까지나 역사적인 존재로서의 붓다에 대한 찬탄의 표현일 때가 많았다. 붓다가 가르쳐주고 보여준 법이 바로 그 붓다 안에서 다 드러났으니, 그 분이야말로 순수한 근본 요소들의 총체와 같다는 의미가 원시불교에서의 법신이라는 용어 속에 들어있는 것이다.

이러한 해석은 어디까지나 구체적 존재인 고타마 붓다의 모습에 대한 기억과 연상 속에서 이루어지는 일이었다. 그러나 붓다 사후 시간이 흐르면서 그의 모습에 대한 기억도 희미해졌다. 그러자 붓다의 육체적 흔적, 즉 유골(śarīra)과 같은 구체적 사물을 숭배하는 탑돌이 신앙인들이 등장하게 되었다. 법신 자체보다는 법신을 알려준 고타마 붓다

진실한 성기(性起)의 세계로 전환하는 것이다. 유가행파에 따르면, 중생은 세상 만사가 '다른 것에 의존하여 일어난다'[依他起性]는 사실을 모른 채 망상에 사로잡혀 있지만[遍計所執性], 만일 그러한 타자의존적 사물의 실상[依他起性]을 제대로 깨닫게 되면 사물의 원만 구족한 모습[圓成實性]이 드러나게 된다. 한 마디로 의타기성에서 원성실성으로의 전환이 바로 '전의'라고 할 수 있다. 어떻게 해서 그러한 전의가 일어날 수 있는가? 여기에는 일체 사물이 여래, 즉 법신을 본질로 하고 있다는 불교적 형이상학이 전제된다. 본래 그러한 존재이므로 비로소 그렇게 될 수 있다는 것이다. 「대승기신론」의 표현에 따라 정리하면, 본각(本覺)을 비로소 시각(始覺)하는 것이 전의이다. 그것이 가능한 이유는 중생이 바로 여래의 성품을 모시고 있는 여래장이기 때문이다.

를 그 법신의 구체화[化身, nirmanākāya]로 알고 숭배하는 것이다. 탑돌이 신앙인들은 붓다의 생물학적인 몸에서 그 몸을 몸되게 해주는 근원적이고 이상적인, 즉 완전한 요소들을 확인하고 있는 것이다.

이런 식으로 붓다의 유골을 숭배했다. 그렇지만 붓다의 형상을 만들지는 않았다. 붓다가 성취한 열반은 구체적인 형상을 초월한 곳이라고 믿었기 때문이다: "사라져 버린 자에게는 더 이상 형태가 없다"5)고 하듯이, 붓다의 형상을 만들기보다는 다만 탑돌이 행위를 통해 붓다의 몸의 흔적을 기억하면서 그의 깨달음의 능력 속으로 들어가고자 했을 뿐이다.

그러다가 초기 대승경전인 「반야경」에서는 역사적 존재인 석가모니 숭배나 그 유골을 숭배하는 탑돌이 신앙인들에 대한 비판이 등장하기 시작한다. 「반야경」에서는 역사적 존재가 아닌, 반야바라밀이 참된 부처의 몸[佛身]이라고 주장한다. 역사적 존재로서의 고타마 붓다보다는, 경험적으로는 붓다에게서 비롯되었지만, 이론상으로는 그 붓다를 붓다되게 해준, 이미 선재하는 진리에 무게중심을 두고 있는 것이다. 진정한 붓다 그 본 모습은 역사적 존재 혹은 그 생물학적인 몸이 아니라, 붓다의 '지혜'(반야)라는 것이다.6) 「유마경」에서도 이렇게 말한다: "벗이여, 여래의 [불]신이란 법신인 것이며, 지(知)에서 생긴다…" 이렇게 초기 대승경전에서는 붓다의 지혜라는 의미에서 법신이라는 표현을 사용한다. 「팔천송반야경」에는 색신과 법신을 구분하면서 이렇게 말한다: "여래는 그의 색신으로 보이는 것이 아니다. 법신은 여래로서, 법의 참 본성은 오지도 가지도 않는다."7) 이런 표현

---

5) 숫타니파타 제5품 제7장, 석지현 옮김, 『숫타니파타』, 민족사, 274.
6) 武內紹晃, "佛陀觀の變遷", 『講座・大乘佛敎』 卷1, 「大乘佛敎とは何か」(春秋社, 昭和 56), 162 참조.
7) *The Perfection of Wisdom In Eight Thousand Lines & Its Verse Summary*, tr. by Edward Conze, Bolinas: Four Seasons Foundation, 1973, 291.

을 통해 육신을 지녔던 석존에 매이지 말고 그의 지혜, 그가 실현한 무아의 진리를 따라야 한다는 주장을 펴고 있는 것이다. 「화엄경」에서는 이렇게 말한다: "붓다의 아들들이여! 여래는 하나의 특별한 법이 아니고 특수한 형태의 움직임도 아니다. 법신은 특수한 장소에 머물지 않으며 그 구제 활동도 특정한 사람들에게 제한되지 않는다. 도리어 법신은 그 자체로 무한한 법, 끝없는 움직임, 무수한 몸 속에 존재하며 일체 중생의 구제를 위해 두루 일한다."[8] 역사적 존재로서의 고타마 붓다에 대한 강조로부터 역사적 구체성을 초월한 보편적 진리로서의 법신에 대한 강조로 무게 중심이 옮겨가고 있는 것이다. 불신(佛身)의 보편성에 대한 강조인 것이다. 물론 몸 숭배에 대한 이러한 비판적 언설들이 등장한다는 것은 당시 이미 붓다의 유골과 같은 육체적 흔적에 집착하는 불탑 신앙자들이 상당히 많았다는 사실에 대한 반증이다.[9]

4. 그리스도의 몸

이러한 불신론의 전개는 성서가 예수의 부활과 관련하여 초기에는 예수의 육체적 부활을 강조하다가 점차 초형상적 그리스도로 전이했

---

8) D. T. Suzuki, *Outlines of Mahayana Buddhism*, New York: Schocken Books, 1963, 224에서 인용.
9) 「대반열반경」에 따르면, 고타마 붓다 화장 후 남은 206개의 유골은 고타마 족속과 관계가 깊은 다른 여덟 부족들에게 배분되었고, 이들 부족에서는 이것으로 무덤을 만들어 붓다를 숭배했다. 후에 아쇼카 왕은 이 유골 숭배를 통해 불심을 더욱 확장하기 위해 붓다의 무덤을 다시 열어 유골을 가루고 만들어 팔만사천개의 스투파를 만들었다고 한다(김용옥, 『달라이라마와 도올의 만남 2』, 통나무, 2002, 385을 참조했음). 그 숫자가 정확한지는 알 길이 없으나 모두 고타마 붓다의 몸과 관련된 물건들을 통해 고타마의 가르침을 확인하고자 하는 몸 숭배 신앙의 일환이다.

던 것과 유사하다. 원시 그리스도교 전통에서는 한편에서 예수가 죽었음에도 불구하고 자신 또는 교회와 함께 하는 예수를 느끼면서 그것을 예수에 대한 신적 선재성 개념으로 발전시켰고, 다른 한편에서는 예수를 보지 못한 제자단에게 예수의 확실성을 전하는 방법의 일환으로 예수가 육체적으로 부활했다는 신앙을 발생시키기도 했다. 가령 서기 70년경 기록된 「루가복음」에서는 예수를 보지 못한 후대 교회 구성원들이 예수의 육체성에 집착하던 것을 반영하여 예수가 육체적으로 부활했다고 전한다: "왜 당황하며 어찌하여 여러분의 마음 속에 의심을 품습니까? 내 손과 발을 보시오. 바로 나입니다. 나를 만지고 살펴보시오. 유령은 살과 뼈가 없지만 보다시피 나에게는 있습니다"(루가복음 24,39). 부활한 예수가 자신을 유령이라고 생각하는 제자들을 향해 던졌다는 이런 식의 표현은 실상 예수의 몸에 매이던 초기 신자들의 입장을 반영한다.

그러나 육체는 어디까지나 제한적 존재이다. 이러한 반성 속에서 예수의 육체적 제한성보다는 영적인 보편성이 점점 더 부각되기에 이른다. 가령 서기 100년경 기록된 「요한복음」에서는 진정한 부활은 육체적 차원을 넘어선다는 입장을 견지한다. 가령 예수가 부활했다는 소문을 들은 제자 토마가 예수의 몸을 만져보기 전에는 믿지 못하겠다고 하자 그 뒤 홀연히 나타난 예수가 자신의 모습을 보여주고는 이렇게 말한다: "당신은 나를 보고서야 믿었습니다. 보지 않고도 믿는 이들이 복됩니다"(요한복음 20,29). 예수가 육체적으로 부활했다고 믿는 교회 구성원들의 분위기를 반영하여 예수가 자신의 몸을 드러내 보여준 것처럼 묘사되어 있지만, 정말 강조하고 싶은 것은 그 육체성/구체성을 넘어서는 곳에서 진리의 모습이 보인다는 사실이다.[10] 진리는 역사적

---

10) 존 도미닉 크로산, 『역사적 예수』, 김준우 옮김, 한국기독교연구소, 2000, 640-41 참조.

구체성 안에 갇히지 않는다는 사실을 말하려는 것이다.

그러나 이것 역시 대중은 예수의 육체성에 집착했다면, 경전 기록자와 같은 엘리트층은 육체적 제한성을 넘어서는 곳에서 진리의 모습을 보고자 했다는 뜻이라고 할 수 있다. 이처럼 예수의 부활과 관련하여 전개되어간 성서의 역사도 전체적으로는 예수의 몸에 대한 집착을 벗어나는 쪽으로 전개된다.[11]

---

11) 물론 이것은 경전상에 나타난 종교적 엘리트들의 접근방식일 뿐이다. 실제로 불교와 그리스도교는 대중화의 길을 걸으면서 사실상 다양한 불상, 성상들을 만들어내고 예수와 붓다의 구체적 모습에 집착하는 역사로 전개되었기 때문이다. 불교의 경우는 불탑(佛塔, 스투파) 신앙에서 불상(佛像) 신앙으로, 그리스도교도 마찬가지로 성상파괴적 자세에서 성상옹호적 자세로 바뀌어갔다. 특히 불교는 그리스 문화의 영향을 받던 쿠샨 왕조를 거치면서 서기 1세기 말경부터 동전 같은 곳에 붓다의 모습이 구체적으로 그리기 시작했고, 서기 120-130년경에는 구체적인 불상이 제작되기에 이르렀다(高田修, 『불상의 탄생』, 이숙희 옮김, 예경, 1994, 202-204, 112 참조). 이론적으로는 붓다의 몸에 대한 집착을 비판하고 보편적 진리를 향하고 있었으나, 실제로는 역사적이고 구체적 존재에 대한 숭배로 이어졌다는 뜻이다. 가령 서기 200년경 기록된 「금강경」에서는 "'수보리야 네 뜻이 어떠하뇨? 몸의 형상으로 여래를 볼 수 있겠느냐? 없겠느냐?' '없습니다. 세존이시여! 몸의 형상으로는 여래를 볼 수 없습니다.' 부처님께서 수보리에게 이르시되: '무릇 있는 바의 형상이 모두 허망한 것이니 만약 모든 형상이 형상이 아님을 보면 곧 여래를 보리라!'"고 표현하고 있지만, 이런 기록 자체가 사실은 대중의 신앙에서는 몸의 형상, 즉 불상에 대해 집착하고 있음을 반증해주고 있는 것이다. 이것이 이른바 대승불교로 이어졌다(김용옥, 『달라이라마와 도울의 만남 3』, 통나무, 632-641, 642 참조). 이에 비해 유대교 문화와는 대조적으로, 애당초부터 신을 인간적 형상에 따라 묘사하는 데 익숙한 그리스 문화에 노출되어 있었던 초기 교회 구성원들은 예수의 모습을 구체적으로 그리는 데 익숙했다. 다만 그리스의 아폴로 신과 같은 모습에서 로마 제국의 종교가 된 이후부터는 로마 황제를 닮은 예수의 상이 제작되는 등 시대를 반영하고 있다(김용옥, 『달라이라마와 도울의 만남 3』, 통나무, 632-641, 642, 630). 어떻든 예수의 구체적인 모습에 대한 상상은 대중의 신앙 속에서 더욱 지속적으로 이어져온 것이다.

5. 영적인 몸

　중요한 것은 나중에 상상되고 신봉되는 예수의 몸은 역사적 예수의 몸과는 다른 차원에 있다는 것이다. 한 예로 역사적 예수 사후(死後)에 그분의 몸을 더 이상 보지 못하게 된 제자단/교회에서는 역사적 예수를 본래 하느님의 모습을 하고 계셨다는 이상적인 분, 즉 초월적 그리스도 차원에서 생각하게 되었다. 이 초월적 그리스도는 예수에 대한 모습이되, 죽은 예수가 제자단에게 계속 힘을 불어넣고 있으며, 그를 따르던 사람들과 여전히 함께 하고 있다는 사실을 드러내려는 의도로 재해석된, 예수의 초형상화이다. 이것은 부활의 관념과 연결된다. 크로산(John Dominic Crossan)에 의하면, 예수의 부활에 대한 표현들은 "예수가 그 추종자들 중에 계속 현존하고 있음을 시사하는 회화적 기술(wordpicture)"이다.[12] 이미 죽었으나 추종자들에게 여전히 현존하는 예수, 그가 부활의 그리스도인 것이다.

　물론 이 초월적 그리스도도 예수의 형상이라는 점에서 그에게도 '몸'이 있다. 그렇지만, 바울로에 따르면, 그것은 몸이되 '영적인 몸'(소마 프뉴마티콘, 1고린 15,44)이다. 땅에 묻혀서 썩어 없어질 몸과 달리, 언젠가 다시 일어날 몸이다(1고린 15). 그 몸은 신에 의해 들여 높여질 현재 몸의 영적인 차원이다. 그럼에도 불구하고 그 영적인 몸은 생물학적인 몸과 전적으로 분리되는 것은 아니다. 그 몸을 지니고 산 결과이기도 하다. 생물학적인 몸은 썩어 없어질 것이지만, 바울로에 따르면, 그 썩을 것이 뿌려져서 영적인 몸으로 재탄생한다는 것이다. 물론 그러한 재탄생의 근거는 하느님이다. 하느님이 썩을 것을

---

[12] 크로산, 『예수는 누구인가』, 201-202.

썩지 않을 것으로 변화시켜주신다는 것이다. 바울로는 예수가 이미 그런 영적인 몸을 입고 있다고 생각했고, 그런 점에서 "부활의 첫 열매"—유일한 열매가 아니라—로 믿었다. 사람들도 예수처럼 영적인 몸을 입게 될 것이라는 것이다: "우리가 흙으로 빚어진 그분의 형상을 지녔듯이, 장차는 천상에 속한 그분의 형상을 지니게 될 것입니다"(1고린 15,49). "천상에 속한 그분의 형상", 즉 그리스도의 형상이 말하자면 "영적인 몸"이다. 이렇게 초기 교회는 여전히 예수에 의해 능력을 부여받고 있는 자신들의 경험을 영적이고 초월적 그리스도로서 표현했다.

6. 보신불

마찬가지로 역사적 붓다 사후 그가 가르친 법 자체가 인격화한다. 그러면서 고타마 붓다가 영원한 법의 구현자이시듯, 그렇게 초월적 형상을 지닌 붓다가 여럿 있었음은 물론 지금도 서방의 깨끗한 땅에 그러한 초형상적 붓다(아미타불, 약사불, 아촉불)가 계시다는 사상으로 발전하게 되었다. 이 붓다는 중생이 원하는 바에 따라 각기 다른 장소에서 다른 모습으로 스스로를 나투는 분이다. 십력(十力), 사무외(四無畏), 십팔불공법(十八不共法) 등과 같은 불과(佛果)의 공덕의 초형상적 구체화이다. 이것 역시 고타마 붓다로 인한 영향이 여전히 계속되고 있다는 사실을 나타내주는 방식이다. 그리고 이것은 그렇게 드러나는 붓다가 인간 신앙의 대상이고 귀의의 대상이라는 것을 말해준다. 불제자들은 이 초형상적 붓다에 귀의한다. 그 초형상적 붓다가 바로 보신(報身 saṁbhogakāya)으로서의 붓다인 것이다.

보신불이란 사전적인 의미에서 보살이 서원하고 수행한 결과 얻은 초자연적인 몸, 원(願)으로 인해 받은[報] 불신(佛身)이다.[13] 그런데 그렇게 받은 몸이 정말 불신이려면, 논리적으로 보건대 그것은 '불'로부터 와야 한다. 앞에서의 표현을 빌면, 법신 자체가 자신을 비우고 상대화 하여 그 서원과 수행 속으로 들어오지 않고서는 안 된다는 것이다. 그렇다면 법신의 하향적 자기 비움과 보살의 상향적 서원과 수행이 만나는 영역이 보신불의 세계인 것이다. 그러기에, 역사적 전개의 양상을 따르자면, 보신불은 다양한 중생의 구원적 요청에 부응하여 생겨난 붓다의 다양화이지만, 논리적으로는 절대적 법신이 스스로를 부정하여 상대적 법신의 세계로 드러낸 결과이다. 그러면서도 이것은 고타마 붓다로 인해 알려지고 가능해진 초월적 붓다의 세계라는 점에서 보신불 신앙은 석가모니불과 그 불을 신앙하는 중생과의 연결성을 설명하는 가운데 발생한 것이다. 열반에 든 석가모니불을 대신해 지금 여기서 자신들에게 직접 은혜를 베풀 붓다로서 요청된 존재인 것이다.

보신불은 역사적 석가모니불에 의해 알려졌으나 그 역사적 제한성을 초월한다. 역사 안에서 역사 너머의 진리가 개시되는 것이다. 역사적 존재인 석가모니를 통해 역사 이전적 석가보살 이야기가(자타카)가 발생되었듯이, 보신불 사상은 중생 구제를 위한 서원을 하고 그를 실현하기 위해 수행하는 보살 사상의 필연적인 결과인 것이다.[14]

이 보신불은 보살 신앙에서 성립된 대승불교도들의 귀의와 믿음의 대상이다. 이런 맥락에서, 오늘날 불자들이 "석가모니 부처님께 귀의" ("나무석가모니불")한다고 말하지만, 그 때의 석가모니불은 사실상 보신불과 같은 차원이다. 법신불을 알려준 이라는 신앙적 확신 속에서 재조명된 석가모니불, 바꾸어 말하면 보신불의 차원인 것이다. 마찬가지로, 그리스도인들이 "예수님의 이름으로 기도한다"지만, 그 때의 예

---

13) 이것은 중관학파 개척자 나가르주나[龍樹]의 뒤를 이어 유가행 철학을 완성시킨 바수반두[世親]의 '수용신'(受用身) 개념에서 비롯된 정의라고 할 수 있다.
14) 武內紹晃, 앞의 글, 168.

수는 사실상 초월적 그리스도나 다름없다. 이미 영적인 몸으로 변화되어 있고 들어 높여져 있는 그리스도이기에 그를 통해 하느님께 나아간다고 믿는 믿음이 전제되어 있는 것이다. 마찬가지로 역사적 예수가 처녀 마리아의 몸에서 잉태되었다고 믿는다지만, 사실상 그렇게 태어날 수 있는 존재는 이미 신앙의 대상이 되어버린 초월적 그리스도이고, 고타마 싯달타가 마야 부인의 옆구리에서 고통 없이 태어난 뒤 바로 걸으며 '천상천하유아독존'이라 외쳤다지만, 사실상 그런 신비로운 탄생이 가능한 근거는 이미 신처럼 들어높여진 보신불의 차원에서 재조명된 존재이기 때문이다. 예수나 붓다나 모두 괴로운 육체 덩어리를 지니고 살았지만, 그리스도나 보신불의 몸은 그러한 근원적 괴로움의 초월자 차원에서 재조명된 몸이라는 점에서 둘 다 마찬가지의 구조를 하고 있는 것이다. 나자렛 예수라는 역사적 개체와 고타마 싯달타라고 하는 역사적 개체가 말 그대로 개체에 머물지 않고 그 개체를 개체되게 해준 원천적 실재와 직접 연결되며, 그러한 신앙적 확신 속에서 다시 보인 초역사적 개체들이 그리스도이고 보신불이다.

7. 아미타불, 지장보살, 예수

대표적인 보신불이 아미타불이다. 아미타불은, 석가보니불의 설법에 따르면, 법장보살이 원을 세우고 수행하여 도달한 붓다이다. '아미타'는 '무한한 수명'[無量壽, Amitayus] 혹은 '무한한 빛'[無量光, Amitabha]이라는 뜻으로서, 법신의 초형상적 구체화이다.[15] 불(佛)의

---

15) 아미타불도 「법화경」에서 말하는 아미타불과 「화엄경」에서 말하는 아미타불은 뉘앙스가 다르다. 「법화경」의 아미타불은 석가모니 열반 후 석가모니불을 대신해줄 만한 초역사적인 붓다이다. 이미 머나먼 옛날부터 성불해있는 붓다, 즉 '아미타유스'(無量壽)이다. 시간을 초월하여 영원히 존재하면서 언제든 어디서든 중생을 교화하고 있는, 초월적 형상의 붓다인 것이다. 그러나 「화엄

공덕, 법력, 기쁨의 형상이자, 중생을 구원하는 자비의 몸의 상징이다. 중생이 구원을 얻기 위해 할 일은 그저 아미타불의 이름을 부르고 외우는[南無阿彌陀佛!] 것으로 족하다. 자신의 이름을 부르는 이는 누구나 정토에 태어날 수 있도록 하겠다는 자비의 서원이 이루어졌기 때문이다. 이러한 보신불의 신앙 구조는 예수야말로 하느님의 외아들이기에 그 "아들의 이름으로 청하는 것은 무엇이나 아들이 다 해준다"(요한복음 14,13-14)고 하는, 하느님의 외아들 혹은 그리스도로서의 예수에 대한 신앙적 구조와 상통한다.16)

아울러 '지옥으로 간 예수'와 '지장보살' 신앙도 마찬가지의 신앙적 구조를 반영해준다. 가령 가톨릭이나 개신교를 막론하고 지난 천오백 년 동안 전 세계 많은 교회에서 여전히 바쳐지고 있는 대표적인 신앙고백문인 "사도신경"에는 예수께서 "십자가에 못 박혀 돌아가시고 묻히셨으며 저승(Hell)에 가셨다"는 구절이 있다.17) 예수가 십자가에 죽은 뒤 땅에 묻혔고 저승, 즉 지옥으로 갔다는 것이다. 그 이유는 "그리스도께서는 갇혀있는 영혼들에게도 가셔서 기쁜 소식을 선포하셨습니다"(1베드 3,19)라고 하는 한 전승이 잘 설명해준다. 여기서 "갇혀 있는 영혼들"이란 "노아가 방주를 만들었을 때 하느님이 오래 참고 기다리셨지만 끝내 순종하지 않던 자들"(1베드 3,20), 이른바 구

경」에 등장하는 아미타불에게는 구체적인 형상의 개념이 약하다. 화엄경의 주불인 비로자나불은 시방에 편만한, 보편적이고 무한한 붓다이다. 그래서 화엄경의 아미타불은 '아미타바'(無量光)이다. 「법화경」의 아미타불이 역사적인 붓다 중심적이라면, 「화엄경」의 아미타불은 법 중심적이다(武內紹晃, 앞의 글, 163-164 참조).

16) 아미타불과 그리스도로서의 예수에 대한 비교는 본서의 다음 장, "요한복음의 불교적 해석" 부분을 참조할 것.

17) 한국 개신교에서는 이 가운데 예수가 "저승/지옥에 가셨다"(descended into Hell)는 구절을 누군가 언젠가 슬쩍 빼버렸다. 하지만 천주교회에서는 여전히 그러한 구절을 담아 신앙고백을 한다.

원의 기회를 놓쳐버렸다고 간주되는 이들이다. 대홍수 때 노아의 식구들만 구원받았고, 다른 이들은 저주받아 영원히 죽어버렸다는 일반 상식과는 달리, 예수는 그들을 영원한 죄인으로 두려 하지 않았고, 그들을 지옥에 남겨두고자 하지 않았다는 뜻이다: "그래서 죽은 자들에게도 복음이 전해진 것이다"(1베드 4,6a).

이러한 예수의 모습은 지옥을 포함하여 육도 중생을 다 구원하기 전까지는 정각(正覺)을 이루지 않겠다고 서원한 지장보살(地藏菩薩)의 모습과 닮아 있다.[18] 지옥에 떨어져 고통을 당하는 중생이 단 하나라도 남아 있는데 어찌 홀로 즐거움을 누릴 수 있겠는가 하는 반성 속에서 스스로 지옥에 남아 있기를 자청한 보살이 지장보살이다. 그의 서원은 중생의 고통이 나의 고통이니, 그 고통을 해결하기 전에는 절대로 열반하지 않겠다는 다짐의 표현이었다. "중생이 아프니 내가 아프다"는 유마거사의 자타불이적 마음 자세와 같은 맥락이다. 지장보살은 일체 중생의 구원 이전까지 스스로 붓다가 되기를 유보했기에 여전히 '보살'로 불리지만, 그러한 보살 정신은 이미 중생의 구원 요청에 부응하여 생겨난 보신불 신앙과 기본 구조에서는 다르지 않다. 모두 역사적 존재에 의해 알려진 초월적 세계가 중생 구원의 요구에 따라 다양하게 전개된 초형상적 구원자들의 모습인 것이다.

8. 신앙적 깊이의 상통성

이런 식으로 그리스도와 보신불이라는, 양쪽 신앙 구조의 핵심에 놓여있는 것들은 그것을 신앙하는 이들에게 비슷한 깊이를 지닌다.

---

18) 지장보살의 기원, 서원 내용, 그 의미 등 좀 더 구체적인 문제는 양재오, "지장신앙의 이해", 『한국그리스도사상』 제2집, 한국그리스도사상연구소, 1994, 114-64을 참조할 것.

그리스도인에게 그리스도의 의미와 불자들에게 아미타불, 지장보살 등 다양한 구원자들이 지니는 의미는 깊이의 차원에서 대립되기는커녕 상통성을 지닌다는 것이다. 물론 '그리스도 = 아미타불'이라거나 '그리스도 = 지장보살'이라는 뜻은 아니다. 다만 "나무아미타불"을 염하는 불자들의 신앙과 예수의 이름을 부르는 그리스도인의 신앙, 구원의 가능성을 지옥에까지 열어둔 지옥 정복자 그리스도에 대한 신앙과 육도를 헤매는 중생이 하나라도 남아있는 한 결단코 성불하지 않겠다고 서원한 지장보살에 대한 불자들의 신앙은 인간 구원 열망의 다양한 표현 형식으로 읽혀질 수 있으리라는 것이다.

응당 이러한 구원의 표현 형식은 모순과 우열 차원에서 밝혀질 수 있을 성질의 것이 아니다. 저마다의 신앙 체험의 근거가 되는 각 전통의 깊이, 혹은 그 전통 안에서 발생한 신앙 체험의 깊이에는 서로 물리칠 수 없을 유사성이 놓여 있기 때문이다. 이런 점에서 불교에 관심을 기울이는 신학자 존 캅(John B. Cobb, Jr.)이 "그리스도교 신자들은 불교 신자가 아미타에서 배운 것을 연구함으로써 그리스도에 관한 더 많은 것을 배울 수 있고, 불교 신자들도 그리스도교 신자들이 그리스도로부터 배운 것을 연구함으로써 아미타에 관한 더 많은 것을 배울 수 있다"[19]고 한 말은 당연하며 타당하다. 또 최근 김경재가 "산의 등정로는 다르지만 호연지기는 비슷하다"라는 말을 통해 "'구원'에 대한 이론과 개념 설명이 설혹 종교마다 다양할지라도 '구원받은 사람'의 삶의 태도에는 상통하는 점이 있다"는 사실을 체계적으로 설명한 바 있는데,[20] 그러한 주장 역시 저마다 궁극적 진리라고 하는 것을 인생의 목표 내지는 근거로 삼고 살아가는 사람들의 삶의 체험

---

19) 존 B. 캅, 『과정신학과 불교』, 김상일 옮김, 대한기독교출판사, 1988, 177.
20) 김경재, 『이름 없는 하느님』, 삼인, 2002, 235.

은 세계관과 그 표현 방식 상의 차별성에도 불구하고 서로 물리칠 수 없을 비슷한 '깊이'를 지닌다는 본 논문의 핵심과 상통하는 것으로 보인다.

그리스도교에서나 불교에서나 중생의 몸 자체는 그다지 만족스럽지 못한, 유한한 것이다. 굳이 '사고'(四苦)를 거론하지 않더라도, 원치 않는데도 병들어 괴로워하다가 결국 쇄락하고 마는 것이 인간의 몸뚱아리이다. 사성제 중 첫 번째인 '인생의 괴로움에 관한 진리'[苦諦] 역시 병들고 늙어가는, 몸의 욕구가 충족되지 못하는 데서 오는 불만족을 포함하는 말이다. 인간 존재의 근원적인 요소인 오온(五蘊) 가운데 첫째인 색온(色蘊) 역시 신체의 물리적인 측면과 연결되어 있다. 몸이 인간 괴로움의 가장 근원적인 부분임을 말해준다. 이것은 역으로 그 몸의 욕구가 충족되지 못하는 데서 오는 괴로움의 극복이 종교적 깨달음의 기초를 이루고 있다는 뜻이기도 하다.[21] 붓다나 예수같은 이들이 바로 그러한 괴로움을 극복했다고 믿어지면서, 불만족스럽고 제한적인 몸의 차원을 넘어선 존재 차원에서 재조명되었고, 더 나아가 중생의 구체적인 구원 욕구에 부응하는 초월적 존재로 바뀌어 것이다.

---

21) 초기 불교 승려들이 의학적 기술을 개발했고, 율장(律藏)에서도 의료행위를 성문화하고 있으며, 소니(R.L. Soni)의 말마따나, "의학이라는 신성한 직업과 불교로 알려진 사상체계는 사실상 그 나름대로 고통의 완화와 조절, 그리고 궁극적으로 인간 고통의 제거에 관심이 있다"(데미언 키온, 『불교와 생명윤리학』, 허남결 옮김, 불교시대사, 2000, 25-26에서 재인용)는 사실은 모두 육체적 한계와 그 한계의 극복이 종교적 깨달음과 관계가 있다는 뜻이다. 병의 예방과 적절한 치료는 불교 승려들에게 매우 중요한 의미를 지니는 것이었다(데미언 키온, 앞의 책, 28, 30). 마찬가지다. 예수가 행했다는 기적의 대부분은 치유 기적이며, 그러한 치유가 오늘날 사용되고 있는 '구원'의 어원적 의미에 해당된다는 사실 역시 종교적 구원과 몸의 치유는 상관적인 것이자, 몸은 그 자체로서는 대단히 불만족스러운 것임을 공통적으로 보여준다.

예수와 붓다로부터 비롯된 두 종교 모두 구체적인 몸을 초월적인 몸으로 전개시켜나간 역사를 가진다. 그것이 예수의 선포와 붓다의 깨달음이 대중 안에서 살아나가는 방식이었던 것이다. 예수를 받듦으로써 예수의 가르침을 지속해나가고, 석가모니 붓다의 몸에서 정신 내지는 영적인 몸과 신통력의 몸으로 옮겨감으로써 법을 지속해나간 것은 굳이 해석학의 기본원리를 거론하지 않더라도 "자연스러운 일이고, 오해가 커진 것이라기보다는 중요성이 변화한 것이다."[22] 예수에서 그리스도로, 고타마 붓다에서 보신불로, 구체적 몸에서 영적/정신적 몸의 차원으로 전개되어 나간 두 종교전통의 역사는 인간 종교 심성의 구조적 유사성과 함께 신앙적 깊이의 상통성을 잘 보여주는 구체적인 사례들이다. 이러한 문제는 마지막 장에서 더욱 구체적으로 드러날 수 있으리라 생각된다.

---

22) 폴 윌리암스, 『서양학자가 본 대승불교』, 조환기 옮김, 시공사, 2000, 218.

13
요한복음의 불교적 해석

1. 불교와 그리스도교를 비교하는 이유

불교와 그리스도교는 신관, 세계관, 구원관 등에서 외견상의 현격한 차이를 보이고 있음에도 불구하고, 기본적으로 이 세상을 세상되게 해주는 근본 원리를 가르치고 선포하며, 동시에 그러한 원리를 지금 주체적으로 실현할 것을 요청하고 있다는 큰 틀에서는 '구조적' 상통성을 보인다. 가령 불교와 그리스도교에서는 불성(佛性)이나 은총과 같은 상이한 언어를 구사하면서도 바로 이들이 인간 삶을 바로 그 삶 되게 해주는 원천이며, 인간의 일상적 현실은 바로 이 원천적 진리와 사실에 근거해 있다고 말한다는 점에서 형식상의 유사성을 지닌다는 것이다. 그리고 그러한 진리를 구체적으로 실현한 이(붓다·예수)의 눈을 통해 그 진리의 구체적 모습을 제시해주는 가운데 여느 인간에게도 무시이래(無始以來) 한결같이 그래온 원천적이고 객관적인 사실, 인간이라면 반드시 따라야 할 당위적이고 보편적인 사실을 지금 주체적으로 실현할 것을 요구한다는 점에서는 더욱 그렇다. 저마다의 삶의 체험에 각각 접근해가는 '양상'과 그 체험을 드러내는 '구조' 혹은 '형식'에 있어서 불교와 그리스도교는 서로 유사성을 보여주고 있는 것이다.

결코 불교와 그리스도교가 내용적으로 동일하다는 뜻은 아니다.

상이한 언어와 세계관이 반영하듯, '불교는 불교이고 그리스도교는 그리스도교이다.' 무엇보다 인간에 대한 신의 존재론적 주도권을 인정하는 그리스도교와 일체의 이원론적 주객도식적 흔적을 일소하고자 하는 불교는 사뭇 다르다. 그럼에도 불구하고 이들에서는 그저 차별적인 것들로 치부하기 힘든 '깊이'도 비등하게 느껴지며, 그 '깊이'를 전달해주는 형식이나 틀에서 비슷함을 보인다.

사실 그렇게 치면, 이러한 비슷함 내지 유사성은 특별히 불교와 그리스도교에만 해당하는 사항은 아닐 것이다. 하지만 동·서양 종교를 대표하는 이들 종교에서 차별성만이 부각되어 왔던 그 동안의 현실에 비추어 보면, 특히 이들 간에 상통성을 찾는 작업은 결코 쉬운 일도 아니고 더욱이 무의미한 일이 아니다. 도리어 더욱 진지하게 추구되어야 할 작업이다. 이 글에서는 이들 간의 상통성을 일단 '구조적 유사성'이라 규정하면서, 그것을 적절히 보여주는 예로「대승기신론」(大乘起信論)과 신약성서「요한복음」의 구원론을 비교해보고자 한다. 일단은 병렬적인 비교 형식을 따르겠으나, "요한복음의 불교적 해석"이라는 제목에서 드러나듯이, 요한복음의 구원론이 대승불교적 세계관과 단순히 배치되는 것은 아니라는 사실을 드러내는 데 일단 초점을 두었다.

2.「대승기신론」과「요한복음」

「대승기신론」은 지난 이천여년 동안 가장 고전적인 '대승불교통론'으로 받아들여지고 다양하게 해석되어온 경전(sutra)급의 논서며,[1]

---

1) 「대승기신론」의 원저자는 전통적으로 서기전 1-2세기 경 인물인 마명(馬鳴, Asvaghosha)으로 알려져 왔지만, 실제로는 그 이후 중국에서 찬술된 것이 분명하다는 견해가 더 우세하다.

「요한복음」 역시 지난 이천여년 동안 그리스도교의 신학과 신앙적 방향 설정에 가장 큰 영향을 끼친 복음서이다. 이들은 각각 불교와 그리스도교의 사상적 깊이를 대변해주는 대표적 고전들이라 해도 과언이 아니다. 이들을 비교 대상으로 삼은 일차적인 이유도 여기에 있다.

그렇다고 해서 본 논문에서 이들에 대한 문헌학적이거나 성서주석적 작업을 시도하려는 것은 아니다. 「대승기신론」은 불교의 체계적 논리와 분석들을 담고 있는 전통적 대승불교 논서인 반면, 「요한복음」은 기본적으로 이야기 형식으로 전개된 예수에 관한 전승 모음집에 가깝다. 비록 예수의 언행 및 신분에 대한 요한복음사가만의 해석과 신학도 들어 있기는 하지만, 기본적으로는 전기적 성격을 띤 호교서이다. 단순히 말해 「대승기신론」이 '논문'이라면, 「요한복음」은 '이야기'이다. 이들을 공평하게 판단할 제3의 기준을 가지기는 힘들다.

이 글에서도 애당초 이들 문헌의 비교방법론 자체를 서술하려는 의도를 가지지 않았다. 다만 이들에게서 제시되는 인간 구원의 길의 '대강'(大綱)을 교차 서술함으로써, 불교와 그리스도교 전통이 지닌 인간 구원론의 진지함과 그 '깊이'가 비슷한 정도로 드러날 수 있도록 배려하는 데 초점을 두었다. 나름대로의 비교 방법론이 있다면, 각 전통의 언어를 별도의 기준에 따라 재단하고 분석하는 것이 아닌, 차별적이고 상이한 언어들을 중시하는 가운데 그 전통의 구원론적 깊이가 비슷한 정도로 드러날 수 있도록 하는 것 뿐이다. 개념이나 내용 분석이라기 보다는, 무명의 세계에서 깨달음의 세계로, 어둠의 세계에서 빛의 세계로 나아가야 할 것을 요청하고 그 놀라운 결과를 제시하는 두 문헌의 구원론적 유사성을 밝혀보려는 것이다.

비록 이들이 동일한 유형의 텍스트도 아니고, 언어들도 상이하지만, 그 언어들을 담고 있는 그릇의 모양새까지 차별적인 것만은 아니라는 사실을, 그 차별성까지 의식하는 가운데 드러내보고자 한다. 이들 종교의 내용이 동일하다는 섣부른 희망을 자제하고, 또 이들 종교는 전적으로 다르다는 비관적 절망도 거부하면서, 이들이 상통하는 측면을 '구원론적 구조' 차원에서 제시해보려는 것이다.

3. 일심이문, 빛과 어둠

(1) 일심이문(一心二門)

「대승기신론」의 핵심은 제목에서 볼 수 있듯이 '대승'(大乘)과 '기신'(起信)에 있다. 여기서 '대승', 즉 '큰 수레'(Mahāyāna)는 모든 것을 포용하는 절대 진리이며, 그것이 다름 아닌 '중생의 마음'[衆生心]이다. 「대승기신론」에 따르면, 이 마음은 구체적으로 두 가지 측면을 지니고 있다. 그것은 '진여의 문'[眞如門]과 '생멸의 문'[生滅門]이다. '진여의 문'이란 중생의 마음이 지닌, 본래 한결같고 변화가 없는 본체의 측면이고, '생멸의 문'이란 말 그대로 생멸변화하는 현실적 마음의 측면이다. 일체의 번뇌를 떠난 진여 그 자체로서의 측면이 중생심의 본체라면, 이렇게 저렇게 움직이고 흔들리며 살 수 밖에 없는 현실적 중생심의 측면을 '생멸문'으로 나타낸 것이다.

왜 본체상 진여 자체인 마음이 이리 저리 흔들리고 동요하며 육도(六道)에 윤회하는가? 그것은 '무명'(無明) 때문이다. 무명은 인간의 원초적 어둠과도 같다. 「대승기신론」에서는 굳이 이 무명의 기원을 밝히려고 하지 않는다. 다만 이 무명이 스며들면서 생멸변화를 일으킨다는 안타까운 현실에서부터 시작하고 있을 뿐이다. 그러면서 이것을 '염법훈습'(染法薰習)이라 표현한다.[2] 염법훈습이란 본래 순수함 자체인 '하나인 마음'[一心]이 현실적으로 동요하게 되는 과정을 말해

---

2) 馬鳴, 「大乘起信論」, 『大正』 卷 32, 578ab.

주는 것이다. 거꾸로, 동요하는 마음에서 '하나인 마음'의 본래적 순수함으로 돌아가야 한다는 사실을 함축하고 있는 것이기도 하다. 그런 점에서 무명은 지속되어야 할 것이라기 보다는, 중생이 그 본래적 사실에 대한 '믿음을 일으킴'[起信]으로써 극복해야 할 미망의 세계이다.

그럼에도 불구하고 원천적인 차원에서 보면, 무명은 진여에 근거하고 있는 깨달음의 세계와 다른 것도 아니다. 생멸문은 미망의 세계이며 극복되어야 할 그 무엇이지만, 그렇다고 해서 진여로서의 중생의 마음 밖에 따로 존재하는 별도의 것도 아니라는 말이다. 깨치지 못한 미망의 세계 역시 본래 대승 자체인 중생의 마음에 근거해 있고, 거기서 비롯된 것이기 때문이다.

결국 생멸문이라 하지만, 그 본체는 진여이며, 따라서 생멸문에도 현상계를 포섭하는 '깨달음의 세계'[覺]가 이미 들어있는 셈이다. 이 깨달음의 세계를 담고 있는 중생의 마음을 '여래장'(如來藏)이라 부른다. 생멸변화에 의해 더러워진 듯 하지만, 마음의 본성은 본래 여래와 같음을 나타내주는 말이다. 중생 안에는 그 생멸변화에 상관없이 여래성, 즉 깨달음의 세계가 이미 들어있는 것이다. 이미 들어있는 깨달음의 세계, 이것이 중생심의 본체론적인 측면, 즉 '진여문'이다.

이런 식으로 「대승기신론」에서는 진여문으로서의 마음과 생멸문으로서의 마음이 별개의 실재가 아니라고 말한다. 바닷물과 파도, 진흙가루와 옹기의 관계에서처럼, 바람이 부는대로 이리저리 흔들리며 다양한 모습을 하고 있는 듯 하면서도 모두 바닷물 바로 그것이듯이, 반죽되고 빚어지기에 따라 다양한 모양의 옹기들이 생겨나면서도 진흙가루이기는 마찬가지이듯이, 무명에 휩싸여 동요하는 마음 역시 실상은 진여, 여래와 다르지 않다는 긍정적인 세계관을 갖고 있는 것이다.

(2) 빛과 어둠

「요한복음」에서도 이와 유사한 구조를 보여준다. 다음 구절부터 보자: "맨 처음에 말씀이 계셨다. 말씀이 하느님과 함께 계셨으니, 그 말씀은 하느님이셨다."(1,1) 이 '말씀'은 만물의 창조와 생성 이전부터 선재해 있는 만물의 존재 원리이다. 그런데「요한복음」에 의하면, 세상은 근원적으로 이 말씀과 연결되어 있다고 한다: "만물은 그분으로 말미암아 생겨났고 생겨난 것 치고 그분 없이 생겨난 것은 하나도 없다"(1,3; 1고린8,6; 로마11,36 참조). 「대승기신론」에서 중생심의 본체가 본래 진여와 같다고 하듯이, 「요한복음」에서는 만물이 근원적으로 말씀으로 말미암은 피조물이며, 하느님으로부터 비롯되었다고 말하면서 시작하고 있는 것이다.

그것은 긍정하든 부정하든 하느님에 의해 인간의 구체적인 경험 이전에 이미 그렇게 되어있는 일이다. 그리스도교적으로 보면 이것은 인간 전체가 처한 '실존론적인'(existential) 상황이다. 만물이 하느님으로 말미암은 피조물이라는 사실은, 그리하여 누구나 하느님과 무관할 수 없다는 사실은 인간이 긍정하든 부정하든 하느님에 의해 인간의 경험 이전에 이미 이루어져 있는 '원사실'(primordial fact)인 것이다. 이것이 요한신학의 출발점이다.

그러나 본래 깨달음이 주어져 있지만 실제로는 깨닫지 못한 채 무명에 휩싸여 있다고 하듯이, 불행히도 세상은 어둠에 가려 그러한 사실을 알지 못했다(요한 1,4-5): "그분이 세상에 계셨고 세상이 그분으로 말미암아 생겨났는데도 세상은 그분을 알아보지 못하였다"(1,10). "어둠 속에서 빛이 비치고 있었고"(1,5). "빛이 이 세상에 왔지만 사람들은 빛보다 어둠을 더 사랑했다"(3,19a). 즉, 빛을 밝혀 줄 이가 이미 이르렀지만, 죄악에 빠져 있는 사람들은 "빛을 미워하고 빛으로 나아가지 않는다"(3,20). 원불교식으로 표현하면, "소경이 해의 혜택을 입어 살면서도 해를 보지 못하므로 해의 혜택이 없다고 하는 것과 같다."[3]

왜 그런가? 「대승기신론」에서도 무명의 기원에 대해 굳이 분석하지 않는 것처럼, 「요한복음」에서도 왜 사람들이 죄악에 빠지게 되었는지, 왜 어둠 속에 갇히게 되었는지 구체적으로 밝히지는 않는다. 죄악에 빠져있다는 사실, 인간의 행실이 악해서 빛보다 어둠을 더 좋아하고 있으나, 이미 빛이 와서 비추고 있다는 사실을 믿음으로 받아들여야 한다는 점만 강조하고 있을 뿐이다. 그런 점에서 어둠은 빛이 비칠 때 사라지게 될 그 무엇이다. 아니 믿음의 빛으로 그 어둠을 몰아내야 한다는 것이 「요한복음」의 한결같은 입장이다.

그럼에도 불구하고 그분으로 말미암아 생겨난 세상(1,10b)과 그분을 알아보지 못하는 세상(1,10a. 10c)은 원천적인 차원에서 보면 다른 세상일 수 없다. 아무리 그분을 알아보지 못하고 있다 할지라도, 그것은 기본적으로 '하느님이 외아들을 내어주시기까지 사랑하시는 세상'(3,16a)이며, 아무리 어두운 듯 해도 이미 빛을 담지하고 있는 어둠이다. 이미 빛이 와 있기에 그 어둠 속에는 빛이 들어있다. 그 빛은 한 번도 꺼져본 적이 없다: "어둠이 빛을 이겨본 적이 없다"(1,5b). 비록 현상적으로는 어둠이 빛을 거부하고 있는 듯 하지만, 결국 이 어둠이라는 것 역시 '실존론적' 차원에서 보면, 하느님과의 원천적 연결성을 이기지 못한다, 생멸문의 본체가 진여이듯이. 「대승기신론」에서 중생심이 본래 대승과 같다는 낙관적 자세에서 출발하듯이, 「요한복음」에서도 어둠이 결코 이길 수 없을 빛의 세계에 대한 긍정에서부터 시작하고 있는 것이다.

---

[3] 『원불교전서』, 「대종경」, "전망품" 15.

4. 기신과 믿음

(1) 기신(起信)

그러나 「대승기신론」이든 「요한복음」이든 현실적으로 세상은 분열되어 있으며, 이렇게 분열되어 있는 현실에서 돌이켜 그 본래적 연결성의 세계로 전환하게 되면 참 놀라운 세상이 펼쳐지게 되리라며 한결같이 선포한다. 「대승기신론」에서는 그 원천적인 사실에 대한 '믿음을 일으켜야'[起信] 한다고 강조한다. 「대승기신론」이라는 제목도 중생으로 하여금 대승에 대한 올바른 믿음을 일으켜[起大乘正信] 부처의 종자를 잇도록 하겠다는 취지로 지은 것이라 한다.[4]

그런 점에서 대승은 분명히 믿음의 '대상'이다. 그런데 믿음을 일으켜 받아들여야 할 그 대승이라는 것은, 앞에서 본대로, 다름아닌 그렇게 받아들이는 중생의 마음이다. 마음이 마음을 대상으로 해서 믿음을 일으키는 셈이다. 마음이 마음을 대상으로 해서 믿음을 일으킨다는 말은, 바꾸어 놓고 보면, 마음이 대상으로 삼을 마음이란 따로 없으며, 그저 마음이 스스로를 일으키는 것이라고 할 수 있다. 자신의 마음이 절대 진리로서의 대승 자체라는 사실을 그 마음이 알려주는 것이다.

「대승기신론」에서 '진여훈습'(眞如薰習) 내지는 '정법훈습'(淨法薰習) 혹은 '여래장연기'(如來藏緣起)를 말하는 이유도 여기에 있다.[5] 일반적으로는(구체적으로는 유식불교에서) 중생이 무한한 생사의 연결고리를 끊지 못하고서 윤회하는 모습을 설명하기 위해 '무명에 의한 훈습'(無明薰習)과 같은 표현을 주로 사용하지만, 「대승기신론」에서는

---

4) 馬鳴, 앞의 책, 575b.
5) 馬鳴, 앞의 책, 578a.

그와 함께 인간이 본래적인 성품을 실현할 수 있도록 진여가 스스로를 일으켜 무명에 작용함으로써 무명의 상태를 진여의 세계로 바꾸어 준다고도 말한다. 이른바 '진여에 의한 훈습'인 것이다. 이러한 진여 훈습이 말하려는 것은 생멸변화하는 중생의 마음이 대승을 대상으로 하여 믿음을 일으킨 듯 하지만, 사실은 진여가 즉, 중생심의 그 대승적 본체가 스스로를 일으켜 대승의 세상을 이루어준 것이라는 사실이다.

그렇게 본다면 대승, 즉 중생의 마음은 믿음의 대상인 동시에 믿음을 그런 식으로 일으켜주는 믿음의 주체 혹은 근거이기도 하다. 중생의 마음은 이미 대승과 같기 때문에, 그러한 사실 앞에서, 그리고 그러한 사실 위에서 믿음을 발하는 행위 역시 대승의 작용이 아닐 수 없는 것이다. 그러면서도 「대승기신론」에서는 '대승'(大乘)이라는 진리에 대해 믿음을 일으킬 것을 요청한다. 대승이라는 '객관적' 진리를 주체 안에서 발견하고 실현해야 하는 것이다. 진리의 실현은 대승에 대해, 자기의 마음에 대해 믿음을 일으킬 때 가능하다. 이것이 가능할 뿐 아니라 당연한 이유는 믿음이 대승에 뿌리를 두고 일어나는 것이기 때문이다. 바꾸어 말하면, 그렇게 발해진 믿음은 생멸변화하는 마음에서 비롯된 것이 아니라, 그 본체가 되는 대승으로 인해 '일으켜진' 것이기 때문이다. 경험적으로는 대승을 대상화해서 믿음을 일으킨 것으로 보이지만, 본체론적으로 보면 그렇게 일어난 믿음 역시 대승의 작용일 수밖에 없다는 것이다.

(2) 믿음

인간이 '믿음을 일으킴'[起信]으로써 부처의 세계를 이어가게 된다고 하듯이, 「요한복음」에서도 이미 빛이 와서 어둠 가운데 비추고 있다는 사실을 믿음으로 받아들이면 영원한 하느님의 자녀가 된다고 선포한다: "그분은 당신을 맞아들이는 이들 곧 당신의 이름을 믿는 이들에게는 모두 하느님의 자녀가 되는 권능을 주셨다"(1,12), "하느님께서는 이 세상을 이토록 사랑하시어 외아들을 주시기까지 하셨으니 이는 그를 믿는 이마다 모두 멸망하지 않고 영원한 생명을 얻게 하려는 것이다"(3,16), "믿는 이는 영원한 생명을 얻는다"(6,47). 믿는다는 것은 어둠 가운데 비추고 있는 빛을 받아들이는 것이고, 하느님이 보내준 외아들을 인정하는 것이며, 만물이 말씀이신 하느님으로 인해 생겨났음을 깨닫는 것이다. 그렇게 될 때, 하느님의 영원한 생명을 나누어 받는, 하느님의 자녀가 된다는 것이다. 하느님과의 본래적 연결성을 영원한 하느님께서 구체적으로 실현시켜 주신다는 것이다.

이것이 어떻게 가능한가? 그것은 중생심의 본체가 진여 자체이듯이, 또 중생의 무명 이전에 그 무명을 포함하는 깨달음의 세계가 이미 주어져 있듯이, 일체 중생은 말씀으로 말미암은 피조물이며, 인간은 애당초 그 영원한 생명을 빛으로 하여 살아가야 할 존재이기 때문이다(1,4). 사실상 인간은 하느님의 구원 사건에 의해 신적으로 방향지어진 삶을 살아가도록 창조된 존재인 것이다(에페소서 1,4).

그런 점에서 하느님의 자녀가 되는 것은 분명히 믿음의 결과이지만, 원천적 차원에서 보면 하느님께서 애당초 그렇게 하신 것이기에 가능하다는 말이 된다. 그래서 「요한복음」에서는 "당신의 이름을 믿는 이들"은 "혈통에서나 육욕에서나 남자의 욕망에서 난 것이 아니라 하느님에게서 난 것"(1,12-13)이라 말한다. 말씀이신 예수 그리스도를 받아들이라는 요청에 대해 인간 개개인이 주체적으로 그렇게 받아들인 행위가 결국은 '하느님에게서 비롯된' 행위라는 말이다. 내가 한 듯 하지만, 돌이켜보면, 나는 그렇게 하도록 이미 되어 있었다는 말이다. 그래서 다른 곳에서는 이렇게 전한다: "진리를 행하는 이는 빛으로 나아갑니다. 그것은 자기 행실이 하느님 안에서 (이루어진) 일임을 드러나게 하려는 것입니다"(3,21).

"자기 행실"이란 물론 자기 스스로 한 행위이다. 그러면서 그것이 사실상 "하느님 안에서 이루어진 일", "하느님에게서 난 것"이라고도 말한다. 자기가 주체가 되어 한 행위인 것 같지만, 실상은 하느님 안에서 이루어진 행위라는 말이다. 하느님의 자녀가 되는 특권은 하느님으로부터 오는 것일 수밖에 없다는 것이다. 결국 믿음의 행위는 하느님의 뜻을 따라 한 일, 하느님께서 이미 주도하셔서 그렇게 된 일이다: "하느님은 우리가 선행을 하며 살아가도록 미리 마련하셨습니다"(에페소서 2,10b). 「요한복음」에서는 이것을 "위로부터 새로 나는 것"(3,3), "물과 성령으로 거듭나는 것"(3,5)이라 말한다.

이렇게 인간은 애당초 하느님과 더불어 살고 있으며 하느님에 의해 이미 완성되어 있는 존재이다. 그래서 "믿음은 바라는 것들의 실상"(히브리서 11,1)이다. 그 "바라는 것들"이란 원천적인 차원에서 보면, "하느님에게서 난 것"(1,13)이기 때문이다. 결국 믿음이라는 행위는 인간 스스로 한 일이면서 동시에 하느님께서 친히 하신 일이기도 하다. 하느님께서 인간을 친히 완성시켜 놓았다는 점에서 인간이 무엇을 이루었다 할만한 것이 없다(에페소서 2,9 참조): "사람은 하늘로부터 주어진 것이 아니면 아무 것도 받을 수 없습니다"(3,27). 인간이 스스로 발하는 것처럼 보이는 믿음도 어찌 보면 하느님에 의해 '일으켜지는' 믿음이며, 인간이 스스로 무언가를 이루는 듯 하지만, 사실상 인간의 성취는 이미 이루어져 있던 일들이 드러난 것일 뿐임을 인정할 수 밖에 없다는 것이다. 현상적으로 보면 중생이 대승이라는 대상에 대해 믿음을 일으킨 듯 하지만, 본체론적으로 보면 대승 스스로가 일어난 것이듯이…

인간의 구원은 하느님 안에서 인간의 구체적인 경험 이전에 이미 이루어진 일이다. 선험적인 차원에서 인간은 하느님의 구원 역사에 동참하고 있으며, 이미 신적인 완성의 세계 안에 참여하고 있는 것이다. 그러나 그럼에도 불구하고 「대승기신론」에서 그렇듯이, 「요한복음」에서도 그러한 사실의 주체적 현실화는 전적으로 인간의 몫이라며 인간의 실천적 투신을 요청하고 있는 것이다.

5. 본각-시각, 아버지-아들

(1) 본각(本覺)-시각(始覺)

왜 실천적 투신을 요청하는가? 「대승기신론」의 표현대로 하면, 중생이 사물의 참 모습을 보지 못한 채, 이른바 '불각'(不覺)의 상태에 빠져 있기 때문이다. 「대승기신론」에 따르면, 근원적 어둠인 '무명'으로 인해 주·객의 분리가 일어나고, 인식의 주체가 성립되면서, 그 대상도 나타나게 된다. 그리고 그렇게 나타난 대상에 집착함으로써 업(業)이 동요하게 되는 것이다. 이것이 깨닫지 못함, 즉 '불각'의 상태라고 「대승기신론」에서는 분석한다.

그러나 그렇게 분석하는 이유는 불각의 상태에 빠져있는 중생이 망념을 떨치고 각(覺)의 상태로 나아갈 수 있도록, 즉 깨달음을 얻을 수 있도록 하기 위한 것이라고 한다. 원효의 주석에 의하면, "깨닫는다는 것은 마음의 본체가 망념을 떠나는 것"[6]이다. 「대승기신론」에서는 망념을 떠나는 것, 즉 깨치지 못한 상태[不覺]에서 깨침의 상태[覺]로 나아가는 것을 일컬어 '시각'(始覺)이라 부르며 중시한다.

'시각'은 비로소 깨닫는 것이다. 그런데 이 시각은 전혀 없던 것을 새삼 만들어낸 것이 아니다. 비로소 깨닫는다는 것은 여래께서 이미 이루어놓으신 법신(法身), 즉 진리 자체로 인해 가능해지는 것이다. 중생심이 본래 진여(眞如)와 같기 때문에 그 진여를 깨달을 수 있는 것이며, 바꾸어 말해, 중생심의 진여와 같은 측면이 없고서는 비

---
6) 원효, 「대승기신론소」, 『한국불교전서』, 1-748b.

로소 눈뜨는 경험이란 있을 수 없다는 말이다. 달리 말하면, 비로소 눈뜨는 경험[始覺]이란 중생심의 본래적인 측면으로서의 진여가 스스로를 일으킨 것이라고도 할 수 있다.

이처럼 중생심에는 그 자체로 이미 완성되어 있는 본래적인 측면이 있다. 「대승기신론」에서는 이를 본래적인 깨달음, 즉 '본각'(本覺)이라 말한다. 중생은 본래 깨달아 있다는 것이다. 본래 깨달아 있다는 점에서는 새삼스럽게 비로소 깨달을 것이란 없다. 인간은 그 자체로 진여의 성품을 완전히 갖추고 있는 것이다. 여기에는 진리란 그 자체로 완성되어 있고 본래 주어져 있는 것이지, 전에 없던 것을 인간이 새삼 만들어내는 것이 아니라는 통찰이 들어있다. 그래서 원효는 이렇게 주석한다: "이와 같은 깨달음이 없다는 도리를 깨달아 알면 곧 시각(始覺)이 본각(本覺)과 다르지 않음을 알게 되는 것이다."[7] 또 다른 곳에서는 이렇게 말한다: "모든 정식(情識)이란 비고 고요하여 생겨나는 것이 따로 없음을 깨닫는 이것이 시각(始覺)의 의미이다."[8] 왜냐하면 지금 주어져 있는 중생의 마음이 그대로 텅 비어 고요한[空寂] 진여이기 때문이다.

그러나 그럼에도 불구하고 아직 '시각'(始覺)이 일어나지 않았다는 점에서는 앞으로 일어나야 할 그 무엇이 '있다'는 말도 맞다.[9] 여전히 떨쳐버려야 할 그 무엇이 있는 것이다. 그런 까닭에 원효는 깨달음이란 마음의 본체가 망념을 '떠나는' 것이라 주석했던 것이다. 그러나 다시 '본래적인 측면에서' 보자면, 사실상 떠날 망념이라는 것은 없다. '본래 떠나 있기' 때문이다. 원효의 「금강삼매경론」에서는 그 본래 떠나있음을 '본리'(本離)라 하고, 비로소 마음의 본체가 망념

---

7) 원효, 「금강삼매경론」, 앞의 책, 1-637a.
8) 원효, 「금강삼매경론」, 앞의 책, 1-631a.
9) 은정희 역주, 『원효의 대승기신론소·별기』, 일지사, 1991, 144-45.

을 떠나는 것을 '시리'(始離)라고 한다. '본리'와 '시리'의 관계는 본 각과 시각의 관계와 같다.[10] 본래 떠나있기에[本離] 새삼스럽게 떨쳐 버릴 것[始離]란 전혀 없다는 것이다. 중생의 마음과 진여의 무차별성 이라는 본래적인 사실, 즉 본각(本覺)을 아는 순간 그것이 바로 시각 (始覺)이 되는 것이라는 말과 동일하다.

(2) 아버지-아들

이러한 본각과 시각의 관계는 「요한복음」에서 전반적으로 말하고 있는 아버지와 아들의 관계와 통한다. 다음을 보자: "일찍이 아무도 하느님을 보지 못했다. 아버지의 품 안에 계신 외아들 하느님이신 그 분이 알려주셨다"(1,18). 즉, 본각이 시각에 의해서만 알려지는 원천 적 사실이듯이, 아버지는 그 외아들에 의해 결정적으로 드러났다는 것이다. 그렇게 구체적으로 드러나기 전에는 비록 완성되어 있었다고 하더라도 동시에 그것은 가려져 있는 세상이기도 하다. '시각'에 의

---

10) 원효는 본각과 시각을 본리(本離)와 시리(始離)라는 말을 가지고 다시 설명한 다(원효, 「금강삼매경론」, 앞의 책, 1-611c). 본리(本離)란 말 그대로 본래적인 떠남이고, 시리(始離)란 비로소 떠남을 일컫는다. 비로소 망념이라는 것을 떠 난 듯 했지만, 사실상 본래적으로 보면 떠날 아무 것도 없었다는 점에서 그것 은 떠난 것이 아니다. 경험적으로는 망념을 비로소 벗어난 것처럼 보이지만 (始離), 그 망념이라는 것 역시 본래 떠나 있었던 것이라는 점에서(本離), 사실 상 비로소 떠난 것은 아무 것도 없다. 비로소 망념을 떠난다고는 하지만, 떠 나고 보면 사실상 떨쳐진 것이란 아무 것도 없고, 새삼스럽게 일어난 변화도 없다. 본래적인 떠남이 스스로를 일으킨 것에 지나지 않는 것이다. 이런 식으 로 본리(本離)와 시리(始離)는 동일하며, 본각(本覺)과 시각(始覺) 역시 마찬가 지이다. 하나의 깨달음, 즉 '일각'(一覺)인 것이다. 그렇지만 분명한 것은 시 각은 본각으로 인해 가능하다는 사실이다. 시리 역시 본리로 인해 가능해지는 것이다. 중생심이 본래 진여와 같은 것이기 때문에 그러한 사실을 경험적으로 깨닫게 되는 것이고, 중생심이 본래 더 이상 떠날 것도 없이 완성되어 있는 것이기 때문에 비로소 떠남으로써 그 본래적인 자리로 돌아간다고 말할 수 있 는 것이다. 없던 진리를 인간이 만들어내는 것이 아니며, 본래적인 깨달음으 로 인해 경험적인 깨달음도 가능해지는 것이라는 말이다.

해 '본각'이 드러나게 되는 것처럼, 아들에 의해 아버지가 어떤 분인지 확연하게 드러나게 되었다는 것이다. 그래서 아들은 아버지의 육화(incarnation)이다: "말씀이 육신이 되시어 우리 가운데서 거처하셨다. 우리는 그분의 영광을 보았다"(1,14a).

「요한복음」에서는 계속 증언한다: "하느님께서 보내신 이는 하느님의 말씀을 이야기합니다"(3,34). 외아들 예수는 하느님이 보낸 자이며, 따라서 그에게서 나오는 말은 하느님의 말이 된다는 것이다. 다음의 말들도 마찬가지다: "내 아버지께서 일하고 계시니 나도 일하고 있습니다"(5,17). "아버지께서 하시는 일들을 아들도 똑같이 합니다"(5,19b). "나는 진리를 증언하기 위해, 바로 그 일을 위해 났으며, 또한 그 일을 위해 세상에 왔습니다"(18,37).

여기서 "아버지께서 하시는 일들"/"진리"는 '본각'의 차원과 통한다. 아버지께서는 본래 그렇게 하시는 분이시며, 그러한 사실을 알고 보여준 이는 아들 예수이다. 따라서 '아들의 일'은 '아버지의 일'의 구체화이다. 아들은 본각의 구체화, 즉 즉 '시각자'인 것이다. 그러면서 그것은 아버지의 일과 똑같다. 시각 이후에 본각을 알게 되듯이, 아들을 보면 아버지가 보인다: "나를 본 사람은 이미 아버지를 보았습니다"(14,9). 더 나아가 시각하게 되는 순간 그것이 본각과 전혀 다르지 않은 것이듯, 「요한복음」에서는 결국 "아들과 아버지는 하나"(10,30)라고 말한다. 그래서 "아들 것은 모두 아버지의 것이고 아버지의 것은 모두 아들 것이다"(17,10). 아들의 모든 것은 "아버지로부터 온 영광"(1,14b)인 것이다. 중관불교의 표현을 따르건대, 아버지가 "진공"(眞空)이라면, 아들은 "묘유"(妙有)인 셈이고, 일본 정토진종의 표현을 따르건대, 아버지가 형상을 초월해 있는 법성법신(法性法身)이라면, 아들은 형상을 지닌 방편법신(方便法身), 즉 아미타불인 셈이다.[11]

---
11) 길희성, 『일본의 정토사상』, 민음사, 1999, 262-75 참조.

그러나 '불각'에 빠져 있는 이들, 가령 바리사이들에게 예수는 그저 나자렛이라는 시골 촌뜨기일 뿐이다. 아니 유대교의 율법을 무시하고 종교적 권위에 도전하는 위험인물일 뿐이다. 이들은 예수의 본래적 차원, 즉 '하늘'의 차원을 전혀 보지 못한 채, '땅'의 질서에 따라서만 판단한다. 그래서 「요한복음」에서는 이렇게 말한다: "땅에서 난 이는 땅에 속하고 땅의 일을 말합니다"(3,31a); "당신들은 당신들의 아비인 악마에게서 났으니 그 아비 욕망대로 행하려고 합니다. 그는 처음부터 살인자였으며, 진리 안에 있지 않았습니다"(8,44). "땅에서 난 이"는 물론, "악마", "살인자"와 같은 험악한 표현들은 모두, 「대승기신론」의 표현대로 하면, 극단적인 '불각'의 현실을 가리키기 위해 사용된 용어들이다. 깨닫지 못한 이가 깨달음의 세계를 무시하고, 그 깨달은 이를 죽이는 것이 현실이기 때문이다.

그러나 이와 반대로 "하늘에서 오시는 분은 모든 이 위에 계시며, 자기가 보고 들은 것을 증언한다"(3,31b)고 말한다. 이 때 "하늘"이 '본각'에 해당한다면, "거기서 오셔서" "보고 들은 것"을 말하는 이는 '시각'의 차원에 해당한다. 즉, 본래 그러한 자리의 구체화이다. 본래 그러한 자리에 있는 자이기에 그가 하는 모든 언행은 본래 그러한 자리를 대변해주는 것이라는 말이다: 그래서 "하느님께서 보내신 이는 하느님의 말씀을 이야기한다"(3,34). 아들의 말은 아버지로부터, 예수의 말은 하늘로부터 왔다. 역으로 하늘에서 왔기에, 겉보기에는 땅의 말을 하는 듯 하고, 땅의 질서를 무너뜨리는 듯 하지만, 그 속에 '하늘'의 말이 담겨있다. 그래서 「요한복음」에서는 세례자 요한의 입을 빌어 "사람은 하늘로부터 주어진 것이 아니면, 아무 것도 받을 수 없다"(3,27)고 말한다. 예수의 일은 모두 하늘로부터 온 것이라는 말이다. 이런 식으로 '본각-시각'의 구조는 '하느님-예수' / '아버지-아들'의 구조와 상통한다.

(3) 차이

물론 「대승기신론」과 「요한복음」에는 차이도 있다. 「대승기신론」에서는 깨달음, 즉 '시각'의 순간에는 누구든 본래 타고난 그 여래의 성품을 이루게 된다고 말한다. 중생과 부처의 원천적 동일성을 실현하게 되는 것이다. 여기에 중생들간 차이, 혹은 중생과 부처의 차이는 없다.

그런데 「요한복음」에서의 '각'의 구조는, 아버지-아들의 관계에만 주로 해당된다. 아버지-아들의 관계가 여느 인간에까지 그대로 적용되는 것은 아니다. 여느 인간이 하느님의 비밀을 알고 그 구원적 섭리에 동참하려면, 육화로서의 예수라는 중개자가 필요하다. 물론 「대승기신론」에서도 그 모든 깨달음의 진리는 석가모니불로 인해 알려진 것이다. 그러나 그 석가모니불과 여느 중생은 결국 '불'이라는 사실에서 원천적 동일성을 지니는 것과는 달리, 믿음으로 빛을 받아들인다고 해서 사람이 빛 자체, 곧 신이 되는 것은 아니라는 말이다. 이것은 물론 앞에서 본대로 불교와 그리스도교 전반의 차이이기도 하다.

다만 「요한복음」에서는 누구든 '아들'이라는 중개자를 통할 때, 그 아들이 아버지와 누리는 관계와 유사한 관계를 그 아들과 누릴 수 있게 된다고 말한다. 아들이 아버지의 성품에 참여하는 것처럼, 그 아들을 믿는 이는 그 아들의 성품에 참여하게 된다는 것이다. 이를 두고 '믿는 이'를 예수의 친구라고까지 격상시킨다.

"내가 여러분에게 행하는 일을 하면 여러분은 나의 친구입니다. 나는 여러분을 더 이상 종들이라고 부르지 않겠습니다. 사실 종은 자기 주인이 무슨 일을 하는지 모르기 때문입니다. 나는 여러분을 친구들이라고 불렀습니다. 내가 내 아버지에게서 들은 것을 모두 여러분에게 알려주었기 때문입니다"(15, 14-15).

예수가 알려준 하느님과 인간의 원천적 관계를 실존적으로 실현할 때, 더 이상 '종'이 아니고 '친구'라는 음성이 들여온다. 종은 주인과 수직적 관계에 있지만, 친구끼리는 수평적 관계에 있다. 아들과 아버지가 하나이듯이, 예수가 알려준 진리를 실현하게 될 때, 그 실현자는 예수와의 원천적 관계 안에 수평적으로 참여하게 되는 것이다: "제가 그들 안에 있고 아버지께서 제 안에 계십니다"(17,23a).

그리고 「요한복음」에 따르면, 아들 예수는 아버지로부터 받은 영광을 다시 제자들에게 준다(17,22a). 이것은 아버지가 아들 안에 있듯이 아들이 믿는 이 안에 있음을, 아버지가 아들을 사랑한 것처럼, 믿는 이들도 사랑한다는 사실을 알게 하기 위함이라 한다(17,23). 아버지의 인간 사랑은 아들 사랑에서 이미 다 보여졌다. 아들을 믿는 이는 그 아들을 통해 아버지의 사랑을 체현하게 되는 것이다. 그런 식으로 아들이 아버지와 맺은 관계와 비슷한 관계를 여느 인간들도 그 아들과 누리게 되는 것이다: "나는 내 양들을 알고 내 양들도 나를 압니다. 마치 아버지께서 나를 아시고 내가 아버지를 아는 것과 같습니다"(10,14-15).

이런 식으로 해서 여느 사람들도 그 아들과 비슷한 자리에 참여할 수 있는 길이 열리게 된다. 그러나 그렇다고 해서 믿는 이들이 예수와 똑같아지는 것은 아니다. 「요한복음」에서는 이를 구분하기 위해 예수에게 '외아들'(monogenes)이라는 표현을 쓴다. 예수는 사실상 하느님의 '외아들'이다. '외아들'이라는 표현은 예수에게만 적용되는 표현이다. 다른 이들도 원칙적으로 '아들'일 수 있지만, 결코 '외아들'은 아니다. 아들의 성품을 공유한다는 점에서는 예수와 '친구'로 불릴 수는 있지만, '외아들'의 자리에까지는 이르지 못하는 것이다. 이러한 사실을 믿음으로 받아들인 이들은 외아들과 아버지가 누리는 관계와 유사한 관계를 외아들과 누릴 수 있을 뿐이다. 이것이 「요한복음」과 「대승기신론」의 차이이며, 더 나아가 그리스도교와 불교의 전반적인 차이이기도 하다.

6. 아미타불과 예수

여기서 눈여겨 보아야 할 사실이 또 하나 있다. 지금까지의 비교는 대부분 「요한복음」에 나타난 예수의 지상 생애 관련 이야기들과 「대승기신론」의 비교였다. 그런데 예수가 지상을 떠날 무렵과 관련된 부분에서는 정토불교의 시각과 대단히 유사한 구조를 보여준다는 것이다. 특히 이것은 「요한복음」 14장에서 두드러진다. 몇 가지 구절만 살펴보자:

> "내 아버지 집에는 거처할 곳이 많습니다. 그렇지 않다면 내가 여러분에게 자리를 마련하러 간다고 말하겠습니까? 내가 가서 여러분을 위해 자리를 마련하면 다시 와서 여러분을 내게로 데려다가 내가 있는 곳에 여러분도 있게 하겠습니다"(14,3).

예수는 아버지 집에 제자들이 머물 '자리'(mone)를 마련하러 갔다고 다시 돌아온다고 말한다. 아마도 불자라면 이것을 보고 법장(法藏)보살의 서원을 연상할 수 있을 것이다. 정토종의 소의경전인 「무량수경」(無量壽經)에 의하면, 석가모니불은 언젠가 법장보살에 관한 이야기를 했다. 무한한 과거세에 법장보살은 일체 중생을 고통에서 벗어나게 해 줄 '지복의 땅' [極樂, sukhavati]을 건설하겠다는 서원을 세웠다. 그는 무한히 오랫동안 고행 끝에 자신의 서원을 완전히 성취하고 정토의 부처인 아미타불(阿彌陀佛), 즉 무량수(無量壽, Amitayus)불/무량광(無量光, Amitabha)불이라는 상징적 형상으로 알려지게 되었다. 여기서 아미타불은 보신불(報身佛)이다. 보신불은 불(佛)의 공덕, 법력, 기쁨의 형상이며, 중생을 구원하는 자비의 몸을 상징한다. 일체의 상(相)을 초월한 법신불이 상 아닌 상의 세계로 자신을 제한하여 내어준 부처인 것이다. 이러한 아미타불의 공덕으로 이미 구제의 길은 마련되어 있다. 석가모니불은 법장보살이 그의 목적을 달성했고, 그 서원이 성취되었기 때문에 이제 구제의 길은 모든 중생에게 열려 있다고 선언한다. 이제 중생의 할 일은 아미타불의 이름을 부르고 외우는[南無阿彌陀佛!], '쉬운 실천'[易行]만이 남아있을 뿐이다. 그것을 실천할 때 정토에 왕생하게 된다. 그런데 이러한 '복된 소식'을 전해준 이는 석가모니불이었으니, 보신불은 화신불과의 관계 속에서 비로소 알려지게 된 셈이다.

이 때 중요한 것은 인간이 추구해야 할 궁극적 진리란 인간의 창작 이전에 이미 이루어져 있고, 인간의 구체적인 노력에 앞서 주어져 있는 것이라는 사실이다. 일체의 이름과 상을 초월한 불타로부터 상의 세계로 향하는 움직임이 먼저 있고서야 석가모니로 인한 역사적 매개도 가능할 수 있었다는 것이다. 상을 초월한 절대(법성법신)가 스스로를 제한하거나 부정하여 상대적 절대(방편법신)로 나타나는 움직임이 먼저 있어야 한다는 것이다.[12] 그래서 석가모니가 전한 구원 드라마는 사실상 법성법신의 자기 전달이다.

예수도 제자들이 거처할 곳을 마련해놓고 다시 돌아와 자기가 있는 곳에 제자들도 있게 하겠다고 약속한다. 이 약속을 믿을만하게 뒷받침해주는 것은 "내가 아버지 안에 있고 아버지께서 내 안에 계신다"(14,10a)는 사실, "내가 여러분에게 하는 말들은 내 나름대로 하는 말이 아니라, 내 안에 머물러 계시는 아버지께서 당신의 일들을 하시는 것"(14,10b)이라는 사실, 한 마디로 아버지와 아들의 '불이적'(不二的) 관계이다. 아들이 말하고 일할 수 있는 것은 사실상 아버지께서

---

12) 길희성, 앞의 책, 263.

아들 안에서 아들의 모습으로 스스로를 내어주었기 때문이다. 아버지가 아들의 모습으로 스스로의 일을 하는 것이다. 이것이 아들 말의 신실성을 뒷받침해준다. 마찬가지로 '저쪽'에서 먼저 인간에게 자신을 내어주셨기에 인간의 구원 드라마는 펼쳐질 수 있는 것이다.

그래서 그 아들은 "여러분이 나를 택한 것이 아니라 내가 여러분을 택한 것"이라 말한다(15,16a) 진여가 무명에 훈습하기에 그 무명을 제거하고 깨칠 수 있는 것이듯, 중생의 존재에 선행하는 아미타불의 본원(本願)이 이미 있기에 중생이 정토에 태어날 수 있는 것이듯, 인간은 외아들에 의한 본각의 구체화라는 사건이 먼저 있었기에, 즉 먼저 구원으로 택해졌기에 비로소 구원될 수 있는 것이다. 제자가 예수를 택했기에 구원되는 것이 아니라, 예수가 제자를 택했기에 구원되는 것이다.

그런 점에서 다시 돌아와 제자들을 데려가겠다 말하는 예수는 분명히 역사적 예수이면서도 동시에 단순히 역사의 인물로서만 말하는 것은 아니다. 그는 다시 돌아오겠다 말하지만, 사실상 이 때 예수는 떠나본 적이 없는 일상의 예수가 아니라, '다시 돌아온 예수'의 차원에서 말한다. 다시 돌아올 것처럼 말하지만, 그 '돌아올' 예수는 사실상 다시 '돌아온' 예수와 같고, 더 나아가 예수가 '앞으로 마련하겠노라'는 자리도 사실은 '이미 마련되어 있는' 자리나 다름없다. 왜냐하면 아버지와 아들의 상호내주적(相互內住的) 관계(10,30; 14,9-10)에서 보듯, 제자들의 자리가 마련될 "아버지의 집"(14,2)은 동시에 "아들의 집"이기도 하며, 아들 예수는 이미 그렇게 마련되어 있는 진리의 완전한 구현자이기 때문이다. 법신불의 화신(化身)인 석가모니불이 보신불인 아미타불에 대해 말하고 있듯이, 보이지 않는 아버지의 구체화로서 '지금 여기 있는 아들'이 '다시 돌아올 아들'에 대해 말하고 있는 것이다.

그리고 법신불, 화신불, 보신불이 부처 세계의 세 차원이면서도, 서로 분리되지 않는 상즉적(相卽的)이고 상동적(相同的)인 존재이듯이, 아버지, 역사적 예수, 돌아올 아들 역시 비슷한 관계에 있다. 그리고 이러한 관계는 「대승기신론」에서 말하는 "삼대"(三大), 즉 본체[體], 속성[相], 작용[用]의 구조와도 통한다. 삼대(三大)가 대승인 일심(一心)의 세 측면이듯이, 아버지, 현재의 아들, 돌아올 아들의 관계도 비슷하다. 모두 상즉적(相卽的)이고 상호내주적(相互內住的)이다. 「요한복음」에서 제자들에게 "다시 와서 여러분을 내게로 데려가겠다"고 말하는 예수는 보이지 않는 하느님의 '육화', 즉 역사적 존재이다. 그러나 석가모니불이 그랬듯이, 예수도 단순히 역사내적(歷史內的)으로만 말하는 것은 아니다. 석가모니라는 화신불이 법신불의 초역사적 구체화로서의 보신불에 대해 진술하듯이, 역사적 존재인 예수가 다분히 초역사적 존재인 '다시 돌아올 아들'에 대해 말하는 것이다. 그 다시 돌아올 아들을 분명히 보여줄 이로 「요한복음」에서는 '협조자'(파라클레토스)를 거론한다.

예수는 아버지께 요청해 '협조자'를 세상에 보내주겠다 한다 (14, 16). 그런데 이 협조자는 그저 미래에 올 어떤 존재이기만 한 것이 아니라, 이미 제자들 안에 함께 머물고 있는 "진리의 영"이기도 하다(14,17). 동시에 그이는 아버지가 보내주는 아들의 다른 이름이다(14, 26a). 그이가 오면, 그 동안 아들이 제자들에게 "말한 모든 것을 생각나게 해줄 것"이라 한다(14,26b). 그 생각나는 내용의 핵심은 무엇이던가?: "그 날 여러분은 내가 내 아버지 안에 있고 여러분은 내 안에 있으며 나도 여러분 안에 있다는 것을 알게 될 것입니다"(14,20). 즉, '아버지-아들-여러분' 사이에 벌어지는 삼중적 상호내주의 관계이다. 그런데 이러한 관계는 미래가 아니라 사실상 현재적 관계이다. 예수가 떠난 듯 했지만 하느님께서 함께 하듯 사실상 언제나 함께 하고 있었다는 사실을 협조자가 오면 비로소 알게 된다는 것이다. 결국 아들이 떠나고 협조자가 오고 과거의 일이 다시 떠올려지는 식으로, 시간적 순서에 따라 일이 진행되는 듯 해도, 원천적인 차원에서 보면, 이러한 사건은 영원부터 이루어져 있는 본래적 사실의 구체화인 것이다. 그래서 예수도 앞으로 '돌아올' 것처럼 말하지만, 그는 이미 '돌아온' 이나 다름없는 이로서 말하고 있는 것이다.

지금 말을 하고 있는 예수는 일체의 상을 넘어선 아버지의 전적인 구체화이다. 그래서 그는 "길이요 진리요 생명"이며, "그를 통하지 않고서는 아무도 아버지께로 갈 수 없다"(14,6). 아버지께로 이르는 길은 그 아버지를 보여준 이(14,9)를 통해서일 뿐이다. "나무아미타불"을 믿고 외움으로써 정토에 왕생하듯이, 그래서 "아들의 이름으로 청하는 것은 무엇이나 아들이 다 해준다"(14,13-14)고 하는 것이다. 믿음이라는 '쉬운 실천'[易行]만이 남아 있을 뿐이다.

이런 식으로 예수는 마치 아미타불이 불자들에게 지니는 그 깊이와 상통하는 깊이를 지닌다. 물론 '예수 = 아미타불'이라는 뜻은 아니다. 예수가 불교에서 말하는 것과 똑같은 정토를 건설하고자 했다는 뜻도 아니다. 다만 이렇게 말하는 예수의 모습에서 제자들은 석가모니불과 아미타불을 보는 불자들의 깊이와 상통하는 깊이를 느낄 수 있으리라는 것이다. 예수가 마련하고자 한 "여러분을 위한 자리"라는 표현을 듣고서 자신들의 "자리"/"있을 곳"을 떠올리는 그리스도인의 내적 깊이와 정토에 대한 믿음으로 "나무아미타불"을 외는 불자들의 내적 깊이는 서로 통하는, 비슷한 깊이의 것이 아니겠느냐는 것이다. 신학자 존 캅(John B. Cobb, Jr.)의 결론도 어느 정도는 이와 통한다: "정토불교 신자들이 아미타를 실재의 총체적 양상으로 파악할 때 그것은 마치 기독교 신자들이 그리스도를 그렇게 파악한 것과 같은 것이라 할 수 있다."[13] 그러면서 그는 "모든 부처 속에 성육화된 것으로서의 아미타와 이 세계 안에서 창조적 구속적 행위를 하시는 분으로서의 그리스도는 같은 실재에 대해 이름한다"고 정리한다. 14)

길희성도 같은 맥락에서 이렇게 말한다: "그리스도인들에게 예수는 아미타불이 된 법장보살의 모습을 가장 확실하게 보여준 존재로서 그의 육화라 해도 좋다." 15) 그래서 캅에 의하면, "그리스도교 신자들은 불교 신자가 아미타에서 배운 것을 연구함으로써 그리스도에 관한 더 많은 것을 배울 수 있다. 반대로 불교 신자들도 그리스도교 신자들이 그리스도로부터 배운 것을 연구함으로써 아미타에 관한 더 많은 것을 배울 수 있다." 16) 물론 나는 그리스도인이 아미타불에 대해, 불자가 그리스도에 대해 서로 배움으로써 풍요로워질 수 있으리라는 캅의 지적에 대해 동의한다.

그러나, 위 인용문에서처럼, 그리스도와 아미타불을 같은 실재에 대한 다른 이름처럼 파악하는 데 대해서는 조심스럽다. 같은 실재라고 단언할 그 어떤 근거와 기준도 역사적 현실 안에 제약되어 있는 우리들은 갖고 있지 못하기 때문이다. 아무리 같은 실재라고 주장한다 하더라도 그러한 주장 역시 저마다 처한 형편에 따라 달리 받아들여지는 것이 현실이기 때문이다. 17) 다만 그리스도인에게 지니는 그리스도의 '깊이'와 불자에게 지니는 아미타불의 '깊이'가 상통한다는 차원에서만 말할 수 있을 뿐이다. 더 나아가 이 '깊이'는 그리스도인이 불교를 보고 불교 역시 인간 구원의 종교임을 이해할 수 있게 해

---

13) 존 B. 캅, 『과정신학과 불교』, 김상일 옮김, 대한기독교출판사, 1988, 176.
14) 존 B. 캅, 앞의 책, 172.
15) 길희성, 앞의 책, 274.
16) 존 B. 캅, 앞의 책, 177.
17) 이러한 문제에 대해서는 이찬수, 『인간은 신의 암호』, 분도출판사, 1999, 제8장 및 『생각나야 생각하지』 제13장을 참조.

주는 그리스도교적 근거이며, 마찬가지로 불자가 그리스도교를 보고 그리스도교 역시 인간을 해탈의 길로 인도하는 구제의 종교일 수 있음을 인정할 수 있게 해주는 불교적 근거라고 정리해볼 수 있을 것이다. 단순히 동일한 실재라고 말하기 보다는, 그리스도교와 불교가 서로를 받아들이면서 바로 그러한 방식으로 저마다의 생명력을 유지해 나가게 하는 그 근거가 저마다 비슷한 깊이의 것이라고 말할 수 있을 뿐이다. 불교와 그리스도교는 이러한 구조적 유사성을 지니고 있는 것이다.

이 점에서는 그리스도인들에게 예수가 법장보살의 모습을 가장 확실하게 보여주는 그의 육화라며 다소 중립적으로 접근하는 길희성의 말이 본 논문의 취지와 더 부합하는 듯 하다. 그리스도와 아미타불은 동일한 실재라기 보다는, 각각 그리스도인과 불자들의 체험 안에서 서로 비슷한 깊이를 지니는 실재들인 것이다. 「대승기신론」은 물론 정토불교와 「요한복음」은 저마다의 구원론을 통해 그러한 깊이를 드러내주고 있는 것이다.

7. 미혹에 빠진 아들과 탕자

지금까지 정토불교적 시각을 참조하면서 「대승기신론」과 「요한복음」을 교차 서술하는 가운데 차별적인 언어들 안에 나타난 인간 구원의 길을 비교해보았다. 무엇보다 이들이 그저 상이한 말만을 하고 있는 것이 아니라, 그 구원론적 구조에서 상통하는 '깊이'가 있음을 보고자 하였다. 이 구조의 핵심은 역시 불각의 상황 안에 제시된 본각-시각의 관계와 인간의 어두운 현실 안에 제시된 아버지-아들의 관계가 서로 유사하다는 데 있었다. 그리고 이러한 원천적인 사실을 믿음으로 받아들일 때 발생하는 결과에 있어서도 마찬가지였다. 서로 비숱한 깊이의 실재가 차별적인 언어들 안에 담겨 있는 것이다. 이러한 구조는 원효의 「금강삼매경론」에서도 분명히 보이는데, 여기에 실린 '미혹에 빠진 아들의 비유'를 살펴보며 글을 마무리하자:

"미혹에 빠진 아들이 손에 돈을 쥐고 있으면서도 그 있음을 알지 못한 채 시방(十方)을 돌아다니면서 50년이나 보냈다. 빈궁하고 곤고하여 그저 찾아 헤맬 뿐이었으나 제 몸을 지탱하기에도 부족했다. 그 아버지가 아들의 이와 같은 사정을 보고 말했다. '너는 돈을 쥐고 있으면서 왜 가지고 쓰지 않느냐? 뜻대로 필요한 바를 다 충족시킬 수 있을텐데 말이다.' 그 아들이 비로소 깨어나 돈을 얻고는 마음에 크게 기뻐하면서 돈을 얻었노라고 하였다. 그러자 아버지가 말하였다. '미혹된 아들아 좋아할 것 없다. 얻은 돈은 본래 네 것이다. 네가 얻은 것이 아닌데 뭐 좋아할 것이 있겠느냐.'"[18]

이 비유의 요지는 '돈[本覺]을 가지고 있으면서도 그런 줄 모르고 곤궁하게 지내던 아들[不覺]이 아버지[如來]의 도움으로 자기에게도 본래 돈이 있었음을 알고 기뻐하자[始覺] 아버지께서는 그 돈은 네가 본래 가지고 있던 것이니 기뻐할 것도 없다며[本覺=始覺] 가르쳐 주신다'는 내용으로 되어 있다. 즉, 중생에게는 누구나 본래적인 깨달음이 주어져 있으니 그러한 사실에 눈을 뜨라고 이 비유에서는 요청하고 있는 것이다. 깨닫기 전에는 깨달음을 찾아 헤매지만, 깨닫고 나면 더 이상 깨달을 것도 없었다는 것을 알게 된다는 것이며, 그것이 진정한 깨달음이라는 것이다. 비로소 깨닫는 듯 하지만, 사실 그것은 본래 주어져 있는 것이며, 따라서 새롭게 얻은 것도 아니라는 말이다. 더 나아가 인간은 본래 완성되어 있는 진리로 인해 구원되며, 이미 완성되어 있고 누구에게나 해당되는 구원이 없고서는 비로소 구원

---

18) 원효, 「금강삼매경론」, 앞의 책, 1-635a.

을 얻는다는 말도 할 수 없다는 뜻도 담고 있다.

이 이야기를 듣는 그리스도인은 이른바 '탕자의 비유'(루가복음 15,11-32)를 연상할 수 있을 것이다. 이 비유는 '아들은 아버지를 떠난 듯 했지만, 아버지는 아들을 떠난 적이 한 번도 없었다는 사실'을 골격으로 하고 있다. 「금강삼매경론」의 '미혹된 아들'처럼, 저만의 욕심을 따라 아버지를 떠났던 아들이 자신이 본래 있어야 할 자리는 아버지의 집임을 알고서 다시 아버지께로 돌아간다. 이미 누리고 있던 아버지와의 삶으로 돌아감으로써만 비참한 현실을 극복할 수 있게 되리라는 믿음을 가지고. 그리고 결국 믿음과 그에 따른 실천은 본래적인 삶을 구체적으로 회복시켜준다.

그런데 믿음 역시 애당초 누리고 있던 본래적인 삶에 대한 기억 속에서 발생하는 것이고, 그 믿음 안에 그 본래적인 삶이 구체적으로 담기게 된다. 「대승기신론」에서 '본각'의 주체적 수용인 '시각'이 바로 그 본래적 사실을 고스란히 담아낸다고 말하듯이. 본래적인 사실과 비로소 이루어진 사실 사이에서 가역성(可逆性)을 보는 것이다.

그렇지만 「대승기신론」에 나타난 이러한 가역성은 원천적 사실에 대한 실존적 체현 이후에 보이는 가역성이다. 체현되기 전에는 여전히 망상과 망념에 싸여 이러한 가역성을 보지 못한다. 깨닫지 못하고 있는 한, 그에게 부여되어 있는 본래적 진리란 자신과 대상적으로 분리된 추상적 개념에 지나지 않는다. 가역성은 실존적 체현 이후에 확증되는 것이다.

그러나 「요한복음」에서는 예수의 입을 통해 "나의 아버지께서는 만유보다도 크시다"(10,29)며, 결국 신의 존재론적 주도권과 초월성을 인정하고, 실존적 체현 이후에도 신은 인간의 구체적 체험 안에 다 갇히지 않는 분이라고 본다. 하느님의 존재론적 우선성과 초월성을 끝까지 놓지 않는다. 실존적이고 주체적인 체현 '이후에' 불성의 존재론적 주도권을 별도로 인정하지 않는 「대승기신론」과는 차별적이다. 그렇더라도 실존적 체험 '이전의' 세계에서 보자면, 인간의 경험 이전에 '이미 이루어져 있는 진리'와 인간의 구체적인 경험을 통해 '비로소 이루어진 진리'라는 이중적 진리관을 지니기는 양쪽 다 마찬가지이다. 그리고 무엇보다 「대승기신론」에서 드러나는 불교적 깊이와 「요한복음」에서 드러나는 그리스도교적 깊이가 서로 상통할만큼 깊으면서도 상대방을 자기 안에 받아들일 수 있을만큼 포용적인 것이기도 하다는 사실은 의미있다. 「요한복음」과 「대승기신론」에 나타난 이러한 유사성과 차별성은 그리스도교와 불교 전반으로 확대하더라도 크게 다르지 않은 것으로 보인다. 이러한 구원론적 형식 혹은 구조는 불교와 그리스도교를 저마다의 독특성 안에서 서로 연결해주는 든든한 하나의 다리가 되는 것이다.